교회 안에서의 그리스도의 구원 행동

하늘이 주신 선물

세례

교회 안에서의 그리스도의 구원 행동
하늘이 주신 선물, 세례

초판 1쇄	2013년 6월 19일
2쇄	2018년 5월 21일
지은이	로렌스 H. 스투키
옮긴이	김운용
펴낸이	김현애
펴낸곳	예배와 설교 아카데미
주　소	서울특별시 광진구 광장동 272-12
전　화	02-457-9756
팩　스	02-457-1120
홈페이지	www.wpa.or.kr
등록번호	제18-19호(1998.12.3)
디자인	디자인집 02-521-1474
총판처	비전북
전　화	031-907-3927
팩　스	031-905-3927
ISBN	978-89-88675-55-7

값 16,000원

• 잘못 만들어진 책은 교환해 드립니다.

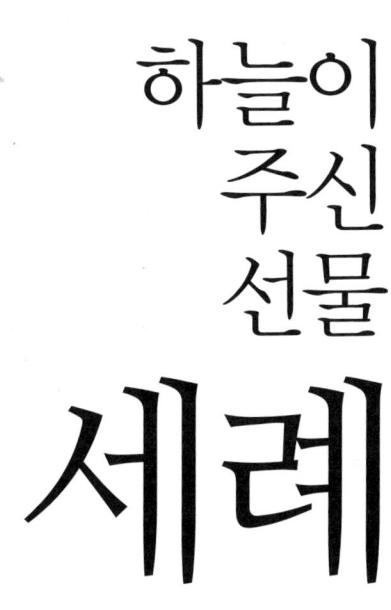

하늘이 주신 선물 세례

교회 안에서의 그리스도의 구원 행동
Baptism: Christ's Act in the Church

목차

감사의 말   07
한국어 서문   11
영어 서문   15
역자 서문   19
서론   25

1장 세례: 교회 안에서의 그리스도의 행동   31
    영적 건망증과 하나님의 이야기   31
    세례와 하나님 이야기의 의미   38
    그리스도의 표징과 행위   44

2장 그리스도 안에 있는 생명: 교회의 응답   61
    언약 공동체인 교회   62
    회개와 믿음   64
    세상 가운데서의 복종하는 섬김   71

3장 세례 받은 사람은 어떤 존재인가?   83
    누가 세례를 받을 수 있는가?   84
    특별한 경우는 누구에게 해당되는가?   109
    누가 세례를 베풀 수 있는가?   126
    전인 구원을 위해 세례는 필요한 것인가?   134

4장 죽음의 때까지 세례를 보존하고 새롭게 하기   141
    갱신의 필요성과 본질   141

| 세례와 성찬 | 147 |
| 세례, 교인됨, 훈련 | 159 |

5장 그러나 그것이 과연 성경적인가? 173
| 주요 성경구절에서 새로운 의미 발견하기 | 174 |
| 초기 세례 실행에 있어서 성경적 의미에 대한 숙고 | 186 |

6장 무엇이 잘못되었는가? 211
변화에 대한 배경	211
개혁 전의 악화 과정	215
진행될 종교개혁으로부터 야기된 분규와 혼동	226

7장 우리는 어떻게 세례를 바로 세울 수 있을 것인가? 239
| 내용 | 239 |
| 전략 | 251 |

8장 세례 의식의 개혁 275
어떤 실행이 회복되어야 하는가?	275
세례 의식을 위한 경우들	279
세례 의식	282
세례의 건축학적 장치	305

결어 313
부록: 세례식에서의 삼위일체 형식의 사용에 대하여 325
성구 색인	331
일반 색인	337
미주	343

감사의 말

어떤 의미에서 모든 책은 공동의 노력을 통해 완성된다. 흔히 많은 책에서 저자들은 도움을 받은 사람들의 이름을 제시하고 감사의 인사를 담고는 한다. 그러나 많은 사람들의 이름을 다 밝힐 수 없는 경우에는 전반적으로 언급하면서 그들의 이름을 무명으로 처리하기도 한다. 그 이름들을 다 나열할 수 있다 하더라도 그것을 포함하기에는 그 명단이 너무 길어질 수 있기 때문이다.

이런 사람들의 명단을 밝히려고 할 때 먼저 나의 신학을 더욱 예리하게 해주었던 신학대학원 강의실과 목회자 계속 교육 프로그램에서 만났던 수많은 학생들을 들 수 있다. 그들은 언제나 나로 하여금 실제적인 목회 현장의 상황과 관련하여 사고할 수 있도록 만들어 주었다. 내가 바라던 바대로 그들은 나에게 그러한 부분에 있어서 구체적인 도움을 주었다.

예배 형식을 새롭게 하려는 책임을 가지고 모인 그룹에 속한 분들이 이 작업에 대해서 적절한 의견을 제시해 주었다. 그 그룹에 속한 분들은 세례, 견신례에 대한 전반적인 내용들을 준비할 수 있도록 해주었다. 특별히 미국 감리교회를 위한 예배 갱신을 위한 프로젝트는 나를 온전히 사로잡아서 그 일에 전념하게 하였고, 이 모든 자료들에 나오는 한 구절 한 구절을 명확하게 할 수 있도록 해주었으며, 골몰할 수 있게 해주었다. 이러한 표현에 대해 양해를 구하는 바이지만 이러한 작업은 내가 받은 세례에 대해 불붙게 해주었으며, 동시에 깊은 충격에 휩싸이게 해주었다. 그것은 실로 가치 있는 작업이었음에 틀림이 없다. 근본적으로 그 그룹은 우리가 경제적인 문제 때문에 염려했던 것보다 더 오랜 기간 중요한 도서들의 출판을 계획할 수 있었다. 이 책에서 다루는 많은 내용은 그러한 탐구 여정의 현장에서 주어진 결실들이다.

그들은 "교회 연합을 위한 자문기구"(The Consultation on Church Union)의 예배분과에서 "아이들의 출생과 입양을 위한 감사 예식"을 위한 주 집필진이었다. 그 분과와 세례 전후의 예식을 위한 위원들은 깊이 공감이 되는 제안들을 제시해 주었으며, 이 작업에 대해 격려를 아끼지 않았다.

역시 에큐메니칼 신학을 위한 대화를 포함하여 세 가지의 프로젝트에 참여하면서 많은 도움을 받았다. 전국 루터교 감리교 연합 세례 연구위원회에서 3년 동안 활동하면서 많은 도움을 받았다. 또 1979년에 있었던 세계교회협의회(WCC) 산하의 침례교 및 비침례교단 국제위원회에 참여하면서 많은 통찰력을 얻을 수 있었다. 『하나의 세례, 하나의 성만찬, 그리고 상호 인식된 사역』(*One Baptism, One Eucharist, and* a Mutually Recognized Ministry)에 대한 미국 감리교회의 공식 입장을 표하는 문서를 기안한 위원회의 위원들과 이런 응답들을 나누고, 1983년 세계교회협의회 6차 모임을 준비하기 위해 다양한 교단에서 모인 위원회에서 많은 도전을 받았다. 여기에서 모두를 언급할 수 없지만 그 위원회의 모든 위원들에게 심심한 감사를 드리고 싶다.

이러한 탐구 여정에 함께 참여하여 많은 도움을 주었던 몇 분에 대해서는 언급을 해야 할 것 같다. 미국 연합감리교 훈련분과 부총무이신 호이트 힉만(Hoyt L. Hickman) 목사와 퍼킨스신학대학원의 제임스 화이트(James F. White) 교수는 특별히 이 책을 집필하도록 깊은 격려를 주셨다. 특별히 두 분은 예배에 대한 교단의 입장을 밝히는 그들의 작업에서, 그리고 이 원고에 대한 특별한 조언을 통해 이 책을 쓰는 데 크게 도움을 주셨다. 이 분야를 연구하고 있는 동료들이 이 책을 읽고 많은 조언을 주셨는데, 루터 북서신학대학원(Luther Northwest Theological Seminaries)의 데이빗 티드(David L. Tiede) 박사와 웨슬리신학대학원의 조직신학 교수인 제임스 로간(James C. Logan) 박사에게 감사드린다. 새로운 차원을 볼 수 있도록 해준 그들의 통찰력은 이 책을 완성하는 데 큰 도움을 주었다. 특별히 데이톤에 위치한 유나이티드신학대학원(United Theological Seminary)의 예배·설교학 교수인 켄달 맥카브(Kendall K. McCabe) 박사에게 감사를 드려야 할 것 같다. 명확히 말할 수는 없지만 그는 이 책을 완성하는 데 이중으로 역할을 해주었다. 연구학기를 보내고 있던 때 내가 맡고 있던 과목들을 대신 맡아 강의를 해주었기 때문에 마음 놓고 집필에만 전념할 수 있었다. 또한 그는 이 책의 원고를 읽고 상세하게 그의 의견을 제시해 주었다. 또한 이 책의 또 다른 공헌자는 학교의 동료들이었는데, 연구학기를 갖는 동안 본인이 감당해야 할 일들을 그들이 감당해 주었기 때문이다. "연구학기를 떠나는 교수들은 남아 있는 교수들에게 여분의 일들을 만들어 주게 된다." 이것이 내가 말하는 소위 '스투키의 법칙'인데 그것은 그들에게 정확하게 적용되었다.

워싱턴 DC
웨슬리신학대학원에서
로렌스 H. 스투키

한국어 서문
한국의 독자들에게

　　본서는 다음의 사람들을 대화 가운데 초대하기 위해 집필되었습니다. 첫째, 일반적으로 세례는 유아기에 행해지고 그것에 대해서는 거의 잊고 지내게 되는 사소한 것으로 생각하는 사람들과 둘째, 세례는 일생에 단 한번 받을 수 있는 생의 도전적인 경험이며, 하나님과의 영원한 언약 가운데 자신을 견고하게 세워 각 개인의 일생 동안 참으로 소중한 영적 가치를 가지는 것으로 이해하는 사람들이 그들입니다.

　　세례를 통해 우리는 교회의 사명이 무엇인지를 보여주고, 그것을 명료하게 해줍니다. 그것을 통해 복음의 복된 소식은 전달됩니다. 초기 몇 세기 동안 기독교의 입례 의식은 마태복음 28장 19절에 나오는 예수님의 명령에 대한 복종이라는 점을 반영하고 있었습니다. 우리는 모든 족속으로 제자를 삼고 아버지와 아들과 성령의 이름으로 세례를 베풀기 위해 온 세상으로 나아갑니다. 세례를 받는 것은 단지 죄를 깨끗케 하기 위함이 아니라 크게는 하나님의 가족으로 연합하는 것이며, 세상 가운데 하나님의 대사로서 살아가도록 부름을 받는 것입니다.

그러나 6세기경에 세례에는 커다란 변화가 일어나게 됩니다. 비록 유아기에 받은 것이라 할지라도 세례는 죄의 용서와 관련이 있는 것으로 여겨지면서 함께 견고하게 엮어지게 되었고, 표면적으로 이 두 가지는 떼어놓을 수 없는 것으로 여겨지게 되었습니다. 그래서 세례는 죄와 밀접한 관련을 갖게 되었고, 그렇게 해서 세례가 가지는 다른 모든 의미는 실제적으로 거의 천 년 넘게 사라지고 말았습니다. 만약 성인이 세례를 받지 않은 상태에서 죽게 되면 말할 것도 없이 그는 지옥에 떨어지게 될 것입니다. 세례를 받지 않은 아이가 죽는다면 교회는 그가 지옥에 갔다고 말할 용기를 갖지 못했습니다. 그리고 평신도들은 "지옥의 변방"(limbo, 역주/ 지옥과 천국 사이에 있는 곳으로 기독교를 믿을 기회를 얻지 못했던 착한 사람이나 세례를 받지 못하고 죽은 어린아이의 영혼이 머무는 곳으로 지칭되었던 곳)이라 불리는 다른 곳이 있을 것이라고 추정하기 시작했습니다. 그곳은 형벌이 있는 곳도 아니지만 낙원도 아니고 구약성경이 스올이라고 칭하는 곳과 같은 곳으로 추정했습니다. 그러한 생각은 종교개혁 때까지 계속 되었고, 그 이후에도 남아 있었습니다.

주요 개혁자들(루터, 칼뱅, 츠빙글리)과 다른 지지자들은 당시에 교회가 가지고 있던 세례가 어떻게, 언제, 누구에게, 왜 집례되어야 하는지에 대해서 완벽한 동의가 이루어지지 않았습니다. 20세기 전반에 어떤 곳에서는 공식적인 예식서에 주님의 기도를 제외하고는 예전 가운데서 하나님을 언급할 필요조차 느끼지 않는 경우도 있었습니다. 그러한 입장은 지그문트 프로이드나 찰스 다윈의 주장에 대해 응답하면서

야기된 혼동의 결과였습니다.

지난 40년 동안의 발전은 성례전이 교회를 분리하는 것이 아니라 하나로 묶어 주는, 하나님이 친히 허락하신 수단이라는 통찰이 널리 퍼지게 되었습니다. 과거에 우리를 나누어지게 했던 불일치가 무엇이든지 간에 그것은 이제 더 이상 존재하지 않으며, 보다 에큐메니칼적인 이해를 갖도록 길을 내주었습니다. 이제는 많은 교단들 사이에 충분한 동의가 이루어지고 있는며 교단이 연대한 연구와 기도가 활발히 이루어지고 있습니다. 감리교, 장로교, 그리고 로마 가톨릭을 포함한 다른 교단들의 세례를 성례전으로 간주하는 모든 그리스도인들이 아주 신중하게 이러한 일치를 만들어 내고 있으며, 모든 세례 받은 그리스도인은 어떤 교단에서 세례를 받았든지 간에 세례를 받았을 때 그들을 서로 형제와 자매로 받아들이게 될 날을 기대하고 있습니다.

이 책을 한국어로 번역하여 출판할 수 있도록 수고하신 모든 분들에게 깊은 감사를 드립니다. 특별히 이 책의 번역을 위해 수고해 주신 장로회신학대학교 교수이신 김운용 박사님에게 감사를 드립니다. 이 책에서 제시되는 이슈들을 깊이 숙고하면서 귀한 성례 사역을 감당해 가실 때 주께서 여러분 모두에게 은혜와 평화를 허락해 주시길 빕니다. 그리스도의 축복이 함께 있어 믿음과 성장을 추구하는 모든 사람들에게 보다 성숙한 이해를 전달할 수 있는 방식을 모색할 때 여러분을 힘있게 해주시길 빕니다.

2013년 1월
워싱톤 DC

웨슬리신학대학원에서

로렌스 홀 스투키

영어 서문

Dear Korean Readers

This book is intended to engage you in a conversation between (1) those who view baptism as a minor matter, usually administered in the childhood years and then forgotten about, and (2) those who believe baptism to be a life changing experience administered only once in a lifetime but of great spiritual value throughout the life span of the individuals who thus bind themselves in eternal covenant with God.

The good news of the Gospel is conveyed at baptism in ways that reflect and clarify the mission of the church. In the early centuries, occasions of Christian initiation reflected obedience to the command of Jesus in Matthew 28:19; we are to go into all the world, making disciples of all nations and baptizing them in the name of of the Father and of the Son and of the Holy Spirit. To be baptized was not exclusively about cleansing but largely about being incorporated into the family of God and called to action as divine agents in the world.

But by the sixth century a drastic turn had taken place. Baptism and the remission of sin even in infancy had become tightly twisted together and seemingly could not become disentangled. So closely related was baptism to sin that almost all other meanings of baptism virtually disappeared for nearly a thousand years. If an adult male died without being baptized, he would go, without question, to hell. If a youngster who had not been baptized died, a church did not quite have the nerve to say he went to hell, but by lay people at least, it was assumed there was another condition called "limbo" —neither punishment nor paradise but something like unto the Old Testament notion of Sheol. There it remained into and even beyond the Protestant Reformation.

Major Reformers(Luther, Calvin, Zwingli) and their supporters could not agree on how baptism should be administered, when, to whom, or why. By the first half of the 20th century, in places some official texts existed that did not even seem to feel a need to mention God in the rites except in the Lord's Prayer-a stance resulting from confusion in response to the assertions of Sigmund Freud and Charles Darwin.

Recent developments in the past forty years facilitate the insight that the sacraments are God-given means for uniting, not for dividing the church. Whatever disagreements may have separated us in the past simply no longer exist and now have given way to a more ecumenical understanding. There is enough agreement now between many denominations to facilitate joint study and prayer. Methodists, Presbyterians, and others, including some Roman Catholics, indeed all Christians who regard baptism to be a sacrament, take this agreement very seriously and hope for the day when all baptized Christians are understood to be the brothers and sisters of all other baptized Christians.

I thank those who have engaged in the translation of my work into Korean, particularly Dr. Unyong Kim of Presbyterian College and Theological Seminary in Seoul. Grace and peace to all readers as you work through the issues presented in this book. May Christ's blessing be upon you to strengthen you as you develop ways to convey these mutual understandings to any who pursue faith and growth.

Laurence Hull Stookey
Wesley Theological Seminary
Washington, DC
January, 2013

역자 서문

세례는 사람에 의해서 수행되는 인간적 활동이다. 인간을 통해서 수행되는 행동이지만 그것은 사람이 고안한 것이 아니라 성삼위 하나님께서 고안하시고 명령하신 행위이다. 그래서 세례는 사람의 이름으로 주는 것이 아니라 성삼위 하나님의 이름으로 베푼다. 그것은 사람이 집례한다 할지라도 세례는 하나님 자신에 의해 받는 것임을 의미한다. 세례는 주님께서 시작하시고 제정하셨으며, 제자들과 교회에 명령하신 사역이다. 위임 받은 명령을 따라 교회가 그것을 수행할 때 하나님의 구원의 역사는 계속해서 이 땅 위에 펼쳐지며 교회 가운데 일하시는 주님의 구원 행동과 성령님의 감동케 하시는 역사가 활짝 펼쳐진다. 그런 점에서 세례는 성삼위 하나님의 사역이며 그리스도께서 행하시는 복음 사역이 교회 가운데 활짝 펼쳐지는 사역이다. 그때 교회는 감격의 예배와 섬김, 이 땅에서 하늘을 살게 되는 환희의 삶을 선물 받게 된다. 그것은 초대교회로 하여금 박해 가운데서도 승리할 수 있었던 원동력으로 작용한다. 세례는 성찬과 함께 교회가 하나님이 주신 생명과 그 축복을 전하고 온전히 수행해야 할 성례전이다.

기독교의 세례는 예수 그리스도께서 십자가에서 죽으시고 부활하셨으며, 우리를 대속하셨다는 믿음으로부터 시작된다. 그러므로 그 복음을 믿고 세례 받는 사람은 그분의 죽음과 부활과 연합하는 것이며, 이제 전혀 새로운 세상을 산다는 의미를 담고 있다. 그런 점에서 세례는 양면성을 가지는데 한편으로는 죽음이고, 한편으로는 다시 태어남이다. 그러므로 세례는 우리의 일생을 통해 그 의미와 효과가 지속되며 한번 우리 가운데 일어난 약속의 진리는 변치 않고 작용한다. 세례의 표지는 그리스도 안에서 죽고 다시 사는 것이다. 그것은 일회적으로 완벽하게 은혜로 주어지지만 우리는 그 놀라운 축복을 온전히 누리기 위하여 일생 옛사람의 죽음과 새사람으로의 부활을 통해 세례의 축복을 누리고 성취해 가야 한다.

신약성경은 세례에 대한 실로 풍부한 이미지를 통해 그 의미를 우리에게 들려준다. 즉, 그리스도의 죽으심과 부활하심에 참여(롬 6:3~5), 죄 씻음의 표식과 새로운 삶에로의 결단(고전 6:11), 새로 태어나는 것(요 3:5), 주님으로부터 빛을 받는 것(엡 5:14), 그리스도로 옷 입는 것이며 그리스도의 몸 안으로 연합하는 것(갈 3:27), 성령으로 새롭게 되는 것(딛 3:5) 등이 그것이다. 이러한 은혜를 받기 위하여 필요한 것은 신앙과 결단이다. 그래서 세례는 초대교회로부터 "결단의 드라마"(the drama of decision)로 이해했다. 우리는 신앙적 결단과 헌신을 통하여 믿음의 공동체의 일원이 되며 존재의 변화를 경험하게 된다. 이것은 칼 바르트가 주장한 것처럼 세례는 인간의 결단이 객관적인 신적 변혁을 힘입어 일어나는 사건이며 전 생애를 통해 하나님의 은혜에 감사함으로 반응할 것을 요청한다. 오직 신앙 안에서 받아들일 때 그것은 구원의 은혜로 작용하게 된다.

그러나 오늘날 현대교회는 주님이 제정하시고 명령하신 성례전을 수행함에 있어서 많은 것을 잃어버리고 있다. 실제로 어느 교회에서는 다시 세례(침례)를 받으면서 주님이 행하신 방식으로 이제 진짜 세례(침례)를 받았다고 간증하게 하는 것도 보았고, 오래 전 군복무 중에 진중세례를 시행하는 날이면 세례 받는 사람의 숫자를 맞추기 위하여 "각 중대 세례 사역병 몇 명…" 하는 전달사항도 들었고, 초코파이를 받아먹기 위해 세례를 몇 번 받았다는 무용담(?)을 말하는 것도 들었다. 또한 우연히 고속버스 옆자리에 앉은 사람에게 복음을 전하려고 하는데 사실 자기는 세례를 세 번을 받았다고 말하는 것을 들었다. 성경 과목 점수를 잘 받기 위해 고등학교 시절 기독교 학교였던 자신의 모교에서 첫 번 세례를 받았고, 두 번째는 군복무 중에 소위 "세례 사역병"으로 차출되어 받았고, 실수를 범해 교도소에서 몇 년을 보냈는데 그곳에서 주님을 영접하고 진짜 세례를 받았다고 털어놓는 이야기를 들었다. 다양한 교파를 형성하고 있는 개신교 진영에서는 이 재세례의 문제가 심각한 현상이기도 하지만 철저한 준비와 결단 없이 세례가 행해지고 있는 것은 주님께서 명령하신 사역을 온전히 수행하지 못하고 있다는 문제점을 야기하고 있다.

이러한 점에서 본서는 현대교회가 수행하고 있는 세례 사역의 중요성뿐만 아니라 문제점을 정확하게 일깨워 주면서 교회 안에서 구원의 역사를 펼쳐 가시는 성삼위 하나님의 구원의 사역인 성례를 어떻게 감당할 것인지에 대한 중요한 지침을 제시해 준다. 로렌스 스투키 박사는 미국 워싱톤 DC에 위치한 웨슬리신학대학원의 휴 라티머 엘더디스 예배/설교학 석좌교수로 1973년부터 봉직해 왔으며 현재는 명예교수로 있다. 그는 본서와 함께 성찬에 대한 책(*The Eucharist*, Abingdon Press)과 교회력에 대한 책(*The Calendar*, Abingdon Press)을 함께 출판하여 교회가 수행하는 성례전과 교회력에 대한 중요한 지침을 주었다. 그는 본서에서 세례는 하나님께서 교회에 주신 선물로 이해하면서 개신교 진영에서 이것을 수행하면서 일어나고 있는 혼란을 정확하게 갈파하였다. 또한 세례에 대한 성경적, 역사적, 신학적 관점에서 명확한 이해를 제시하면서 실천적 관점에서 명료한 지침을 제시해 준다. 본서는 지금 우리가 주님의 세례 명령을 바로 수행하고 있는가를 보게 해주며, 어떻게 그것을 바로 감당할 수 있을 것인지에 대한 명쾌한 지침을 제시해 준다.

한국교회에서 수행되고 있는 성례전에 대한 문제의식을 가지면서 몇 년 전 제임스 화이트 박사의 『성례전: 하나님의 자기 주심의 선물』을 번역 출판한 바 있고, 그것과 짝을 이루어 본서를 번역하게 되었다. 바쁜 일정에 자꾸 번역 작업이 지연되었음에도 인내로 기다리며 본서를 출판해 준 예배와 설교 아카데미 사장이신 김현애 박사에게 감사드리고, 꼼꼼하게 읽고 교정하는 일을 위해 수고해 준 윤혜경 전도사에게 깊은 감사를 드린다. 또한 색인작업을 위해 애써 준 조교 조성우 전도사의 수고에도 감사를 드린다. 본서는 2012년도 2학기를 연구학기로 미국에서 보내면서 번역 작업을 마무리할 수 있었다. 연구학기를 허락해 주신 장로회신학대학교 김명용 총장님께 깊은 감사를 드리고, 연구학기 기간 동안 좋은 연구의 장을 허락해 주신 미국 콜럼비아신학대학원의 스티븐 헤이너(Stephen A. Hayner) 총장님께 깊은 감사를 드린다. 또한 미국에서 연구학기가 진행되는 동안 긴 사역의 공백을 이해하면서 깊은 기도로 도와주신 기독실업인회(CBMC) 한성지회 김도열 회장님과 회원들의 기도와 사랑에 깊은 감사를 드린다. 무엇보다 감사한 것은 이러한 연구의 여정에 늘 기도와 격려를 아끼지 않은 사랑하는 아내 박혜신 님과 늘 아빠에게 신선한 활기를 더해 주었던 하늘이 준 보석과 같은 세 아이들(한솔, 한결, 한빛)에게 감사를 드린다.

본서를 통해 오늘도 교회 가운데서 구원의 역사를 펼쳐 가시는 주님의 역사가 선명해지며 그 놀라운 하늘의 선물 앞에서 그리스도인들이 감격과 헌신을 새롭게 해갈 수 있기를 비는 마음이다.

푸르름과 싱그러움이 더해가는 신록의 계절에
광나루 언덕 연구실에서
역자 김 운 용

서론

　1900년대 초 영국의 한 마을에 한 아이가 태어났다. 아이의 이름은 루시라고 지어졌고 외할머니는 그 동네의 감리교회에서 세례를 받게 하기 위해 그를 데리고 갔다. 완고한 성공회 교인이었던 루시의 아빠는 영국국교회가 감리교의 성직자를 사도 전통에 서 있는 목회자로 인정하지 않았기 때문에 세례 받는 그 절차 자체에 대해 인정하려고 하지 않았다. 그래서 그의 아빠는 성공회 교구 교회에 데리고 가서 다시 세례를 받게 했다. 루시의 엄마는 구세군교회에 나가게 되면서 감리교회나 성공회에 대해서 별로 좋게 생각하지 않았다. 그래서 엄마는 루시를 구세군교회로 데리고 가서 피와 불의 그림을 담고 있는 배너 아래 내려놓는 의식을 행하였다. 이것은 구세군교회에서는 유아세례를 대신하는 내용이었다.
　그 후 그 가족들은 미국의 중서부로 이민을 갔다. 그들이 이민을 와서 정착한 동네에는 성공회도, 구세군교회도 없었다. 그래서 그 가족들은 감리교회에 출석하게 되었다. 십대가 된 루시는 그 교회에서 세례를 받고 정식 교인이 되는 서약을 하기 위해 세례 준비반에 들어가게 되었다. 왜냐하면 그 교회 목사는 교단의 입장이 성경적 입장을 벗어난 것이라고 생각하면서 유아세례 자체를 잘못된 전통으로 생각하고 있었기 때문이다. 그래서 그 목사는 세례 준비반에 들어온 모든 사람에게 자신이 직접 서약을 하고서 받게 되는 '진정한 세례'를 받아야 한다고 주장하였다. 세례식에서 루시의 엄마가 벌떡 일어나 외쳤다. "이건 아닙니다. 세 번이나 세례를 받았다면 누구나에게 그것은 충분한 횟수입니다." 그러나 루시는 엄마의 마음을 잘 이해하고 있었고 일단 엄마가 자리에 앉으면 별다른 일이 일어나지 않을 것임을 알고 있었다. 나머지 사람들이 세례를 받기 위해 세례반으로 나아갈 때 루시도 따라 나갔다.

시간이 지나서 루시는 남침례교회를 다니는 청년을 만나 사랑에 빠지게 되면서 그와 결혼을 하게 되었다. 루시는 그 청년에게 침례교회에 나가더라도 침례를 받으라고 강요하지 않겠다는 약속을 하지 않으면 결혼을 할 수 없다고 했다. 그 청년은 루시가 교회 교인이 되는데 넉넉한 세례를 받았다고 인정하였고 그리하여 두 사람은 결혼을 하게 되었다. 모든 것은 평온하게 진행되었다. 그러나 출석하던 침례교회에서는 피아노 반주자를 필요로 했고, 루시도 피아노 반주하기를 매우 좋아했다. 그녀는 회중이 만족할 만한 뛰어난 피아노 연주 실력을 갖추고 있었다. 그러나 집사회는 단호하게 루시가 침례를 받지 않았기 때문에 예배 반주를 할 수 없다고 결정했다. 그래서 루시는 결국 5번

째의 세례를 받게 되었다.[1]

　이 기록은 아마도 세계 기네스북에 오를 만한 내용일지도 모르겠다. 그러나 이것만은 분명하다. 루시의 이러한 경험의 배후에는 종종 그리스도인들이 만들어내는 억측이 있다. 즉, 물로 받는 세례는 필요한 예식도, 도움이 되는 것도 아니며 성례전 상징(sacramental sign)에 의해 의존하지 않지만 보다 영적인 예식이라고 생각하면서 이전의 이해를 대체해 버린다는 사실이다. 이것은 루시의 어머니의 억측이다. 또 다른 억측이 있는데 세례는 특별한 교단에 의해서 세워진다는 것이다. 혹은 적어도 어떤 교단에 소속된 목회자의 사도적 전승에 의존하는 것이라는 억측이다. 이것은 루시의 아버지의 억측이다. 또 다른 억측은 세례가 어떤 연령에 이르게 되었을 때 받아야만 효과가 있다라는 억측이다. 이것은 루시가 출석한 적이 있는 미국 중서부의 감리교회 목사의 억측이다. 또 하나의 억측은 세례는 어떤 물로, 혹은 물이 사용되는 방식에 따라 효력이 있다고 생각하는 억측이다. 이것은 침례교회 집사회의 억측이다. 이러한 모든 억측이 어떤 문제점을 가지고 있는지를 이 책에서 다루려고 한다. 이것은 차차 살펴보게 될 것이다.

　이러한 모든 억측에는 세례 예식의 인간적 측면을 담고 있다. 다른 측면에서부터 시작하지 않으면 우리는 복합적인 혼란 상황을 초래하게 될 것이다. 그 무엇보다도 세례는 교회에 주신 하나님의 선물이다. 그렇지 않다면 세례에 대해 이런 소란을 피울 필요도 없을 것이고, 이런 혼란이 주어지는 것은 이제 더 이상 실행하지 않아야 한다고 주장하면서 세례를 둘러싼 모든 주장들과 혼란에 대해 종지부를 찍을 수도 있을 것이다. 세례는 교회에 주신 하나님의 선물이며, 교회 안에서 친히 행하시는 그리스도의 행동(Christ's act)이다. 이제 이런 담대한 주장에 대해 보다 상세하게 설명을 해야 할 차례이다.

1장

세례: 교회 안에서의 그리스도의 행동

Baptism: Christ's Act in the Church

세례는
하나님께서
영적 건망증을 다루시는
하나의 수단이다.
하나님께서는 세례를 통해
하나님의 사랑 이야기를
우리에게 새롭게 들려주신다.

1장
세례: 교회 안에서의 그리스도의 행동

영적 건망증과 하나님의 이야기

우리 모두는 종종 영적 건망증에 시달릴 때가 있다. 하나님께서 우리 가운데서 행하시고 약속하신 것을 우리는 잊고 살 때가 자주 있다. 하나님께서 주님의 제자 된 우리에게 원하시는 것을 우리의 편리에 따라 망각하고 살아가고는 한다. 우리에게는 창조주 하나님께서 친히 부여해 주신 분명한 정체성이 있다. 우리의 만성적 병폐와 그것을 고칠 능력이 우리에게는 전혀 없다는 사실과 그것이 얼마나 치명적인 것인지 인식할 능력도 없다는 사실을 잘 아시고 하나님께서는 우리의 진정한 정체성이 무엇인지를 우리에게 환히 보여주셨다.

하나님께서 이러한 건망증을 다루시는 하나의 수단이 바로 세례이다. 영적 건망증에 대한 우리의 무능력은 성례전 가운데서 하나님의 행동(activity)을 잊어버리게 만들고 단지 세례를 하나님께 대한 우리의 헌신이나 예배 가운데서 믿음을 확증하는 일을 상징적으로 수행하는 것 정도로 생각하게 만들면서 왜곡된 생각을 갖게 한다. 그러나 세례는 그 이상의 것이다. 성례전을 온전히 이해하기 위해서 우리는 하나님의 입장으로부터 시작할 필요가 있으며, 인간을 향하신 하나님의 행동(God's action)으로부터 출발해야 한다. 하나님께서는 세례를 통해 하나님의 사랑 이야기를 우리에게 들려주신다. 그 이야기는 우리의 본연의 기억을 위해 다섯 단어로 요약될 수 있다. 창조, 언약, 그리스도, 교회, 그리고 다가오는 하나님 나라가 그것이다. 이제 우리는 그것을 순차적으로 살펴보게 될 것이다.

세례식의 성수를 통하여 하나님께서는 창세기의 첫 장의 창조의 이야기들을 기억나게 하신다. 하나님의 영이 혼돈 가운데 있는 수면 위에 운행하시고, 그곳을 하늘과 땅으로 나누시어 땅이 드러나게 하신다. 에덴의 강들이 나타나고, 노아 시대의 대홍수의 이야기가 들려온다. 하나님께서는 혼돈의 세계 가운데서 재창조된 세상을 드러내신다. 세례의 물을 통해 우리에게 주어지는 창조의 이야기는 우리가 누구였으며, 누구의 소유였는지를 알려 주는 복음의 중심 주제에 관심을 기울이도록 만들어 준다.

창조 이야기에서 우리는 하나님께서 오늘의 세계 가운데서 역사하고 계신다는 사실과 하나님의 형상을 따라 지음 받은 피조물에 대해 책임이 주어진다는 사실을 발견하게 된다. 인간 타락의 이야기에서도 하나님께서는 우리 앞에 거울을 들고 계신다. 그리하여 창조주 하나님의 사랑을 결코 받을 수 없는 존재이며 결코 보호받을 수 없는 반역한 피조물인 우리의 모습을 볼 수 있게 하신다. 여기에서 우리는 희미하게 나마 우리 존재의 역설적인 모습을 보게 된다. 우리는 진실로 사리사욕에 초점을 맞추고 살아가는 삶을 거부하고 자발적으로 복종의 십자가를 지고 주님을 따름으로 진정한 자유를 얻을 수 있다는 사실을 깨닫게 된다. 그런 욕심에 사로잡혀 사는 삶은 결국 죄의 속박과 죽음 외에는 외적으로는 그 어떤 것도 가져다주지 못한다. 홍수 이야기를 기억하도록 요청하면서 하나님의 심판과 은혜의 신비를 하나님께서는 우리에게 보여주신다. 우리의 죄를 씻는 물이 동일하게 노아의 방주를 떠오르게 하며 의인을 망하지 않도록 안전한 곳에 방주가 정박하게 해주면서 의인의 자녀들이 번성하게 한다. 이와 같이 우리를 지으신 창조주 하나님에 의해서 심판을 받았고 구원을 받았다는 사실을 발견하게 해준다. 세례를 통하여 하나님께서는 구속받은 피조물로서의 우리의 정체성을 밝히 드러내 주신다.

하나님은 역시 언약의 경험(experience of covenant)과 함께 드러내 보이심으로 우리의 정체성을 우리에게 친히 보여주신다. 언약은 약속을 제시하시는 분-그분은 만유 위에 뛰어나신 분이며 권세를 가지셨다-과 그 약속을 허락받은 사람 사이의 관계를 새롭게 해 준다.

세례식의 성수를 통해 하나님께서는 홍수 후에 노아와 체결하신 언약에 대해 주의를 기울이게 한다. "하나님이 노아와 그와 함께한 아들들에게 말씀하여 이르시되 내가 내 언약을 너희와 너희 후손과 너희와 함께한 모든 생물, 곧 너희와 함께한 새와 가축과 땅의 모든 생물에게 세우리니 방주에서 나온 모든 것, 곧 땅의 모든 짐승에게니라. 내가 너희와 언약을 세우리니 다시는 모든 생물을 홍수로 멸하지 아니할 것이라. 땅을 멸할 홍수가 다시 있지 아니하리라"(창 9:8~11).

홍해 바다를 건넘, 이스라엘 백성들을 인도하신 구름기둥, 광야의 반석에서 물을 내신 역사, 마라의 쓴물과 엘림의 단샘, 약속의 땅을 향해 나아가는 길목에서 요단강을 건넌 사건 등과 같이 물과 관련된 많은 사건을 통해 하나님께서는 이스라엘과 맺으신 언약을 우리에게 상기시킨다. 우리의 영적 건망증이 우리가 받은 세례와 고대에 있었던 홍수 사건과 출애굽 사건 사이의 연결이 가공의 것이라고 할 수도 있지만 우리는 그것이 신약에 와서는 어떤 기초를 이루는지를 기억할 필요가 있다. 베드로는 세례와 노아의 홍수를 명백하게 연결시킨다(벧전 3:18~22). 어떤 점에서 초기 그리스도인들은 세례에서 죽음과 속박으로부터 벗어나는 것을 물을 통과하는 것과 동일시하였다. 사도 바울은 히브리인들에게 쓰고 있는 서신서에서 이 사실을 다음과 같이 기록한다. "우리 조상들이 다 구름 아래에 있고 바다 가운데로 지나며 모세에게 속하여 다 구름과 바다에서 세례를 받고, 다 같은 신령한 음식을 먹으며 다 같은 신령한 음료를 마셨으니 이는 그들을 따르는 신령한 반석으로부터 마셨으매 그 반석은 곧 그리스도시라"(고전 10:1~4). 사도 바울은 고대 히브리인들이 실제로 세례 예식에 참여하였다고 주장한 것이 아니었다. 그러나 바울은 그들과 우리들이 언약의 하나님의 은혜로 인하여 사로잡힘에서 해방을 경험하였음을 깨닫기를 원하였다.[2]

언약 체결은 종종 하나님의 약속을 기억하는 데 도움이 되는 상징(sign)과 함께 주어진다. 무지개는 노아와 맺으신 언약을 위한 상징이었으며, 유월절 어린 양은 이스라엘과 맺으신 언약의 상징이었다. 세례는 하나님께서 우리와 맺으신 언약 그 자체이다. 세례에서 사용되는 성수는 우리들이 주님의 약속을 기억하도록 도와주고, 책임있는 백성으로서 우리의 정체성을 상기시켜 주시기 위해 사용된 상징이다.

창조 역사와 구약의 언약에서 준비되고 기대되는 모든 것은 예수 그리스도 안에서 성취되어 우리에게 나타난다. 실로 세례식의 성수와 함께 우리에게 자신을 드러내시는 분은 바로 그리스도이다. 그리스도는 구약의 모든 이야기를 함께 모으시며 그의 인성 가운데 그 이야기가 쓰여진 목적을 끌어모으신다. 그리스도께서 당신 안으로 모든 것을 끌어모으신다는 사실은 에베소서 1장 9~10절이 잘 말씀해 주신다. "그 뜻의 비밀을 우리에게 알리신 것이요, 그의 기뻐하심을 따라 그리스도 안에서 때가 찬 경륜을 위하여 예정하신 것이니 하늘에 있는 것이나 땅에 있는 것이 다 그리스도 안에서 통일되게 하려 하심이라." 성경이 사용한 "하나로 묶다"(unite)라는 단어는 헬라어 '아나케팔라이오사스타이'(anakephalaisasthai)의 번역인데, 이것의 본래 의미는 "요점을 되풀이하여 말하다"(recapitulate)이다. 이것은 라틴어 '레카피툴라레'(recapitulare)와 같은 단어이다. 세례에서 이 요점을 요약하는 것은 성수 가운데서 역사하시는 그리스도께서 그의 사역의 전체 이야기를 가시적으로 보여준다.

기독교의 입문 예식인 세례에서 사용되는 물은 성육신 사건을 둘러싼 다양한 연합의 특성을 가져다준다. 세례식의 성수는 예수 그리스도의 생애와 사역을 하나로 모아 일괄적으로 보여준다. 예수님께서 이 땅에 오실 때 처음에 마리아의 자궁의 양수에서 양육되었으며, 요단강에서 세례를 받으셨다. 마지막에는 십자가 위에서 목이 마르다고 외치신다. 그리고 한 군인의 창에 옆구리를 찔리어 생명의 근원이 되는 물과 피를 다 쏟아내심으로 모든 것을 우리에게 주시고 비워내신다.

예수님의 사역은 갈릴리 호수 주변에서 시작하셨는데, 거기에서 그물을 손질하고 있던 제자들을 부르셨다. 그곳에서 물 위를 걸으셨으며, 폭풍을 잔잔케 하기도 하셨다. 예수님은 그의 설교에서도 물의 이미지를 자주 사용하셨다. 선인과 악인에게 고루 비를 뿌려주시는 하나님의 이야기를 들려주셨고, 날씨를 설명하시면서 비를 언급하셨고, 주님의 이름으로 냉수 한 잔을 나누는 것에 대해서도 말씀하셨다. 특별히 요한복음에서는 예수님의 사역을 물과 긴밀하게 연결하여 설명하고 있음을 알 수 있다. 그의 첫 번째 기적은 가나에서 물을 포도주로 바꾸는 기적이었으며, 야곱의 우물에서 사마리아 여인을 만나 물을 좀 달라고 요청하셨고, 자신이 생명의 물이라는 사실을 강조하셨다. 예루살렘에서는 연못가에서 몸이 마비된 사람을 고쳐주셨고, 나면서부터 맹인이 된 사람의 눈에 침으로 진흙을 이겨 발라 주신 다음에 실로암 못에 가서 씻으라고 보내셨다. 예수님께서는 십자가의 고난을 앞두시고 그의 제자들의 발을 씻기셨으며, 부활하신 다음에는 제자들에게 그물을 던질 방향을 알려 주셔서 엄청난 물고기를 잡게 하셨다.

　　창조 역사에서 일반적으로 이해하는 물의 실체와 같이 우리 주님의 사역을 온전히 기억나게 하는 것은 아무 것도 없다. 구원하시는 은혜의 징표로 주어지는 세례식 가운데서 우리에게 이것을 허락하시는데, 우리가 믿음에 입문하는 자리에서부터 우리를 위해서 행하신 모든 일을 기억할 수 있도록 만들어 준다. 그리하여 우리는 주님과 연합된 존재로, 서로 하나가 된 하나님의 백성으로 자신을 인식하게 된다.

　　그리스도께서는 성령님의 능력을 통해 교회를 새롭게 시작하셨다. 교회는 그의 언약의 공동체이며, 가족이고, 은혜로 입양된 하나님의 자녀들이다. 세례는 언약의 징표이며, 혈과 육으로가 아니라 위로부터 선물로 주어지는 새로운 출생의 징표이다. 그것은 가시적으로 모든 그리스도인들이 공유하는 것이며, 각 그리스도인들과 그리스도 안에 있는 다른 사람들 사이의 연합의 끈이 된다.

세례는 다른 어떤 조직에 의해서 수행되는 것이 아니라 교회에 속한다. 그것은 어떤 사회적 행동과는 전적으로 다르다. 그럼에도 불구하고 세례는 교회의 행동이 아니며 교회를 통해서 행하시는 그리스도의 행동(Christ's act)이다. 세례는 그리스도께서 우리를 가족으로 영입하시는 입교의 사건이지만 단순히 세례를 집행하는 시간만을 의미하지는 않는다. 세례는 하나님의 미래로 나아가도록 우리를 그 안으로 밀어 넣는다. 우리가 교회의 전통을 이해할 수 있도록 도와줄 뿐만 아니라 오늘의 시대에서 그리스도의 제자로 사는 것이 무엇인지 이해할 수 있도록 도와준다. 세례를 받은 그리스도의 백성으로서 교회의 본질에 대해서는 나중에 더 구체적으로 살펴보게 될 것이다. 여기에서는 우리가 하나님의 백성이라는 사실을 잊지 않게 하며, 다른 인간 조직의 일원이 되게 하는 내용과는 견줄 수 없는 그리스도께서 교회에 부여하시는 정체성의 징표로서 세례를 강조하는 것으로 충분하다고 본다. 그러므로 성례전은 성령님께서 세우신 공동체를 위해 주시는 선물인데, 그것은 성령님의 권능을 통해 주어진다.

예수 그리스도 안에서 하나님 나라는 이미 우리 가운데 거하게 된다. 비록 안타깝게도 그것이 완벽하지는 못하지만 교회는 이 땅에서 그 실재를 맛보게 하는 하나님 나라의 확장이다. 예수님께서는 우리로 하여금 다가오는 온전한 하나님 나라를 기다리라고 가르쳐 주셨다. 그래서 주님이 가르쳐 주신 기도 가운데서 우리는 지속적으로 하나님 나라의 도래를 간구한다. 그렇게 하지 않으면 삶의 염려가 우리의 비전을 희미하게 만들어 버릴 것이며, 복음의 중요한 특징인 소망을 잊어버리기 쉽게 된다. 그러므로 세례를 통해 그리스도께서는 교회에 만물을 다스리심을 보여주시는 가장 궁극적인 통치의 징표를 주신다. 하나님께서 창조와 언약 체결하심 가운데서, 또한 그리스도의 강림과 성령님의 능력을 통해 교회를 세우심 가운데서 행하신 이 모든 것은 역사 가운데서 하나님의 목적을 성취해 가심을 강조해 보여준다.

여러 성경 기자들은 세례를 통해 영적인 회상(spiritual memory)을 갖게 하는 방식으로 하나님 나라의 도래를 보여주었다. 아마도 이러한 비전의 어떤 것도 밧모섬에 유배되어 있던 사도 요한만큼 이러한 비전을 강하게 우리에게 보여주는 사람은 없을 것이다. 요한 계시록은 만물을 통치하시는 그리스도의 다스리심과 관련하여 종종 바다와 무지개, 생명수, 그리고 다른 물의 이미지를 언급한다. 세례는 그리스도께서 주시는 선물인데, 그분은 우리로 하여금 그분 안에서, 그리고 죄와 죽음의 권세로부터 최종적인 승리를 통해 허락하시는 희망을 망각하지 않도록 도와준다.

세례와 하나님 이야기의 의미

창조, 언약, 그리스도, 교회, 그리고 다가오는 하나님 나라는 서로 분리된 실체가 아니다. 이 모든 것은 우리 앞에 계시는 분을 인식할 수 있도록 도와주는 일반적인 의미들로 역할을 한다. 이제 이것들은 하나님의 목적을 지로(指路)해 주면서 우리의 정체성을 밝히 드러나게 해

주는 요소로 작용하게 된다.

다른 모든 좋은 이야기와 같이 성경의 이야기도 처음과 나중, 그리고 중간 부분을 가진다. 세례의 성수 가운데서 하나님께서는 그분의 이야기의 시작과 끝 부분을 우리에게 제시해 주신다. 이것은 창조에서 종말로 나아가는 움직임의 목적을 드러내 준다.

태초에는 혼돈의 물을 제외하고는 아무 것도 존재하지 않았다. 하나님께서는 바다 안에 그것을 담아 놓으셨다(창 1:9~10). 그리고 종말에는 그 바다조차도 다 파괴된다(계 21:1). 태초에 하나님은 빛을 창조하셨고, 그 후 하늘에 해와 달을 만드셨다(창 1:3, 14~15). 그리고 종말에는 해와 달이 필요하지 않을 것이며, 하나님의 영광이 모든 것을 비추게 될 것이다(계 21:23). 처음에는 나무와 강을 담고 있는 낙원이 있었다면, 마지막에는 생명나무들이 있을 것이며 수정과 같은 생명의 강이 있게 된다. 오직 최초의 인간인 두 사람을 위해 에덴동산이 만들어졌다면, 마지막에는 구원받은 모든 사람들이 거할 수 있는 거룩한 도성이 준비될 것이다.[3] 이야기의 끝 부분은 진행과 확장에 대해 언급하는데 이것은 처음 시작의 회복과 반복을 단지 의미하는 것이 아니었다.

세례를 통하여 하나님께서는 우리에게 역사는 어딘가를 향하고 있다는 사실을 알려 주신다. 우리는 에덴동산에 있던 강과 하늘 도성에 흐르는 생명수 강 사이에 서 있다. 그러나 우리는 목적 없이 방황하는 존재들은 아니다. 우리는 한 곳에서 다른 곳을 향해 이동해 가는 존재들이다. 하나님께서는 우리를 향한 목적을 가지고 계시고, 그것을 끊임없이 추구하신다. 종말에 그 목적은 반드시 성취될 것이다. 이러한 확신 가운데서 우리는 희망과 생명을 간직한 삶을 살아간다.

하나님의 목적은 인간의 변덕스러움에 대하여 신실하심으로 특징 지어진다. 하나님께서는 아담과 이브를 결코 버리지 않으셨다. 오히려 타락한 이후에 그들을 보호하셨고, 가인에게도 동일한 보호하심을 허락하셨다. 노아 시대 홍수를 통해서 악인들을 멸망시키셨음에도 불구하고 그러한 심판의 시간에도 하나님께서는 의인의 생명을 보존하셨다. 출애굽 당시 바다의 물이 이집트 사람들을 심판하는 순간에도 하나님께서는 하나님의 백성들을 보호하셨다. 노아는 과도한 부지런함으로 새롭게 된 피조물을 남용했고, 그의 아들들은 노아가 술에 취하여 인사불성이 되어 있음을 발견하였다. 그의 아들들도 역시 거룩하지 못했다. 인간의 죄는 바벨탑 축조와 붕괴 사건으로 이어진다. 그때까지 하나님의 약속은 견고하게 세워진다. 바로의 손아귀로부터 풀려난 이후 이스라엘은 반복하여 하나님께 대해 신실함을 이어가지 못한다. 그럼에도 불구하고 하나님께서는 이스라엘에 대해 신실하셨다.

광야의 반석에서 물을 내신 것은 이스라엘의 강한 믿음에 대한 응답으로 주어진 것은 아니었다. 그것은 하나님을 대적하며 불평을 늘어놓는 사람들에게 친히 허락하신 은혜였다. 예수 그리스도의 부활은 위로부터 내려오신 메시아를 죽인 사람들에 대한 하나님의 응답이었다. 각 시대에 그리스도인들은 교회 안에는 죄악과 성령님의 은사가 공존하고 있었음을 알려 주는 많은 증거를 가지고 있었다. 마치 탕자가 돌아오기를 간절하게 기다리는 부모와 같이, 사랑하는 여인의 간통에도 불구하고 돌아오기를 기다리는 남편과 같이 하나님께서는 인간을 기다리셨다. 성경은 계속해서 하나님의 나라가 온전히 임하게 될 것임을 증언한다. 그것을 받을 만한 공덕이 있어서가 아니라 하나님의 신실하심 때문이었다. 이것은 세례의 성수가 공표하는 내용이기도 하다. 그것은 우리 앞에 하나님의 신실하심을 증언해 준다.

그러나 신실하신 하나님은 늘 속아 넘어가 주기만 하시는 분은 아니다. 은혜는 심판의 정신이 약한 것이 아니라 언제나 그 안에 그것을 내포하고 있다. 세례는 우리가 하나님께로 나아갈 수 있는 길이 '전혀 없음'을 선언한다. 아담과 이브는 에덴으로부터 쫓겨났고, 가인은 도망자가 된다. 노아 당시에 바닷물은 악한 자들을 덮었으며, 바로의 군대의 병거와 마병들을 그 바닷물이 덮어 버린다. 이스라엘 백성들은 40년 동안이나 광야에 체류하는데, 그 이유는 그들이 하나님께 대하여 범죄하였기 때문이다. 그들이 수세기 후에 포로로 잡혀가게 되는 이유는 언약을 제대로 지키지 않았기 때문이다. 교회는 그리스도께서 우리의 죄 때문에 죽으셨음을 고백한다. 요한 계시록의 마지막 장에 나타난 영광이 드러나기 전에 종말에 대한 탄식이 먼저 언급된다. 죄인을 구원하시려는 바로 그 하나님께서는 죄인의 멸망을 요구하신다.

물은 은혜와 심판이 결코 분리될 수 없음을 전달해 주는 독특한 능력을 가지고 있다. 충분한 양의 물은 목마름을 해소해 줄 수 있으며, 휴식과 영적 교제를 위한 기회를 제공해 준다. 그러나 너무 적은 양의 물은 탈수증을 가져올 수 있고, 도크에 접근할 수 없게도 한다. 너무 많은 양의 물은 익사 당할 수도 있으며, 배를 띄우고 물건을 하역하는 것을 가능하게도 하고, 하루 저녁에 모든 것을 날려 버리는 파괴적인 폭풍우가 되기도 한다. 요한 계시록 기자는 몇 구절로 "생수의 샘"에 대해 말씀하며, "그 쓴 물 때문에" 많은 사람이 죽음에 이르게 되는 물에 대해서도 언급한다(계 7:17, 8:11). 세례를 통하여 그리스도는 잔인하게 복수를 하는 분도 아니시며, 감상적으로 무조건적 관용을 베푸시는 분도 아닌 하나님을 드러내신다. 우리를 그의 백성으로 삼으신 하나님은 의롭지 못한 사람들의 지속적인 대적자도 아니며 언제나 변함없이 거룩성을 공급해 주시는 분도 아니다. 하나님의 은혜는 모든 불완전한 사람들의 변화를 요구하는 강인함으로 특징지어진다.

하나님의 궁극적인 목적은 우리들의 삶의 한복판에 성경이 지속적으로 증언하는 새롭게 됨을 가져오는 것이다. 물리적 세계의 창조는 하나님의 새로운 사역 그 자체였다. 홍수를 통해 타락한 세상은 새로워졌고, 언약은 새로운 관계를 수립하였다. 하나님의 언약의 수익자였던 사람들은 종종 새로운 이름을 부여받았다. 아브람과 사래는 아브라함과 사라가 되었다. 또한 야곱은 이스라엘이 되었고, 그의 개인적인 이름이 나중에는 전체 언약 백성을 지칭하는 이름이 된다. 성경적인 용어에서 새로운 이름은 새로운 정체성을 부과하며, 하나님의 능력에 의해 그의 인성도 새롭게 된다. 처음에 모세와 이집트에 있는 이스라엘 백성들과 언약을 맺으셨던 하나님께서는 '야웨'(YHWH)라는 하나님의 이름을 드러내시면서 새로운 이해를 그들에게 제공하셨다는 데에 특별한 중요성이 있다. 그 이름은 우상으로부터 살아계신 하나님을 구별해 주는 신비와 위엄으로 둘러싸인 이름이었다(출 3:13~15).

예수 그리스도는 성육신하심으로 새로움(newness)을 드러내셨다. 그분은 새로운 시대의 문을 활짝 열어 놓으신 "새 아담"이시다(고전 15:43; 눅 1:78).[4] 그분은 그를 통해서 많은 사람들을 하나님의 자녀가 되게 하시는 "많은 형제 중에서 맏아들"이시다(롬 8:29). 십자가에서의 희생을 통해 주님께서는 유월절 어린 양(paschal lamb)을 회상하게 하며 구속 역사를 성취하신다. 또한 하나님의 어린양이신 그는 그의 피를 통한 새 언약을 세우신다(고전 5:7~8, 11:25).

교회는 새 언약의 공동체이다. 그 안에 있는 사람들은 새로운 피조물이다(고후 5:17; 갈 6:15). 교회는 새 하늘과 새 땅의 도래를 기대한다. 그곳은 보좌에 앉으신 분이 통치하시는 곳이며, "볼지어다. 내가 만물을 새롭게 하노라"(계 21:1, 5)고 말씀하시는 분이 통치하시는 곳이다.

세례를 통하여 하나님께서 우리가 새로운 방식으로 그 삶을 바라보며 인식하기를 원하신다. 사려 깊은 사람들은 이 세상의 악의 세력과 그 지속성으로 인해, 또한 인간의 이상과 성취 사이의 불일치로 인해 늘 마음에 불편함을 가지고 살아간다. 세례를 통해 하나님께서 우리에게 말씀하시는 이야기는 우리가 완전히 그것을 이해할 수 없는 방식으로 혼돈이 한때는 하나님의 목적을 이루는 데 사용되었다는 점을 드러내 준다. 궁극적으로 하나님께서는 왜곡되고 파괴된 모든 것을 공개적으로 다스리실 것이다. 그때까지 바다의 물이 그 영역을 정하듯이 우주의 혼동케 하는 세력은 그 영역을 정하게 될 것이며, 은혜는 이 세상과 소통함을 통해 하나님의 목적을 위해 사용될 것이다. 세례식을 통해 다시 기억하게 되는 성경 이야기의 관점에서 보면 하나님은 죄와 악을 자행하지 않으신다. 또한 힘없는 사람들을 그것들 앞에 세우지도 않으신다. 하나님께서는 친히 파괴와 창조의 과정(destructive-creative process)에 참여하신다. 결국 죄와 죽음의 세력은 전적으로 무너지게 될 것이다. 이것에 대해 우리는 분명한 확신을 가지고 있다. 왜냐하면 우리 주님의 죽으심과 부활은 전적인 허무를 예견하면서 하나님 나라의 도래를 선언하시기 때문이다.

예수 그리스도의 구원하시는 역사를 통해 새로운 창조가 시작되었다. 세례 가운데서 생명의 물은 이러한 역사를 기대하는 방식으로 우리에게 이미 주어진다. 새로운 창조의 완성은 아직 분명하지 않다. 그러나 하나님의 약속에 대한 믿음을 통해 우리는 이미 그 실체를 경험하고 있다. 교회의 구성원들의 죄를 품고 있는 본성에도 불구하고 세례를 통해 구성된 교회는 다가오는 하늘 도성의 본질을 함께 공유하게 된다. 하늘의 왕국은 누구에게나 열려 있기 때문에 이 땅의 교회는 진정한 보편적 공동체(catholic community)가 되기를 간구하게 된다. 문화적, 경제적, 인종적, 그리고 정치적으로 동질적인 그룹끼리 함께 모이기를 선호하는 인간의 경향은 세례 가운데서 그리스도인들이 발견하는 새롭게 하심(newness)에 의해 도전을 받는다. 하나님의 은혜는 이 땅 위에 있는 교회로 하여금 하늘에 있는 교회의 모습을 갖추도록 강하게 요청한다.

　　세례 받은 자들이 모인 교회 안에서 죄를 발견하게 되는 것은 그렇게 놀라운 일이 아니다. 결코 얻을 수 없을 것 같은 목표를 마지못해 추구하는 것은 아니다. 우리는 에덴의 강과 하늘의 강 사이에 존재하는 땅을 걷는다는 사실을 알고 있다. 하나님께서 우리에게 향해 가도록 하신 방향을 알고 있으며 하나님의 은혜가 우리로 하여금 그 목적지에 이르게 할 것임을 알고 있다. 성례식에서 사용되는 성수를 통하여 하나님께서는 창조의 목적과 진행을 우리에게 드러내신다.

그리스도의 표징과 행위

　　우리는 성경적 언약 체결이 표징(signs)과 함께 주어졌다는 사실을 살펴보았다. 이제 하나님께서 세례를 통해 우리에게 허락하신 표징이 함축하고 있는 의미와 본질에 대해서 좀 더 심도 있게 살펴볼 필요가 있다. 표징은 우리가 특별한 관심을 가지고 있는 네 가지 특성을 가지고 있다.

1. 표징은 창조 세계를 통해 중재하는 하나님의 메시지이다. 우리는 자주 창조에 대해 경시하기도 하고 파괴하기도 하지만, 표징은 본질적으로 물리적이며 창조주의 신실하심에 대해 말해 준다. 표징은 하나님께서 세상을 떠나 계시는 것이 아니라 그것을 통해 역사하신다는 사실을 우리에게 확신시켜 준다.

어떤 종교 단체에서는 물리적 세계에 대해서 회의적이거나 적의를 가지고 경시하는 경향이 있다. 서구 전통에서 물질세계는 정신적 세계와는 반대된다는 사고를 고대 종교로부터 영향을 받아 간직하고 있다. 예를 들면, 헬라인들은 신과 연합하기 위해서는 영혼이 세상으로부터 반드시 해방되어야 할 감옥과 같은 곳으로 인식하는 경향을 취하였다. "티마에우스"(Timaeus)에서 플라톤은 창조를 위대한 신(the great deity)에 기인한 것으로 돌리지 않고 열등한 신(lesser god)인 '데미우지'(demiurge) 조물주에 의해 창조된 것으로 이해한다. 그는 타락한 물질세계에 대해 행할 수 있는 것을 단지 최선을 다해 할 수 있을 뿐인 존재이다. 루크레티우스(Lucretius)는 『우주의 본질』(*The Nature of the Universe, De rerum natura*)에서 세상은 신에 의해서 창조된 것이 결코 아닌데 그 불완전성이 이것을 분명하게 만들어 준다고 담대하게 주장한다.

이러한 견해는 우리들이 가지고 있는 하나님의 창조의 통일성과 아름다움에 대한 히브리적 이해를 모호하게 만든다. 우리는 예수님의 인성을 크게 강조하지 않는 경건한 경향 가운데서 이러한 증거를 발견하게 된다. 예수님의 인성의 본질을 강조하게 되면 그분의 신성을 약화시키게 되는 것을 두려워하여 이런 경향을 취하게 된다. 유사하게 많은 진실한 그리스도인들은 성례전이 일종의 디딤목과 같이 물리적 확신이 필요한 믿음이 약한 사람들에게 도움이 될 수 있으며 믿음이 성숙한 사람들 역시 물, 빵, 포도주와 같은 물질적 요소에 성숙한 의존을 해야 한다.

그러나 그러한 지나친 영성화는 비성경적인 요인이 될 수 있다. 또한 우리 일상의 삶에서 인간에게 있어 신실한 것이 되지 못할 수 있다. 우리가 사랑하는 사람이 아프거나 슬픔에 빠져 있을 때 우리는 위로 카드나 화환, 음식을 보내곤 한다. 실제로 얼굴을 보는 것이 중요하다고 생각하는 경우에는 그들을 방문하기도 한다. 생일이나 결혼기념일에 우리는 음식을 준비하기도 하고, 장식도 하고, 노래를 부르기도 한다. 왜 그런가? 하나님께서 물질세계를 위해 숙고하도록 창조하셨기 때문에, 그리고 선물로 물질세계의 질서를 우리에게 주셨기 때문이다. 그리스도인들은 우리를 둘러싼 세계가 계시의 수단이 된다는 사실을 알고 있다.

2. 물질세계는 계시의 수단이 '될 수' 있으며, 결코 계시의 수단이 되지 못하기도 한다. 왜냐하면 표징은 중요한 두 번째 특징인 감추어진 내용을 가지고 있기 때문이다. 종종 그것들은 쉽게 간과되거나 당연한 것으로 받아들여지기도 한다. 하나님께서 표징으로 우리에게 주신 것들은 다양한 방식으로 해석될 수 있다. 예를 들면, 무지개는 믿음의 공동체에게 하나님의 사랑을 가시적으로 상기시켜 준다. 그러나 그 공동체 밖에 있는 사람(그 안에 있는 많은 사람들도)에게 무지개는 단지 물방울을 통한 빛의 굴절 작용에 지나지 않는 것으로 인식되기도 한다. 그런 자

연 현상은 어떤 어린아이도 맑은 날 정원에서 물 호스를 이용하여 얼마든지 만들어 낼 수 있다. 기독교 믿음 밖에 있는 사람은 물로 씻는 것은 단지 위생적이고 미적인 필요를 위해 필요한 것으로 보인다. 그러나 그리스도 안에 있는 사람은 물로 씻는 것을 세례 받는 것이라고 부르는데, 이것은 우리와 하나님과의 의사소통이며, 우리에게 생명을 부여해 주시는 은혜에 대한 하나님의 표징이 된다.

  3. 이것은 하나님의 표징의 세 번째 특성으로 이끌어 나간다. 그것은 의심하는 자들의 믿음을 단지 증강시켜 주기 위한 것이 아니기는 하지만 언약 공동체 안에서 믿음을 불러일으키고 증강시켜 준다. 조롱하는 자들을 확신시키는 특성을 가지고 있는 표징에 대해 성경은 일상적 대화를 제시한다. 그러나 그러한 표징은 언약 체결의 상황에서 주어진 것은 아니었으며, 그것들이 함께 이어지는 것은 아니었다. 예를 들면, 모세와 아론은 놀라운 표징과 함께 바로에게 계속해서 나아간다. 그러나 왕은 자신의 마술사를 동원하여 그 대부분의 것을 모방하여 흉내 낸다. 그렇지만 결국에는 그러한 표징이 바로로 하여금 히브리 노예들을 이집트에서 나가게 만든다. 믿음을 끌어내기 위해 기적을 보여줄 것을 요청하였을 때 예수님은 그것을 엄히 꾸중하셨으며, 지나치게 눈에 보이는 기이한 현상에 의존하는 것에 대해 경고하신다. 마가복음 8장 11~12절과 이와 병행하는 구절인 누가복음 17장 20절, 요한복음 4장 48절, 요한복음 12장 37절 등에서 이런 내용을 확인할 수 있다. 하나님의 표징은 하나님의 사랑을 의심하면서 대단한 어떤 수단을 통해서 확신을 얻으려는 자들을 위해서 주어진 것이 아니다. 표징은 영적 건망증으로 고통당하고 있는 사람들과 그들을 둘러싸고 있는 세상 가운데

서 역사하시는 하나님을 간절히 바라보는 사람들을 위해 주신 것이다. 그것은 하나님께서 그것을 허락하신 목적을 발견할 수 있게 해준다.

4. 하나님의 표징의 마지막 특성은 자유롭고 풍성하게 허락하시는 생명을 그것이 드러낸다는 점이다. 노아와 맺은 언약에서 사용된 물리적 표징은 무지개였다. 우리는 물이 가져오는 생명 부여(life-giving)의 내용에 깊은 관심을 기울여 왔다. 아브라함과 사라와 맺은 언약에 사용된 물리적 표징은 할례였다. 이것은 생명이 가지는 해부학적, 생리학적 원천에 대한 보다 명료한 참고였다. 이집트에서 노예로 고통을 당하고 있던 히브리인과 맺으신 언약의 물리적 표징은 그들의 집 문설주에 발라진 어린 양의 피와 그 고기를 먹었던 유월절 음식이었다. 이것은 생명을 위한 희생 제물이었는데, 믿음의 사람들에게 생명을 나눠주고 그것을 풍성하게 하기 위한 것이었다.

그리스도의 언약의 중심적인 표징인 물, 빵, 포도주는 생명을 부여해 줄 뿐만 아니라 풍성하게 해준다. 성찬에서 제공되는 성물은 별미 음식도 아니고 샴페인도 아니며, 과학자들이 '중수'(heavy water)라고 부르는 희귀식품도 아니라는 결코 작지 않은 결론에 이르게 된다. 일상의 음식과 음료라는 일상성은 하나님의 생명이 모두에게 자유롭게 부여된다는 사실을 알려 준다.

하나님께서 우리에게 주시는 표징은 특별한 순서로 주어진다. 예수 그리스도는 하나님의 위대한 표징이다. 다른 모든 표징은 그분으로부터 나온다. 심지어 그리스도 사건에 선행하여 사용된 구약의 표징조차도 성육신하신 분으로부터가 아니라 영원하신 그리스도로부터 나온다. 그분은 만물이 있기 전에 "모든 피조물보다 먼저 나신 이"시며

"만물이 그 안에 함께" 있는 분이시다(골 1:15~17). 그리스도의 성육신 하심의 표징은 4가지 특성을 온전하게 보여준다. 그는 자연 질서를 따라오셨으며, 우리가 신조에서 고백하는 것처럼 동정녀의 몸을 통해 온전한 인간의 몸을 입고 탄생하셨다. 그의 계시는 분명히 숨겨 있는 특성을 가졌고, 지금도 가지고 있다. 예수님의 제자들조차도 예수님께서 부활하시기 전까지 그분을 온전히 알아보지 못하였다. 오늘날 많은 사람들은 그분을 소크라테스와 크게 다르지 않은 좋은 선생이나 순교자 정도로 생각하기도 한다. 성육신하신 주님은 믿음을 강요하지 않으셨다. 오히려 그것이 우러나올 수 있도록 기다리시며 그 세계 가운데로 초대하셨다. 그는 온 세상의 생명을 위해 자신의 생명을 기꺼이 내놓으셨다. 그분은 세상을 위해 허락하신 하나님의 첫 번째이자 최고의 표징이었다. 그것은 교회를 위해서 뿐만 아니라 온 세상을 위한 것이었다.

그리스도께서는 그분을 하나님의 표징으로 이해하는 사람들을 세상으로부터 불러 모으신다. 그들을 세상으로부터 끌어내셔서 교회를 이루게 하시고 세상을 위한 표징이 되게 하신다. 그러므로 교회는 그 자체를 위해서 존재하지 않으며 다른 사람을 위해서 존재한다. 그들의 삶의 한복판에서 교회는 하나님이 다스리시는 영역이 된다. 이와 같이 교회는 하나님의 표징의 특성을 구체적으로 보여준다. 교회가 어떻게 서 가든지 간에 그것은 모든 유사 조직이 가지고 있는 특성을 지닌 일종의 사회적 실재라고 할 수 있다. 그러므로 세상을 향한 표징으로가 아니라 단지 다른 목적을 가지고 있는 조직으로 여겨질 수도 있다. 교회가 율법의 힘을 빌어서든지, 아니면 섬세한 친밀함을 통해서든지 세상에 믿음을 강요했을 때 그때마다 교회는 실패하였다. 그러나 교회가

'표징'으로서 그 본질을 이해할 때 그 믿음을 강하고 견고하게 할 수 있으며, 하나님께서 허락하신 생명을 모두에게 제공하는 공동체가 되는 능력을 갖게 된다.

교회에는 우리가 성례전이라고 부르는 표징이 주어졌다. 그것은 세상을 위해서가 아니라 교회를 위해서 주어졌다. 이러한 주장은 어떤 수단이나 결정적인 정신을 가리키지 않는다. 복음은 세상에 주어졌다. 성례전은 세상 가운데 복음의 징표가 될 수 있도록 교회에 그 정체성과 힘을 제공해 준다. 성례전은 직접적으로 세상에 주어지지도 않았고 세상을 위하여 주어진 것도 아니다.

세례를 통하여 하나님께서는 교회를 향하여 그것이 가지는 정체성을 계속해서 상기시켜 주신다. 하나님께서는 교회의 정체성을 계속해서 각인시키시는데, 교회로 하여금 사회 가운데서 정의와 공의의 도구가 될 수 있도록 하기 위함이다. 예수 그리스도는 이와 같이 이사야에서 언급한 사명을 교회에게 새롭게 허락하신다.

> 하늘을 창조하여 펴시고 땅과 그 소산을 내시며
> 땅 위의 백성에게 호흡을 주시며
> 땅에 행하는 자에게 영을 주시는
> 하나님 여호와께서 이같이 말씀하시되
> 나 여호와가 의로 너를 불렀은즉
> 내가 네 손을 잡아 너를 보호하며
> 너를 세워 백성의 언약과 이방의 빛이 되게 하리니
> 네가 눈먼 자들의 눈을 밝히며

갇힌 자를 감옥에서 이끌어 내며
흑암에 앉은 자를 감방에서 나오게 하리라.
나는 여호와이니 이는 내 이름이라.
나는 내 영광을 다른 자에게,
내 찬송을 우상에게 주지 아니하리라.
보라, 전에 예언한 일이 이미 이루어졌느니라.
이제 내가 새 일을 알리노라.
그 일이 시작되기 전에라도 너희에게 이르노라.
(사 42:5~9)

마태복음을 깊이 살펴보면 이러한 하나님의 명령은 명확한 초점을 가진다. 특히 그것은 세례와 깊은 관련을 맺고 있다.

예수께서 나아와 말씀하여 이르시되
하늘과 땅의 모든 권세를 내게 주셨으니
그러므로 너희는 가서 모든 민족을 제자로 삼아
아버지와 아들과 성령의 이름으로 세례를 베풀고
내가 너희에게 분부한 모든 것을 가르쳐 지키게 하라.
볼지어다. 내가 세상 끝날까지
너희와 항상 함께 있으리라 하시니라.
(마 28:18~20)

예수 그리스도와 그의 교회, 그리고 성례전은 모두가 모든 피조물을 위하여 주어진 표징들이다.

세례를 통하여 우리에게 들려주시는 이야기는 단지 어떤 정보를 주시기 위해서 주신 것이 아니라 교회로 하여금 세상 가운데서, 세상을 위해 진정한 그리스도의 몸(corpus)이 되게 하기 위한 연합(incorporation)의 목적으로 주셨다. 사람들의 인격이 자신의 정체성을 기억하는 능력에 기인하고 있음과 같이 우리가 하나님 보시기에 어떤 존재인지를 아는 것을 통해서 가능한데, 우리가 되고자 하는 존재가 되는 것은 바로 그분의 도우심을 통해서 가능하다. 성령님의 권능으로 그리스도께서는 세례를 통하여 교회를 그의 백성들의 공동체로 세우시기 위해 계속해서 역사하신다. 교회는 이 땅에 존재하는 그리스도의 몸이다. 그의 이러한 활동은 신적인 신비이기 때문에 다른 삶의 영역으로부터 어떤 경험도 그것을 적당하게 설명해 줄 수는 없다. 오직 인간적 경험이 그 정체성을 세워 주는 의식적 행위(ritual acts)가 가지는 힘을 명쾌하게 하는 데 도움이 될 뿐이다.

최근 한 뉴스 기사는 베트남 난민 어린이에 대해 알려 주었다. 그 어린이는 미국 학교에 다니면서 청교도들의 이야기와 추수감사절 전통에 대해 배우게 되었다. 그 어린이는 최근 미국에 도착한 다른 난민 가족에게 11월 추수감사절 목요일에는 잘 손질된 칠면조 고기를 먹어야 한다고 주장했다. 전형적인 베트남 다이어트 방식으로 보기에는 실행하기 어려운 내용이었다. 그래서 가족들은 종이로 만든 청교도식 모자를 준비하여 착용하였다. 왜 그랬을까? 이 이야기에 담겨 있는 이야기를 통하여 그들을 받아들여 준 땅의 유산이 자신들의 것이 되었기 때문이다. 이것은 이민자들이 여러 세대를 지나면서 계속 나타나는 모습이다. 그들은 미국인이 아니었으며, 미국에 갓 도착한 이민자라는 인종적 배경을 가지고 있었다. 어떤 점에서 보면 청교도는 그들의 조상이 아니다. 그런데 그러한 의식 행위(ritual activity)를 통해 그들은 그 이야기에 연결되었고, 새로운 정체성이 그들 가운데 수립되었던 것이다.

의식 행동은 소통하고 연합하게 하는 힘을 가진다. 그것이 하나님께서 우리를 만드신 방식이며, 우리에게 성례전을 허락하신 이유이기도 하다. 성례전은 창조의 때에 우리 안에 연결될 수 있는 능력을 갖게 하기 위해 기획된 하나님의 선물이었다. 세례는 쉽게 잊히는 시청각적 보조물(audiovisual aid)이 아니다. 세례는 성령님의 능력을 통해 그것이 선포하는 우리의 정체성을 명확하게 전해주는 표징(signs)이다.

표징은 주관적인 경험 이상의 것이다. 그것은 하나님의 신실하신 약속과 연결된 객관적 행동(objective act)이다. 그리스도인들은 믿음과 관련하여 깊은 개인적 느낌을 경험하게 된다는 것은 의심할 여지가 없다. 그러나 믿음이 우리의 어떤 느낌에 의존하지는 않는다. 또한 우리가 행복한 느낌을 가지고 있을 때 하나님이 좋으신 분이며, 나를 사랑하시며 은혜로우신 분이라고 생각하게 된다. 그러나 우리가 의기소침해 있을 때 하나님은 냉정하신 분이며, 멀리 계시고 인색하신 분이라고 생각하면서 그분에 대해 의심하기 시작한다. 성령님께서 우리에게 주시는 정체성은 우리가 생각한 것보다 훨씬 더 견고하다. 세례를 받는다는 것은 은혜로우신 하나님과 연합하는 것이다. 그것은 우리가 어떤 날에 그것을 느끼든지, 그렇지 않든지 간에 우리의 감정과 상관없이 은혜로우신 분이다. 우리가 그것을 느끼지 못할 때 우리는 그 표징에 의존할 수 있으며, 그때 우리는 새 힘을 얻게 될 것이다.

그리스도와 연합하는 것(incorporation into Christ)은 우리가 그분과 온전히 결합된다는 것(united)뿐만 아니라 그분 안에서 다른 사람들과도 연합한다는 의미를 가진다. 성도가 함께 모인 공동체는 단순히 개인의 집합체가 아닌 결합된 단일체(corporate unity)이다. 실로 우리의 정체성은 다양한 관계를 떠나서는 확인되기 어렵다. 나는 한 여인의 남편이며, 어머니의 아들이며, 두 아이의 아빠이다. 여러 학생들에게 나는 선생이며, 어떤 사람들에게는 이제는 사임한 전 담임목사이기도 하고, 함께 살아가는 거리에서는 누군가의 이웃이기도 하다. 아내, 어머니, 학생들, 교인들, 이웃이 없이는 내가 누구인지 나의 정체성에 대해서 온전히 알 수 없다. 이와 같이 그리스도인들은 공동체를 떠나서는 확실한 정체성을 찾을 수 없다. 물론 이것은 그리스도인의 정체성이 개인적 차원을 갖지 않는다는 의미에서 한 이야기가 아니다. 복음은 언제나 개인적(personal)이다. 그러나 이것은 개인전용의 차원(individualistic)을 말하는 것이 아니다. 그것과는 전혀 다른 차원의 것이다. 세례는 믿음의 공동체를 통하여 우리에게 개인적으로 들려주시는 그리스도의 말씀이다. 세례는 우리 각자에게 세상을 위하여 기름 부으시고 의롭게 하시는 행위를 담고 있음을 그분께서 확인해 주시는 것이다.

우리가 이러한 방식으로 세례를 이해할 때, 세례는 단지 나사렛 예수님께서 요단강에서 세례 요한을 통해 받으신 세례를 모방한 것이 아니다. 우리는 예수님과 '동일하게' 세례를 받아야 한다는 요청을 받은 것도 아니지만 어떤 형식으로는 온전히 그렇게 할 수도 없다. 우리는 성령님의 능력으로 예수 그리스도 안에 존재하게 된다. 일단 이것을 이해하면 우리가 오직 요단강에서 세례 요한에게서 세례를 받겠다고 고집하는 것은 잘못된 것임을 알 수 있다. 요단강에서 취한 물로 세례를 행하든, 아니면 모자이크와 성화가 걸린 교회당에서 세례를 행하든 그것은 다르지 않다는 것을 알 수 있다. 만약 그러한 것을 고집한다면 그것은 너무 작은 부분에 집착하는 것이다(예루살렘이 요단강에 비교적 근접해 있지만 초대교회가 그곳에 사람들을 데리고 가서 세례를 주었다는 기록이나, 세례식에 사용하기 위하여 그곳에서 물을 가지고 와서 세례를 베풀었다는 기록이 신약성경에는 전혀 나오지 않는다는 사실을 염두에 둘 필요가 있다). 하나님께서는 세례를 베풀 때 어떤 특정한 물을 취하여 세례를 베푸신 것이 아니다. 오히려 하나님이 지으신 만물은 그분이 주신 선물이라는 사실을 모든 물을 통하여 드러내기를 원하셨다. 하나님께서는 예수님을 흉내 내어 동일한 그 물을 사용할 것을 권고하지 않으시고 주님의 온전한 구원 역사 가운데 우리를 연합시키기를 원하셨다.

대부분의 교단에서 세례를 줄 때에 목회자는 그렇게 말한다. "내가 성부와 성자와 성령의 이름으로 ○○○ 씨에게 세례를 주노라." 이것은 아주 강력한 주장이다. 사물을 이해하는 성경적 이해에 따르면 우리의 이름은 통전적 정체성을 드러낸다. 그렇게 세례가 행해질 때 우리의 이름이 거룩하신 하나님의 이름 가운데로 들어가게 되며, 그 이름과 연합하게 된다. 자주 성삼위의 이름으로 세례가 거행되는 이러한 형식은 하나님의 이름을 '성부, 성자, 성령'을 의미하는 것으로 오해하는 경우도 있다. 그러나 하나님의 이름에 대한 적절한 이해는 그보다 훨씬 더 넓은 의미를 가진다. 성삼위 하나님의 호칭을 통하여 우리는 하나님에 대해 더 잘 알 수 있다. 그러나 우리의 이해 능력을 넘어서 언제나 하나님께서는 우리의 사유 영역보다 훨씬 더 위대하신 분으로 존재하신다. 가장 거룩한 이름을 가지신 그 하나님은 거룩하신 분이며, 우리가 그 이름을 감히 부를 수 없을 만큼 다른 모든 이름 위에 뛰어나시며, 구별되게 존재하시는 분이다. 우리가 주님이 가르쳐 주신 기도의 시작 부분에서 "거룩하게 하옵시며"라고 언급하는 바로 그 이름은 "스스로 있는 자"(YAHWEH)라는 이름으로, 모세에게 드러내신 바로 그 거룩한 이름이다. 예수님 당시에 경건한 유대인들은 그 이름자를 감히 입에 담지 못하여 그 자리에 다른 글씨로 대신했던 바로 그 이름이다.

이와 같이 세례 예식에서 우리는 현저하게 대비되는 중요한 신학적 사항을 발견한다. 우리의 이름이 그곳에서 공개적으로 호명되고, 세례를 통해서 우리를 받으시는 그 하나님은 우리를 온전히 아신다. 그러나 하나님의 거룩한 이름은 넌지시 암시되듯 나타난다. 왜냐하면 우리는 하나님의 신비를 온전히 이해할 수 없기 때문이다. 우리가 하나님을 알 수 있는 것보다 더 온전하게 하나님께서는 우리를 알고 계실 뿐만 아니라 창조주이신 그분은 우리가 자신을 알고 있는 것보다 더 온전하게 피조물인 우리를 알고 계신다. 진정한 인간의 정체성은 내적 성찰을 통해서가 아니라 그의 신비를 드러내시고 우리들의 숨겨진 가능성까지 찾아내시는 그분과의 연합(incorporation)을 통해서 성취된다.

이러한 진리를 더 풍성하게 하기 위하여 동방정교회의 세례 예식에서는 또 다른 통찰력을 더해주는데, 사제는 그렇게 언급한다. "○○○ 씨는 성부와 성자와 성령의 이름으로 세례를 받습니다." 여기에는 "○○○ 씨가 성령의 능력을 통하여 예수 그리스도 그분에 의해서 세례를 받고 있습니다"라는 함축적 의미를 담고 있다. 오직 그리스도만이 우리를 그의 몸 안으로 연합시킬 수 있으며, 바로 이것이 그리스도께서 행하시는 일이다. 세례는 교회 가운데서 역사하시는 그분의 행위이다. 하늘 높은 곳에서 내려오신 바로 그분이 우리의 이름을 받으시며, 하나님의 신비한 이름과 영원한 연합 가운데로 우리를 이끌어 가신다. 이것이 주님께서 행하시는 일이다. 그것은 우리 눈에 놀라운 일이 될 수밖에 없다.

2장

그리스도 안에 있는 생명
: 교회의 응답

Baptism: Christ's Act in the Church

교회는
하나님의 주도권 앞에 서 있도록
부름 받은 공동체이다.
세례의 자리로 나아오는 사람들이 없다면
교회는 단순한 친교 모임으로
전락할 것이다.

2장
그리스도 안에 있는 생명
: 교회의 응답

　우리는 지금까지 하나님의 편에서 세례를 살펴보았다. 성례전은 예수 그리스도께서 새로운 언약과 새로운 창조 가운데로 우리를 이끌어 가신다는 점에서 하나님의 선물이다. 성령님의 능력을 통해 우리는 창조주와의 관계에서 어디에 존재하는지를 발견하게 된다.

　그러나 이 모든 과정에서 인간의 책임은 무엇이며 어떻게 관여하는가? 하나님께서 거의 모든 것을 행하신다면 우리가 해야 할 일은 거의 없다고 생각할 수 있다. 그때 세례는 마술과 미신으로 우리를 슬쩍 밀어 넣는 자동적 변환의 사건(automatic transaction)이 될 수 있다. 그러한 왜곡 현상을 방지하기 위하여 세례 가운데서 하나님의 선물이 어떻게 우리의 회개와 믿음, 그리고 세상 가운데서 그리스도인들의 증언으로서 우리의 복종하는 섬김이 어떻게 관련이 되는지를 바로 알아야 한다.

언약 공동체인 교회

일반적으로 그리스도인의 삶에 대한 논의는 개인으로서의 인간을 논의하면서 시작된다. 개인이 어떻게 상호작용을 하며 살아가는지에 대해서는 나중에 더 자세하게 살펴보게 될 것이다. 이와 같이 그리스도 안에 있는 삶은 특정인의 회개로부터 시작된다. 그는 자발적으로 실질적 효율성과 상호 지원(mutual support)을 위해서 기관(교회) 가운데 참여하는 사람들이다. 그러나 교회가 본질적으로 공통의 종교적 관심을 추구하기 위하여 함께 모이기로 작정하고, 그에 대해 한마음을 가진 개인이 모인 확장된 단체라는 사실을 이해하지 못하는 한 우리는 기독교 신앙의 진정한 본질을 잘 이해하지 못할 것이다.

교회는 하나님의 주도권 앞에 서 있도록 부름 받은 공동체이다. 교회는 세례반(baptismal font) 앞으로 나아온 사람들의 계속 되는 탄생이 없다면 본질적으로 사람들의 단순한 모임이 되고 말 것이다. 소박한 개인주의 이론 위에 세움 받은 사람들에게 그러한 진술은 다소 극단적인 것으로 보일 수 있다. 그러나 그 사실은 분명한 것이다.

예언자와 교사, 즉 성경과 예전을 낳은 이스라엘 공동체가 없이는 신약성경의 교회는 존재할 수 없었을 것이다. 교회가 없이는 우리들 중에 아무도 그리스도 안에서 생명을 이어갈 수 없었을 것이다. 왜냐하면 우리의 믿음은 성경과 전통에 의존하기 때문이다.[5] 성경은 예수 그리스도를 통해 나타난 하나님의 사랑에 대한 독특한 증언을 담고 있다. 그것은 믿음의 공동체 안에서 기록되었고, 전달되었으며, 번역되고, 해석된 책이다. 전통은 공동체 의존적이다. 교회가 아니고서는 신앙교리를 명확하게 할 단체는 없다. 교회가 없이는 찬양과 기도의 모음이 전달될 수 없으며, 설교, 교육, 윤리적 탐구와 실천을 담아낼 공동체가 있을 수 없다.

교회는 하나님의 고안물이며 선물이다. 하나님과 다른 사람과의 관계 가운데서 우리가 어떤 존재인지를 발견하게 되는 것도 교회 안에서 이루어진다. 인간 세상에서 우리는 오늘날 핵가족이라고 명명하는 가족 구조(여기에는 오직 부모와 자녀들로만 구성되어 있다)와 확대된 가족 구조(여기에는 다른 친척도 있고 입양된 가족도 있다)를 가지고 있다. 그리스도의 은혜로 한 가족이 된 사람들에게도 마찬가지이다. 언약 공동체에 있어서 핵가족은 교구 회중으로만 구성되어 있는데, 이것은 그리스도 안에서 믿음생활을 영위하려는 사람들에게는 가장 기초가 되는 구조이다. 그러나 이 단계에서 우리는 멈출 수 없고, 가동되는 적당한 기초를 가지고 있다. 거기에는 확대된 언약 공동체가 있는데, 이것은 우리가 신앙고백에서 거룩한 공교회라고 지칭하는 것이다. 이 확대된 공동체 안에는 전 지구상에 있는 모든 교단의 사람들뿐만 아니라 각 시대의 사람들을 포함한다. 성도의 교제는 이렇게 거리와 시간을 초월한다.

세례를 통하여 우리는 형제자매가 되었고, 또한 그것을 통해 발견하게 되는데, 우리는 베드로와 야고보, 요한의 형제자매, 또한 베다니 마을의 나사로와 마르다, 마리아의 형제자매, 막달라 마리아와 예수님의 어머니 마리아의 형제자매, 암브로시스와 모니카, 어거스틴의 형제자매, 아시시의 프란시스와 그의 제자 클레어의 형제자매, 루터와 칼뱅의 형제자매, 수잔나와 사무엘 웨슬리, 그리고 그들의 유명한 아들 존과 찰스 웨슬리의 형제자매, 요한 23세와 요한 바오로 1세의 형제자매, 우리는 기억하지 못하지만 하나님께서는 기억하고 계시는 수많은 다른 무리들의 형제자매가 되었다. 이러한 확대된 가족의 개념 하에서 발견하게 되는 풍요와 통찰력, 전념은 우리가 그리스도의 신실한 추종자가 되려고 하는 것만큼이나 소중한 일이다. 이것은 우리가 하나님께 응답하는 언약의 공동체 안에서 주어진다.

회개와 믿음

그리스도 안에서 새로운 생명을 경험한 사람은 죄와 반역의 행위로부터 벗어나 하나님의 의와 능력을 신뢰함으로 전환하게 된다. 그러나 우리가 회개라고 부르는 돌이킴과 우리가 믿음이라고 부르는 믿음의 관계성이 언제나 적절하게 이해되지는 않는다. 이는 주로 우리의 사고가 그 자체로 연속적이며 개인주의적이기 때문이다.

일반적으로 우리는 먼저 개인이 죄를 회개하고 믿음으로 살아야 한다고 확신한다. 그러나 회개할 능력은 그 자체로 최소한의 믿음이 있어야 가능하며 그 믿음의 행동이 있을 때 가능해진다. 만약 우리가 하나님의 의에 대한 믿음과 다르게 살려는 의지가 없다면 우리가 어떻게 죄의 삶으로부터 돌이킬 수 있으며, 왜 그리해야 하겠는가? 회개는 단지 순간적으로 일어나는 것도 아니며 초보적인 단계도 아니다. 회개는 선을 향하여 얼굴을 돌리는 계속되는 행동이다. 이렇게 두 가지 요소는 떼려야 뗄 수 없는 관계로 그리스도 안에서 주어지는 모든 삶은 회개와 믿음의 삶으로 이해할 수 있다.

신약성경에서는 회개와 믿음을 연결시키는 내용이 자주, 다양하게 언급되고 있다. 특별히 공관복음에서는 회개를 그리스도의 종말론적 왕국으로 나아가기 위하여 전 생애를 다시 세워나가도록 하는 데에 계속적 효과를 가지고 있는 급진적인 방향 선회(radical turning)로 묘사한다. 그래서 이것은 전적이고 계속적인 진지한 새로운 방향 설정(redirection)으로 묘사되는데, 히브리서에서는 그것을 경험한 후에 새로운 삶을 살기를 포기한 사람들의 회복은 불가능한 것으로 간주한다(히 6:4~6). 바울 서신에서는 '회개'(메타노이아)라는 용어가 자주 등장하며, 요한 서신서에는 이것이 전혀 나타나지 않는다. 이것은 삶의 새로운 방식과 관련하여 그 중요성의 결여를 반영한 것이 아니라 회개와 믿음에 대한 전반적인 접근 방식 - 모든 믿음은 죄로부터의 돌이킴을 포함한다 - 을 반영한 것이다.[6]

죄를 뉘우치고 믿음으로 살아가는 교회는 죄를 향해 영속적인 불침번을 서게 되며, 거룩함을 향해 항구적으로 헌신하는 공동체이다. 그리스도 안에서 우리의 삶은 믿음으로 회개의 열매를 맺기도 하며, 그러다가 죄와 의심에 사로잡히기도 하며, 다시 회개하고 새로운 믿음으로 새롭게 되기도 하는 등으로 이어진다. 반복해서 죄를 범하기도 하며 다시 회복되기도 한다. 그러나 우리 자신에 대해 가질 수 있는 이미지는 안간힘을 써서 언덕 위로 바위덩이를 굴려 올려 정상에 이를 즈음이면 바로 밑으로 굴러 떨어지고 마는 시지포스의 그것과는 다르다. 이렇게 연속적으로 퇴보와 퇴락을 거듭하다가 일어서곤 한다는 사실은 흔히 듣는 이야기이기도 하고 우리에게 어떤 위안을 가져다준다. 그러나 그것은 그리스도 안에 살아가는 존재, 성령님의 능력을 신뢰하면서 살아가는 사람에게 충분하지는 않다. 그리스도인의 삶에서 죄와 성화를 향한 노력은 동시적으로 공존할 수 있지만 그것이 반드시 반복적으로 연속될 수 있는 성질의 것은 아니다. 이것을 바로 이해하기 위하여 우리는 믿음의 뿌리와 의미를 보다 깊이 이해할 필요가 있다.

우리는 여기에서 보다 근본적인 질문과 씨름을 해야 한다. 어떻게 해야 하나님의 언약 백성으로 결정지어 주는 믿음을 우리는 가질 수 있게 되는가? 그렇게 되기 위해서 무엇보다 회개가 선행되어야 하며, 믿음을 갖기 위해서는 그것이 가장 먼저 와야 할 전주(prelude)와 같다는 사실을 거부하면서 믿음은 교회의 일원이 되게 하며 우리로 하여금 하나님 앞에 나아갈 수 있게 만들어 주는 것이라고 주장하는 사람이 있다. 난국에 처해 있을 때 나 자신에게나 다른 사람에게 "그래, 이제 우리 믿음을 가져 보자구"라고 말할 수 있다. 이것은 마치 어떤 단추만 누르면 우리가 얼마든지 생성해 낼 수 있는 것으로 생각하는 것과 같다. 이렇게 만약 누군가를 상담한다면 잘못 인도하고 있음에 틀림없으며, 커다란 영적 혼란에 빠지게 할 수 있다. 여기에서 우리는 다른 접근 방식을 고려해 보아야 한다.

로마 가톨릭 예전 전통에서는 세례를 받기 위해 나아오는 사람은 교회 문 앞에서 그런 질문을 던지면서 절을 하게 한다. "하나님의 교회에 당신은 무엇을 요청합니까?" 여기에서 요청되는 대답은 "믿음"이다. 이러한 답변에 대해 보다 적절한 질문을 던지게 한다면 "당신은 하나님의 교회에 무엇을 가지고 나아가겠습니까?"라고 할 수 있을 것이다. 이러한 전통적인 질문을 통해 우리는 깊은 통찰을 얻게 된다. 분명한 것 한 가지는 전적으로 믿음이 결핍된 상태로 우리는 세례를 받을 수 없다는 사실이다. 그러나 우리는 마치 주님 앞에 나아와 "주여, 내가 믿나이다. 나의 작은 믿음을 도와주옵소서"(막 9:24)라고 외쳤던 사람처럼 믿음을 더해 주시도록 간구할 수 있다.[7]

교회 공동체 안에 있는 사람들의 믿음을 증강시키기 위해 교회 공동체가 해야 할 역할은 우리가 믿음의 본질을 깊이 숙고할 때 보다 더 선명해진다. 하나님을 의존하는 믿음과 교리적 진술을 받아들이는 믿음 사이에 주어지는 구분에 대해 가끔은 의문을 가져볼 필요가 있다. 물론 이 믿음의 형식은 쉽게 구분되지 않는다. 하나님이 보내신 메시아이신 예수님께서 우리의 죄를 위해 돌아가시고 의롭게 하시기 위해 부활하셨으며, 성령님을 통해 오늘도 우리 가운데 역사하시고, 모든 의롭지 않은 자들을 심판하실 것이라고 알려 주는 진술을 배우면서 하나님은 신뢰할 수 있는 분이라고 확신하는 믿음에 이를 수도 있다. 그렇게 진술해 주는 사실을 배우지 않으면 하나님을 의존하는 믿음은 머리가 빈 감정주의(emotionalism)에 빠질 수 있다. 그러나 하나님을 의존하는 믿음이 없이는 배움을 통해 갖게 된 믿음은 가슴의 뜨거움이 사라져 버린 교리주의(dogmatism)에 빠질 수 있다. 이렇게 믿음의 두 형식은 언제나 서로를 필요로 한다.

교회 안에서 윤리적 차원에 대한 교리적 숙고와 실질적 신뢰는 서로 깊은 관계성을 갖는다. 우리가 한동안 교회의 가르침과 화합하지 않는다거나 인생의 마지막 부분까지 믿음에 대해 거의 이해하지 못한 경우도 있지만 살아있는 믿음을 요구하는 대부분은 교회 안에서 주어지는 양육을 통해 그러한 차원에 이르게 된다. 나이가 어리기 때문에 교회 회중의 자리에 들어가지 못하고 나이가 들어서야 거기에 들어가게 된 사람이라 할지라도 성경 읽기를 통해서나 공동체를 통해서 복음을 받아들인 친구들이나 이웃들의 간증을 통해 얼마든지 믿음에 이를 수 있다. 왜냐하면 성경을 기록한 사람들과 증언했던 사람들은 교회 안,

거기에서부터 그것을 감당했기 때문이다. 각 시대마다 언약 백성들은 사도들로부터 받은 믿음의 전통을 다음 세대에 전달하였다. 개인과 분리주의 운동의 탈선에 대해 점검하는 행동 과정에서 공동체는 무비판적인 열정의 순간을 만들어 낸다.

서너 세대 동안 분리주의 운동의 신봉자들은 교회를 닮아가기 시작하였다. 그들의 선조들은 본래 잘 구부러지는 그룹 그 자체를 닮아가는 것보다 더 많이 무너졌다. 견유학파는 이것을 현상에 대한 항복의 표징으로 보았다. 어떤 경우에는 그럴 수도 있다. 그러나 다른 경우에서 전체로서의 믿음의 공동체가 낙인이 찍히지 않은 부분에 억누르고 새롭게 하는 영향을 행사하게 된다는 것은 분명하다. 결국 태생적으로 특이한 믿음이 가지는 약점이 분명하게 되었는데, 그리하여 공동의 지혜와 실천의 강점이 바람직한 것으로 보인다.

교회 안에서 세례 가운데 역사하시는 그리스도의 행동에 우리는 응답해야 한다. 우리는 그것에 대해 다양한 방식으로 반응을 보이게 된다. 감사의 마음을 가질 수도 있고, 성례전의 성수를 통해 우리에게 주어진 정체성을 따라 살아가는 은혜의 백성이 되어 순종의 삶을 살기도 한다. 단연코 그것은 우리를 향한 하나님의 원하심이며 희망이다. 반대로 열의가 없고 은혜에 대해 경멸적인 자세를 취하며 살 수도 있다. 교회에서는 세례자 명부를 가지고 있어야 하며, 특히 이러한 특성을 가진 사람들의 명단도 가지고 있어야 한다. 세례는 우리를 향한 하나님의 요구를 거부할 자유를 박탈하는 그런 기계적이고 마술적인 행위가 아니다. 그러나 세례 받은 사람들이 부르심을 따라 살아가는 것 자체를 거부한다고 해서 세례 가운데 허락하셨던 하나님의 능력까지 무효화시키지는 않는다.

　　세례를 받은 어떤 사람들이 그들의 정체성을 이해하지 못함으로 세례의 능력에 대해 의문을 갖게 된다면 그러한 유혹은 개인적으로 불성실에 대한 반작용을 생각하는 것보다는 공적으로 교회의 역할에 대해 생각할 때 더 크게 줄어들 수 있다. 왜냐하면 신실한 그리스도의 사람으로 살아가는 사람은 그러한 관심을 잃어버린 것으로 보이는 사람들과 계속 접촉을 하면서 모든 가능한 방법을 추구하게 될 것이다. 그들이 맺은 언약에 대해 신실한 사람이 될 수 있도록 그들을 강권하고 촉구하는 여러 방법을 사용하고는 한다. 이와 같이 회중은 하나님께 신실하게 응답한다. 물론 그 중에 어떤 사람들은 그렇게 하지 않기도 하지만 말이다.

　　믿음으로 살지 않던 사람들이 믿음을 수용하고서 삶의 태도를 돌이켜 세례를 받게 될 때 그러한 돌이킴은 성례전의 결실로 보인다. 탕자의 비유에서 둘째 아들이 먼 나라에서 자신에게 그렇게 외친다. "내가 일어나 아버지께 가서 이르기를, 아버지 내가 하늘과 아버지께 죄를 지었사오니"(눅 15:18). "내가 일어나 낯선 사람에게 가서 내가 운이 엄청 없어서 이렇게 되었습니다"라고 말하지 않고. 왜 그는 이렇게 말하는 것일까? 탕자는 개인적 관계성에 관한 것을 알았을까? 그는 죄와 불운의 사이에 차이가 난다는 사실을 어떻게 알았을까? 무엇이 그에게 그의 실패와 미래에 대해 책임을 지겠다는 용기를 갖게 하였을까? 분명히 이 모든 것은 먼 나라로 가려는 모험을 하기 전에 가진 그의 경험의 결과에서 비롯된 것으로 보인다. 그가 집으로 돌아가려는 결단, 즉 떠남이 있기 전에 그는 돼지와 함께 옥수수 껍질을 먹으면서 그곳에 남아 있을 수 없다는 자신의 정체성을 확실히 갖게 되었다. 그의 회개는 고집을 부리기보다는 지울 수 없는 그 정체성의 관점에서 적극적으로 행동하려는 결단 이상의 것이었다.

세례를 통하여 우리는 예수 그리스도께서 그의 성육신, 십자가의 죽으심, 부활을 통해 우리에게 부여하신 결코 지워질 수 없는 정체성이 주어졌다는 사실을 확실히 알고 있다. 우리의 진정한 정체성을 인식하지 못하고 그것을 거부할 수도 있다. 오늘 나의 관점에서 우리는 그것을 내던져 버릴 수도 있고 주어지는 모든 유익을 다 거부해 버릴 수도 있다. 그럼에도 불구하고 우리는 그것을 바꾸어 버릴 수는 없다. 하나님께서 우리가 존재하도록 창조하신 바로 그 존재로 서 있게 된다. 우리는 하나님께서 사랑으로 우리를 구속하신 존재라는 사실을 지워 버릴 수는 없다. 계속적으로 굶주림 가운데 있을 자리에서 건져 내서서 우리의 정체성에 대한 인식을 새롭게 갖게 하셨다. 그곳에서 달려 나오는 돌이킴의 첫 번째 적응의 자리에서 우리에게 인사를 건네고 있다. 그 누구도 교회의 사역을 통해 우리에게 끊임없는 사랑을 표현하시는 하나님으로부터 막아낼 수 있는 것은 아무 것도 없다. 우리가 그 사랑에 온전히 응답할 때 그 공동체로 우리를 다시 소개시키면서 나아갈 수 있도록 만들어 준다. 세례는 받았지만 제멋대로 살아가는 사람이 회개하고 돌이킨다면 그것은 전적으로 하나님의 신실하심 때문에 가능하며, 세례 가운데 의미를 부여해 주며, 교회에 의해서 선포되는 말씀을 통해 그들은 새롭게 세워진다. 믿음은 결코 우리가 노력해서 이루는 것이 아니라 언제나 하나님의 선물로 주어진다.

세상 가운데서의 복종하는 섬김

하나님이 허락하시는 믿음의 선물은 복종하는 섬김 가운데서 그 열매를 맺는다. 우리 시대에는(혹은 어떤 시대에) 복종과 섬김이라는 단어는 그렇게 일반적인 단어가 아니다. 복종은 종종 맹목적인 묵종(從), 혹은 강압에 의한 맹종을 뜻하는 단어로 쓰인다. 섬김이라는 단어는 그렇게 싫어하는 단어는 아니지만 '복종하는'이라는 단어와 결합되면 독재자의 변덕에 노예근성을 가진 수동성을 나타내는 개념으로 마음에 그려지게 한다. 이러한 해석의 어떤 것도 믿음으로부터 나오는 차원을 알려 주는 기독교적인 이해를 담아내지 못한다.

세례는 우리가 주님께 복종하는 종(servants)이 된다는 것을 의미하며, 그러한 변화된 인식을 갖게 해준다. 자기 계시의 수단인 성례전을 우리에게 허락하신 하나님은 전능하신 분이지만 독단적인 독재자는 아니시다. 그러므로 우리는 천상의 독재자가 비인간적으로 다스리시는 그런 대상은 아니다. 세례를 통하여 우리는 예수 그리스도와 연합되었으며(incorporated), 우리는 그분을 향하여 주님(Lord)으로 고백한다. 그러나 주님이신 예수 그리스도라는 용어는 그것이 가지는 통전성과 함께 이해되어야 한다. 예수님은 모든 사람의 종으로 오셨으며, 하나님의 사랑의 성육신이었다. 그분이 가지시는 주권(lordship)과 봉건적 군주의 차이에 강조점을 두는 듯한 구조로 요한복음은 우리들에게 예수님께서 제자들에게 말씀하신 내용을 들려준다. "이제부터는 너희를 종이라 하지 아니하리니 종은 주인이 하는 것을 알지 못함이라. 너희를 친구라 하였노니…"(요 15:15). 그리고 그 정황에서 서로 사랑하라는 계명(요 15:9~14)을 주신 것은 그 의미를 다시 재해석하시면서 였다.

그리스도 안으로 세례를 받은 우리는 그렇게 하지 않으면 안 되기 때문에 그 결과를 두려워하여 하나님께 복종하는 것은 아니다. 하나님의 어떤 호의를 받기 원하여서나 하나님 나라에 들어가는 입장 허가를 받기 위해 하나님을 섬기는 것도 아니다. 세례는 행위가 아니라 하나님의 은혜로 우리가 구원받았다는 사실과 하나님 나라의 왕국을 새롭게 상기시켜 준다. 세례는 하나님의 사랑을 선포하며 우리 안에 그 사랑이 솟아나게 해준다. "우리가 사랑함은 그가 먼저 우리를 사랑하셨음이라"(요일 4:19).

성 테레사는 꿈에서 한 여인이 위대한 목적을 향해 달리는 것을 보았다고 한다. 그녀의 손에는 횃불이 들려 있고 다른 한 손에는 물이 든 용기를 들고 있었다. 테레사가 그녀에게 어디에 가느냐고 물었을 때 그렇게 대답했다. "나는 지옥의 불을 끄고 천국의 궁전에 불을 질러 무너뜨리기 위해서 가고 있습니다. 그렇게 하면 사람들이 형벌이 두렵거나 상급을 받기 위해서가 아니라 순수하게 하나님 때문에 그분을 사랑하게 될 것입니다." 아마도 테레사의 꿈을 통해 보았다는 성례식에서 우리에게 주어진 성수(세례수)와 성령의 불은 그것이 가지는 진정한 의미와 목적을 선명하게 제시해 주는 것은 아닐 것이다.

하나님께 복종하는 종이 되게 하는 것은 사랑이며, 그것은 역동적이다. 그것은 정적인 경험이 아니라 우리를 이끌어 가는 힘이 된다. 현재 널리 사용되는 범퍼 스티커 중에 그런 내용이 우리에게 많은 것을 깨닫게 해준다. "그리스도인은 완전한 존재가 아니라 용서받은 존재일 뿐이다." 이것은 진리에 아주 가까운 내용이며 그렇게 위험해 보이지 않는다. 그 슬로건을 보다 적절하게 다시 읽는다면 "그리스도인은 완전한 존재가 아니라 단지 용서함을 받고 완전을 향하여 계속해서 노력하는 존재이다." 그러나 이렇게 수정해서 읽어도 적절해 보이지는 않는다. 왜냐하면 성화는 단순한 결정의 단계와 혼동될 수 있는 것이 아니기 때문이다. 단지 우리는 성령님을 통해 힘을 공급받으며 인도하심을 받는 존재라는 것은 사실이며, 성령님께서 계속해서 우리에게 바른 길로 나아갈 수 있도록 촉구하며 지로(指路)해 주신다.

복종하는 섬김을 실질적인 용어로 더 잘 이해하기 위해서 우리는 자연의 세계에서 한 예를, 사회 질서 가운데서 한 예를, 그리고 교회생활 가운데서 한 예를 가져올 수 있다.

성례전과 창조 질서 가운데 밀접한 관계성은 우리가 자연세계와 관련성을 가지고, 또 그것을 활용한다는 점에 함축성을 가진다. 파괴된 창조세계는 하나님의 손 안에서는 부서진 도구가 된다. 그것은 하나님의 자기 소통에 유용한 도구가 되기보다는 오히려 방해물이 되고 만다. 그러므로 복종하는 종으로서의 교회는 자연 질서에 대해 책임 있는 관심을 가져야 한다. 지구를 고결하게 보전하려는 교회의 비전은 단지 생태학의 이름으로 제시되는 일반적 주장(common assumptions)을 넘어서는 것이 되어야 한다. 물과 공기의 오염을 막고 깨끗하게 하려는 주장은 자원의 고갈을 막게 되고, 식물계와 동물계를 보존하려는 노력은 종종 자기 관심과 – 이에 대해서는 앞으로 제시하게 될 것이다 – 피조세계는 오직 인간을 위해서 존재한다는 가정에 머물게 된다. 하나님의 일하심에 대한 기독교의 이해는 피조세계가 우리에게 어떤 유익을 가져다 줄 것인가를 넘어서서 그 자체로 가치 있는 것으로 이해한다. 성례전적 차원에서 세계를 이해하려는 관점은 하나님께서 우리에게 허락하신 광휘(splendor)와 온전성의 차원으로 피조세계를 회복하려는 긴박성을 우리에게 제시해 준다. 성례전을 통해 알려진 은혜는 적절한 동기를 우리에게 부여하는데, 죄책감이나 이기심에서 행동하는 것이 아니라 우리는 성령님의 능력으로 섬긴다는 감사와 확신으로부터 일한다.

　　세례는 우리에게 새로운 사회 질서에 대한 비전을 제시해 준다. 우리들 모두는 하나님 앞에서 누구나 동일하게 죄를 범한 죄인으로 세례의 자리에 나아온다. 그리고 우리 모두는 세례의 자리로부터 은혜로 입양된 하나님의 아들과 딸이 되어 나아간다. 일단 우리가 이러한 특성을 이해한다면 인종, 사회적 계급, 성, 국적과 관련하여 자랑하는 어떤 우수성은 아무 것도 아니라는 사실을 깨닫게 된다. 더군다나 세례를 통하여 하나님 앞에서 동등한 존재라는 사실을 인식하는 사람은 누구나 공정한 대접을 받고, 모두가 하나님 아래서 함께 가족이 된 존재들로 인정을 받는 정의로운 세상을 추구하게 된다. 편의주의와 다른 사람의 권리를 억압하는 행위는 세례의 의미와는 완전히 위배된다. 그러므로 이미 하나님 나라의 시민이 된 사람들은 거짓된 가치관 방식을 거부한다. 그리고 그들은 영원한 하나님의 나라의 삶과 조화된 삶이 이 땅에서 이루어지는 것을 추구하게 된다. 이것은 세례를 받은 사람이 가져야 할 멈출 수 없는 청원인 "주의 나라가 하늘에서 이루어진 것같이 이 땅에서도 이루어지게 하소서"라는 주님의 기도가 가지는 의미이다.

　　그리스도인들은 모두가 따라야 할 최고의 사회적 모델과 그러한 목표를 성취해 가는 가장 효과적인 수단이 있다고 믿지 않는다. 그러나 세례를 받은 사람은 누구나 그들의 온전한 권리와 기회, 그리고 책무를 수행할 수 있도록 인정받을 수 있는 사회 제도를 추구하게 되며,

그것에 대해 근본적 동의를 보낸다. 세례 받은 사람은 순진하게 열심과 선한 의지만 가지면 유토피아를 이 땅에 성취할 수 있다고 믿지 않는다. 그리스도인들은 은혜의 권능(power of grace)을 믿지만 죄의 한계(extent of sin)에 대해서도 잘 알고 있는 사람이다. 이러한 두 가지 힘이 가지는 긴장감 가운데서 사회적 진보를 이루어 가야 한다는 현실적 이해를 가져야 한다. 그러므로 경제적, 정치적 진보의 가능성과 한계에 대해서 모두 정직하게 직면할 수 있어야 한다.

세례가 우리에게 자연 질서와 사회적 질서에 대한 새로운 관점을 제시해 주는 것처럼 성례전 역시 교회 자체에 대한 새로운 비전을 제공해 준다. 성경은 "하나의 몸, 하나의 성령, 하나의 소망, 한 주님, 한 믿음, 한 세례"(엡 4:4~6)가 있을 뿐이라고 가르쳐 준다. 이러한 사실은 기독교 공동체의 내적 그룹에도 도전한다. 에베소서가 제시해 주고 있는 것처럼 은혜는 그리스도의 선물의 척도라는 차원에서 다르게 주어졌다는 사실을 교회는 잘 인식해야 한다. 그러므로 그리스도인들에게 언제나 절대적으로 똑같아야 한다고 요구하는 것은 진정한 통일성에 반대되는 것이다. 그러나 그것은 교회 제도의 형태, 인종 배경, 절대적으로 중요한 것이 아닌 것에 대한 교리적 다양성에 따라 교파 분립은 당연한 것이라는 자부심이나 용기를 불어넣어 주고 교파 분립에 대해 관대하게 넘어가려는 것은 아니다. 분명히 그것은 교파나 서로 다른 그룹을 인정하지 않는 단체 사이의 경쟁적인 자세가 당연한 것이라고 말하려는 것도 아니다. 세례를 받는 것이나 교회의 분열에 고민하지 않는 것, 그리고 교회의 일치를 위해 일하지 않는 것은 명확히 말해 이율배반적인 일이다. 동시에 통일성(uniformity)과 일치성(unity)을 혼동하는 것은 세례가 공동의 믿음과 증언에 있어서 다른 표현을 수용할 수 있는 능력을 가진 공동체를 세우는 것이라는 점을 바로 이해하지 못한 것이다.

새로운 비전 안에서 교회의 일치를 위한 부르심과 의롭게 됨을 위한 부르심 사이에 존재하는 긴장 관계를 어떻게 다룰 것인지에 대한 실마리를 우리는 발견하게 된다. 예를 들어, 교회는 전쟁에 대해 무엇이라고 말할 수 있는가? 그리스도인들은 모든 전쟁은 하나님의 뜻에 위배된다고 반대할 수 있을까? 혹은 선택적으로 어떤 전쟁은 의로운 전쟁이라는 가정 하에 그에 대해 지지를 보낼 수 있을 것인가? 국가 권력도 하나님이 세우신 것으로 이해하면서 그 권위에 복종해야 한다는 이해를 바탕으로 합법적인 전쟁은 지지해야 하는가? 이러한 세 가지 주장은 신실한 그리스도인들 사이에서도 각기 다르게 자기 입장을 따라 그것을 받아들였다. 혹은 낙태는 살인으로 간주하여 당연히 비난받아야 할 것인가, 아니면 생명의 존엄성이 지켜지는 어떤 상황에서는 허락이 되어야 하는 것인가에 대해서도 교단의 입장을 따라서 판단해야 할 것인가에 대해 질문을 하는 경우도 있다. 그러한 주장에 대해 교회가 전적으로 동의할 수 없다면 교회의 일치를 위해 차라리 침묵하는 것은 신중하지 못한 것인가?

하나 됨의 세계로 우리를 부르는 세례는 역시 우리가 중립을 유지하도록 부른 것이 아니라 의(義)의 세계로 우리를 부른다. 우리는 다른 사람을 배제하는 하나의 부름을 추구하지 않는다. 세례를 통해 그리스도께서 우리에게 주시는 정체성 때문에 우리는 하나님의 가족으로서 형제와 자매가 된 것을 인식하면서 실질적인 용어로 의롭다 함을 입은 것이 무엇을 의미하는 것인지에 대해 서로 다른 관점을 가질 수 있다.

"그리스도인은 완벽한 존재가 아니다. 오히려 용서받고 완전을 향하여 나아가는 존재일 뿐이다"와 같이 그 표현이 바뀐 범퍼 스티커를 생각해 보자. 모든 일에 동의할 수 없음은 우리 모두가 완벽하지 못하다는 사실에 대한 완벽한 증거이다. 나누어지지 않고 동의하지 않을 수 있는 능력은 우리가 경험한 용서가 단순히 천상의 거래 내역이 아니라 변화시키는 능력이라는 사실을 증언할 수 있다. 동시에 보다 더 나은 이해를 구하면서 우리가 알고 있는 것이 최고의 것이라는 확신에서 어떤 입장을 취하기로 결정한 것은 우리가 그것에 대해 완전을 향한 열망을 가지고 있다는 사실을 증명해 준다. 이와 같이 우리는 그리스도께서 교회를 향해 가지신 의도-세상에 증거가 되라는-대로 설 수 있다. 그러나 '세상'이라는 용어는 성경에서 아주 다른 두 가지 의미로 사용되었다. 우리의 역할을 이해하기 위하여 이러한 두 입장을 잘 풀어나갈 필요가 있다.

한편으로 '세상'이라는 용어는 아주 긍정적인 의미를 가지고 있다. 그 세상은 하나님이 창조하신 곳이다. 또한 예수 그리스도께서 세상을 위하여 내려오신 곳이기도 하다. 그러나 이 용어는 아주 부정적인 의미를 함축하고 있는 것으로 사용되기도 한다. 흔히 그리스도인들은 "세상, 육신, 사탄"을 한 덩어리로 묶어서 이해하고는 했다. 신약성경에서 이러한 모호함은 선명하게 나타나는데, 특히 요한복음에서 아주 분명하게 나타난다. "하나님이 세상을 사랑하사 독생자를 주셨으니"라는 말씀에서는 세상은 하나님의 사랑의 대상으로 사용된다(요 3:16, 또한 요 1:29, 8:12, 12:46~47 등도 참고). 그러나 성경은 때로 예수님의 제자들이 "세상에 속하지 아니하였고" 세상 밖으로 나오도록 선택함을 받았다고 주장하기도 한다(요 15:19, 또한 요 7:7, 12:31, 14:17, 17:14 등 참고).[8] 여기에서 우리는 무엇을 말할 수 있을 것인가?

긍정적인 관점에서 보면 세상은 하나님의 역사하심이 있는 곳이며, 인간의 믿음의 응답이 담겨 있는 공간이다. 부정적인 관점에서 보면 세상은 하나님의 뜻에 반역하고 상반되게 행동하는 모든 것을 담고 있다. 이러한 양면성을 담고 있는 실재는 세례가 선명하게 보여주는데, 세상은 하나님이 지으신 창조세계이나 죄 가운데 타락하였다. 불순종한 세상이 하나님께서 바라시는 세상이 될 수 있도록 하나님의 은혜를 증언하도록 우리는 부름을 받았다. 그리스도 안에 있는 새 생명은 이 세상을 떠나 다른 차원에서 이뤄지는 것이 아니며, 교회가 이 세상으로부터 고립되고 영적 무균 상태에 거하게 하는 것이 아니다. 우리가 대적해야 할 것은 세상 가운데 있는 죄에 대한 것이며 하나님의 피조세계가 아니다.

세례를 받은 하나님의 백성들은 하나님께서 이 세상 가운데 이루기를 원하시는 그것을 만들어 가야 한다. 그리스도와의 연합이라는 관점에서 우리는 수행해야 할 제사장적 직무를 가지고 있다. 대제사장이신 예수 그리스도의 사역을 따라 모든 그리스도인들은 세상의 기쁨과 관심을 하나님께 올려드려야 한다. 세상을 위하여 기도해야 하고 물질도 드려야 한다. 이와 같이 하나님께서는 세상을 향한 표징으로 교회를 사용하기 원하신다. "우리는 그리스도의 대사니…"(고후 5:20). 세상이 하나님을 믿을 수 있도록 하나님께 순종하는 종이 된다는 것은 교회의 진정한 기쁨이다.

회개와 믿음의 공동체는 성령님의 역사가 훼방을 받지 않고 이 세상 가운데서 계속 될 수 있도록 지속적으로 기도하면서 세례 언약에 응답해야 한다. 왜냐하면 교회는 성령님의 역사하심이 없이는 세상이 마땅히 존재해야 할 그 차원에 이르도록 도울 수 없다는 사실을 알고 있기 때문이다. 성령님의 역사가 없이는 교회는 다른 자발적 조직과 같이 또 하나의 인간 조직체가 되고 말 것이다. 그러나 성령님의 역사를 통해 교회는 하나님께서 세상을 향해 그것이 마땅히 되어야 할 모습이 무엇인지 - 그리스도의 새로운 피조물은 하나님의 은혜의 선물을 통해서만 생명력을 가질 수 있다는 사실 - 를 보여주는 선구자가 될 수 있을 것이다.

회개하고 믿음으로 살아가는 공동체가 행해야 할 모든 것은 그 동일한 은혜에 대해 응답하는 것이며, 세례를 통해 그리스도께서 우리에게 주신 정체성을 따라 살아가는 것이다. 그렇게 하여 교회는 바울이 "우리는 이미 이루었다 함도 아니요, 그리스도께서 우리를 향해 허락하신 그 상급을 향해 계속해서 달려간다"는 그 공동의 고백(빌 3:12)을 함께할 수 있을 것이다.

3장

세례 받은 사람은 어떤 존재인가?

Baptism: Christ's Act in the Church

세례는 주님과의 연합이다.
그것은 개인적 행위가 아니다.
공동의 행위이며
교회의 행위이다.
세례는 교회와 그리스도인의 행복을 위해
필수적이다.

3장

세례 받은 사람은 어떤 존재인가?

우리는 이제 세례와 관련하여 종종 제기되어 당황하게 만드는 질문과 관련하여 특별한 사항을 살펴보아야 할 단계에 이르렀다. 세례를 받기에 적절한 후보자는 어떤 사람인가? 특별 세례는 어떤 경우, 어떤 사람에게 베풀어야 하는 것인가? 가령 임종을 앞두고 있는 긴급 상황에서 베푸는 세례, 뒤로 미루다가 세례를 미처 받지 못한 사람이나 연로한 노인에게 베푸는 세례, "오직 예수님의 이름으로만 행해지는" 세례, 퀘이커교도(Society of Friends)나 구세군에서 행하는 '영적 세례'(spiritual baptists), '헌아식'(infant dedication)에 대한 요청 등을 어떻게 이해해야 할 것인가? 여기에서 제기되는 질문이 있다. "세례를 집례하는 데 적절한 사람은 누구인가?" 마지막으로 지속적으로 제기되어 우리에게 문제의식을 갖게 하는 질문도 있다. "세례는 구원을 위해서 필요한 것인가?"

누가 세례를 받을 수 있는가?

누가 적절한 수세 후보자인가에 대한 질문에 대한 대답은 다양하게 주어질 수 있다. 한편으로는 포괄적인 입장에서 이야기할 수도 있고, 배타적인 입장에서 답변을 할 수도 있다. 포괄적인 관점은 실제적으로 자신을 위한 세례나 혹은 자녀들을 위한 세례는 받기를 원하는 사람은 누구나 세례를 받을 수 있다는 입장이다. 이것은 종교개혁 이전 유럽의 교회가 가졌던 입장이었다. 정복자들은 그들이 정복한 땅의 백성들에게 '개종'할 것을 명령하였던 경우로 이해할 수 있다. 조금 덜 극단적인 경우인데, 포괄적인 입장은 기독교를 국교로 하고 있는 대륙이나 영국과 같은 나라에서 여전히 우세한 입장으로 나타난다. 그러나 반드시 그런 나라에만 국한되는 것은 아니다. 배제적인 관점을 견지하는 진영에서는 세례가 의식적으로 믿음의 진보를 이룬 사람에게만 허락되어야 한다고 이해한다. 일정 연령에 이르지 못한 사람은 배제될 수밖에 없고, 믿음을 분명하게 공표하지 못한 성인도 마찬가지로 세례를 받을 수 없게 된다. 이것은 종교개혁기에 재세례파와 영적 후예들이 취하였던 입장이었다. 이것은 오늘날 대부분의 교단에서 견지되고 있는 입장인데, 포괄적인 관점을 공적으로 취하고 있는 교회를 포함하여 이와 유사한 입장을 가지는 교회에서도 취하는 경향이다.

그리스도교의 영역 안에서는 모두에게 개방되어야 할 의식으로 이해하는 세례의 개념은 교회를 하나님의 피조물로 이해하며 세례를 교회 안에서 행하시는 그리스도의 행동(action)으로 이해한다. 세례는 객관적 특성을 가지고 있으며, 하나님이 모두에게 복음의 은혜를 주시기 때문에 세례도 모두에게 주어져야 한다고 이해하는 입장이다. 사람들은 믿음의 연조가 그리 깊지 못해도 하나님의 가족의 일원으로 환영을 받는다. 이렇게 포괄적인 관점이 가지는 힘은 하나님의 주도권, 객관성, 그리고 그리스도의 가족이 가지는 특성을 포용하는 본성에 강조점을 둔다는 데 있다.

그러나 이 포용의 관점은 거대한 약점으로 작용하기도 한다. 세례가 가지는 성례전적 특성에 대한 강조는 오해를 불러일으킬 수도 있는데, 예식은 기계적으로, 혹은 마술적으로 이해될 수 있는 가능성이 있다. 가장 최악의 왜곡은 세례가 파멸의 자리로부터 벗어날 수 있는 출구와 같이 간주된다든지, 아니면 구원을 보증해 주는 것으로 이해할 수 있다는 점이다. 또한 헌신과 성숙의 차원이 전혀 필요하지 않다고 이해하기도 한다. 이렇게 될 때 교회는 영적 훈련이 부족한 기관이 될 것이다. 기독교가 국교인 나라에서는 이러한 복합적 문제가 발생한다. 교회를 지원하기 위해 세금을 내는 사람들은 당연히 교회의 어떤 서비스를 기대하게 된다. 이와 같이 교회는 국가의 지배를 받을 수도 있고, 대중적 정서에 지배를 당하기도 한다. 더욱이 국가의 시민권과 하나님 나라의 시민권 사이에 존재하는 경계선은 단연코 희미해질 수밖에 없게 된다.

배타적 관점이 가지는 강점은 이런 포괄적 관점이 가지는 약점과 반대되는 차원을 생각하면 정확하게 이해할 수 있다. 세례를 배타적 예식으로 이해하는 경우에는 성인의 헌신을 요구하며, 기계적으로 은혜가 전이된다거나 차별 없이 무조건적으로 주어지는 것으로 보지 않는다. 이러한 관점을 견지하는 교회들은 논리 정연하게 그의 믿음을 고백할 수 있어야 하며, 활동적인 그리스도인의 삶을 사는 사람과 성도의 교제에 참여해야만 세례를 받을 수 있다고 주장한다. 기독교를 국교로 받아들이는 국가에서는 이런 배타적 입장을 취하는 그룹은 보통 작은 규모이지만 활동적이고 잘 훈련된 특성을 가진다. 어떤 경우에 그들의 구성은 세금을 내는 국교 제도나 자발적인 헌신을 통한 비국교 제도를 지지하기 때문에 비국교 그룹에 속하기로 작정한 사람들은 포괄적 관점을 취하는 교회에서는 거의 찾아보기 어려운 그런 깊은 헌신을 하고 있음을 볼 수 있다.

그러나 세례에 대한 배타적 이해는 역시 일련의 약점도 가지고 있다. 모든 것이 하나님의 인도하심 가운데 있다는 점은 인정하지만 일반적으로 여기에서 세례는 하나님의 행동(action)으로 보지 않는 경향을 가진다. 분명히 세례는 그리스도에 의해서 제정되었고, 주님의 세례 명령에 복종하기 위한 제도(혹은 의식)임을 알고 있다. 그러나 일반적으로 여기에서 세례는 은혜의 수단으로보다는 믿음을 위한 보상으로 간주하는 경향이 강하게 나타난다.[9] 세워진 교회는 그리스도의 창조라기보다는 믿음을 고백하는 사람들의 연합을 통해 구성된 것이라는 관점이 더 강하다. 그러한 교회는 믿음을 교리의 언어적 설명으로 간주하는 경향이 강하며, 또한 종교적 경험(흔히 회개라고 부르는)에 대한 개인적 증언으로 간주하는 경향을 취한다. 이와 같이 교회는 같은 마음과 같은 가슴을 가진 도당(clique)이 된다. 다양한 교리를 견지하는 사람들과 상이한 경험을 가진 사람들은 의심을 받게 되어 있으며, 그들은 정말 구원받았는지 별로 선명하지 않은 외인들(being outside)로 간주될 수도 있다.

극단적으로 포괄적 입장을 취하는 그룹은 하나님의 언약의 차원에 의존한다. 하나님의 행동은 정확하며, 인간의 응답은 그렇게 중요하지 않다고 간주하지는 않지만 그것을 적게 강조하는 경향을 취한다. 극단적으로 배타적 입장은 언약의 반대적인 입장으로부터 나온다. 그리스도의 구원 행동의 객관성이 종종 모호해지고 공동체보다는 개인적 차원에 관심이 집중되면서 하나님에 대한 현대적 응답은 가장 중요한 요소가 된다. 이러한 징후는 많은 사람들이 그들이 가지는 종교적 경험을 드러내면서(가령 "내가 예수님을 만났다," "내가 예수님을 받아들였다"와 같이) 사용하는 표현에서와 "나는 찾았다"(I found it)와 같은 차량 범퍼 스티커가 선언하는 내용에서도 그것은 발견하게 된다. "우리는 결코 잃어버리지 않았다"(We never lost it)와 같이 유대교 믿음을 가진 사람들이 사용하는 답변에서도 그것을 발견하게 된다. 여기에서 대명사가 달리 사용되고 있는 것(역주/ we 대신에 I가 사용된 것)은 기독교의 개인주의적 경향이 가지는 약점을 잘 보여준다. 그러나 범퍼 스티커에서 사용된 것을 살펴본 것처럼 그것이 가지는 두 가지 차원의 약점은 하나님은 결코 '그것'(it)이 될 수 없으며, 또한 우리가 믿음의 경험을 주도할 수 있는 존재들이 아니라는 사실을 쉽게 간과하고 있다는 점이다. 도움이 되는 내용은 우리가 잘 부르지 않는 찬양 가사에 잘 나타나고 있다.

나는 주를 찾았네
그 후에 나는 알았네
나를 찾으시는 주께서
내가 그분을 찾도록
내 영을 움직이셨다는 것을
오 진실하신 구주여
내가 찾은 것이 아니고

나는 발견된 것일 뿐

여기에서 드러나는 정취는 다분히 개인주의적이지만 믿음이 가지는 극히 배타적 표현 가운데서 기본적으로 결점이 될 수 있는 부분을 수정해 주고 있다.

미국의 개신교회는 일반적으로 배타적 입장과 포괄적 입장이라는 양극의 형태로 나누어지고 있지 않다. 포괄적 특성을 취하는 교회가 믿음을 가진 것처럼 행세하는 사람들까지도 세례 후보자로 받아들이는 동안 대부분의 교회에서는 그렇게 관대하지 않다. 예를 들면, 유아의 경우 유아세례를 받기 위해서는 아이를 신앙적으로 양육하기 위한 책임을 온전히 감당하기 위해 부모 중에 한 사람은 그리스도인일 것을 요구한다. 성인세례 후보자의 경우에는 일반적으로 어떤 형태로든지 세례 준비반(세례 준비반이든 목회자가 직접 개인적으로 준비시키는 형태이든)에 참여할 것을 요청한다. 어느 누구도 공식적으로 열리는 짧은 몇 개월 만에 성급하게 세례를 받을 수 있는 예외 조항은 없다. 예를 들어, 그러한 교회는 여러 경우의 사람들에게 세례를 주게 되는데, 합리적인 기준으로는 책임있게 응답하기에는 너무 어려서 충분히 성숙했다고 할 수 없는 사람에게도 세례를 주게 된다.[10] 세례를 받기 위해 나아온 사람들이 깊은 헌신을 위해서라기보다는 친구들의 강한 권면이나 사회적 분위기 때문에 세례를 받기 위해서 나아온 청소년이나 성인을 받아들이거나 거절할 효과적인 방법이 없다.

미국의 대부분의 개신교회가 이 두 극단 사이에 놓여 있다는 사실에 주목하면서 우리는 다음과 같은 질문에 직면하게 된다. 그러한 방식을 따르지 않는 것에 대해 죄책감을 느껴야 하는 신성한 이상이라고 여길 수 있는 것이 있는가? 혹은 절대적인 것이라고 입장을 정한 어리석음에 대해 성령님께서 무엇인가 살짝 알려 주시는 것이 가능하지 않을까? 무엇보다 경험은 신학적 형식화(theological formulation)에 있어서 중요한 공헌을 한다. 그 누구도 어떤 극단의 입장을 견지하고자 하는 의지를 가지고 행하지 않을 수 있다. 그러나 우리도 모르는 사이에 저절로 극단의 입장을 취하게 되는 그런 경험은 세례를 보다 종합적으로 바라보도록 방향을 설정해 가는 데 있어서 번거롭게 만드는 귀찮은 영적 요소가 될 수 있다. 아마도 빈약한 타협을 하지 않으면서도 건강한 해결을 모색해 가는 중간의 길도 있을 것이다

그러므로 "누가 세례 받을 준비가 되어 있는 사람인가?"라는 질문에 대해 우리는 극단을 피하면서 대답을 제시해야 할 필요가 있다. 때론 양 진영의 관심사를 함께 통합적으로 엮어내고 그러면서도 그들이 간과해 왔던 내용을 추가하면서 제시할 수 있어야 한다. 세례는 "기독교 신앙을 따라 살기로 작정한 사람들과 그들의 자녀들에게 허락되는 것이며, 전에 세례를 받은 적이 없는 사람들에게 시행되어야 한다." 이 질문에 대해 이제 보다 상세하게 설명하고자 한다.

세례는 '헌신된 사람'을 위해 행해진다. 헌신(commitment)은 한두 마디 말로 표현하기 어려운 특성을 가진 단어이다. 그 사람이 헌신된 사람이라고 누가 판정할 수 있으며 무엇을 기준으로 그렇게 할 수 있을까? 배타적인 관점을 취하는 입장이 가지는 어려움은 '헌신'이라는 용어를 사용하는 것보다 더 높은 차원으로 이끌어 가는 데 과함을 피해 가야 하는 미끄러운 길에 서 있다는 점이다. 대신에 세례는 믿음을

가진 사람을 위해서 주어진다는 사실은 그것을 판단해야 하는 사람들에게는 여전히 큰 어려움과 위험을 가져다준다. 세례를 받기 원하는 후보자는 믿음의 차원을 이해하고 있어야 하고 그것을 선명하게 설명할 수 있어야 한다고 주장하는 배타적 관점을 취하는 교회가 제시하는 요구사항은 훨씬 곤란한 문제를 야기한다. 믿음은 무엇인가? 세례받기에 적절한 믿음과 반대로 주변적이고 적합하지 않은 믿음을 어떻게 우리는 구분할 수 있을까? 헌신이 완전한 기준이 아니라고 한다 하더라도 그것은 적어도 그것을 가늠하게 만드는 가장자리(competitive edge)를 제공한다.

헌신은 필연적으로 공동체와 관련성을 가진다. 말과 행동에 있어서 널리 만연되어 있는 "나는 교회의 일원이 되지 않고서도 얼마든지 헌신된 그리스도인이 될 수 있다"라는 태도를 세례를 받으려는 사람은 거부해야 한다. 이것이 다소 가혹하게 느껴질지 모르지만 세례는 그러한 자세를 가진 사람들을 위해서 주어지는 것이 아니기 때문이다. 세례를 통하여 그리스도는 교회를 시작하셨으며, 그 교회는 지역적이며 보편적인 특성을 가진다. 물이 수증기가 되지 않고서는 끓을 수 없는 것처럼 세례를 받지 않거나 공동체에 참여하지 않고서 우리는 결코 그리스도인이 될 수 없다.

세례를 받기에 넉넉한 헌신은 어떻게 결정할 수 있는가에 대해 교회의 회중과 각 세대는 깊이 고민해야 한다. 산뜻하고 어느 시대에나 다 통하는 형식을 제시하려는 것은 온전한 정신을 좌절시키는 율법주의를 받아들이는 셈이 된다. 그러나 믿음과 그리스도의 공동체에 헌신하는 것이 세례 받은 사람에게 절대적으로 필요하다는 사실은 논쟁을 넘어서는 사안이다. 차별을 두지 않고 성례전을 누구에게나 허락하는 식으로 시행되는 것은 잘못된 실행이 될 수 있다. 우리들과 맺으신 하나님의 언약의 중대한 본질을 명확히 이해한다면 차별을 두지 않고 무조건적으로 베푸는 세례는 심각한 죄가 될 수 있다. 왜냐하면 세례를 누구에게나 허락하는 교회는 세례를 통해서 그리스도께서 우리에게 허락하시는 정체성이 함축하고 있는 의미를 신중하게 다루지 않는 것이 되기 때문이다.

배타적 관점을 취하는 교회가 가지는 강점은 헌신에 강조점을 둔다는 점이다. 포괄적 입장을 취하는 교회가 가지는 강점은 그리스도의 가족 안으로 들어가는 역동적 내적 관계성에 강조를 둔다는 것인데, 여기에서는 그 관점에 대해 논의하고자 한다. 세례는 기독교 신앙에 헌신된 사람들과 '그들의 자녀들'을 위해 주어진다. 특별히 이러한 정의는 다소 광범위한 것으로 이해할 수 있다. 예를 들어, 그 부모는 아직 헌신되지 않았으며 이런저런 구실과 핑계로 그들의 자녀들을 믿음으로 키우겠다는 서약을 하지 않았다고 아주 자연스럽게 말할 수도 있다. 그것은 그들이 마땅히 수행해야 할 내용인데 그들은 자녀들을 교회 안에서 양육하는 것에 대해 반대의사를 가지고 있지 않았고, 사실 이러한 양육을 위해 그의 가족들과 친구들이 책임이 있다는 사실에 대해서도 반대하지 않는다. 그러한 경우가 그리 많지는 않겠지만 어떤 경우에는 부모가 궁극적으로 돌이키는 경우를 포함하여 긍정적인 결과를 가져올 때도 있다. 모든 유아들이 자동적으로 유아세례 후보자가 되는 것은 아니다. 어떤 경우에는 종종 부모를 위해 선교적인 차원에서 유아세례를 허용하기도 하지만 늘 그렇게 할 수는 없다. 그러므로 누가 언약의 자녀로 포함될 수 있을 것인지에 대한 오해를 피하기 위해 우리는 연령과 상관없이 사람들에게 세례를 베푸는 것에 대한 신학적 기초를 눈여겨볼 필요가 있다.

유아세례와 어린이세례는 두 큰 기둥을 중심으로 이루어지는데, 후원하는 사람이 없을 때는 실행할 수 없게 되는 경우에 해당한다. 첫 번째 기둥은 믿음의 길을 예비하면서 하나님의 은혜가 우리들 앞서 행한다는 확신이다. 기술적으로 이것은 "선행하는 은혜"(prevenient grace)라고 부르는데, 여기에서 라틴어 접두어 *prae-*는 before의 의미를 가지며 *venire*는 to come의 뜻을 가진다. 하나님께서는 도움을 요청하시기 위해 우리를 기다리시지 않으며 우리가 필요로 하는 것을 알고자 하여 기다리시지 않는다. 이것은 바울이 제시한 대로 하나님의 선하심을 이해하는 것이다. "우리가 아직 연약할 때에 기약대로 그리스도께서 경건하지 않은 자를 위하여 죽으셨도다. 의인을 위하여 죽는 자가 쉽지 않고 선인을 위하여 용감히 죽는 자가 혹 있거니와 우리가 아직 죄인 되었을 때에 그리스도께서 우리를 위하여 죽으심으로 하나님께서 우리에 대한 자기의 사랑을 확증하셨느니라"(롬 5:6~8). 요한일서 4장 19절에서도 이러한 통찰력을 우리는 발견할 수 있다. "우리가 사랑함은 그가 먼저 우리를 사랑하셨음이라."

그러나 세례가 만약 오직 이 기둥 위에만 세워진다면 우리는 그가 그리스도인이든, 힌두교도이든, 무슬림이든, 혹은 무신론자이든 상관없이 그들의 자녀들에게 세례를 주는 차원으로 나아갈 수밖에 없을 것이다. 세례는 그리스도 안에서 믿음의 공동체의 영역 안에 우리를 위치시켜 주시는 하나님의 선행적인 사랑에 대해서 언급하게 된다. 이와 같이 어린이세례가 위치하게 되는 두 번째 위대한 기둥은 믿음의 통합적 본질과 성례전을 통해 그리스도로 말미암아 주어진 신자들의 공동체에 성령님의 관계성과 관련을 가진다. 세례는 어떤 특정 나이에 받는다고 해서 그것이 자동적으로 그리스도께서 우리 가운데 거하시는 성육신 사건이 되는 것은 아니다. 그러나 세례는 우리로 하여금 계약 공동체 안으로 들어가게 해주는 입문 예식(initiation)이 된다. 성령님의 권능과 인도하심 가운데서 교회는 그 일원이 된 사람들을 양육하고 훈련하게 된다.

언약에 대한 구약의 이해는 나이를 기준으로 하여 어떤 구분을 하지 않는다. 하나님의 약속은 노아의 가족들과 그 후손들에게, 그리고 아브라함과 사라와 그 후손들에게, 이집트에서 해방된 히브리 노예들과 그 후손들로부터 시작하여 모든 세대 사람들에게 주어졌다는 사실을 바탕으로 어린아이들은 모두 언약의 자리로 인도되어 나왔다. 교회의 본질에 대한 그의 이해를 분명히 제시하고 있다는 점을 중심으로 해서 살펴보면 오순절에 행한 베드로의 설교는 이러한 주제를 다루고 있는데, 그는 다음과 같이 선언한다. "이 약속은 너희와 너희 자녀와 모든 먼 데 사람, 곧 주 우리 하나님이 얼마든지 부르시는 자들에게 하신 것이라"(행 2:39). 이렇게 볼 때 교회는 오직 성인만을 위한 것이라는 주장은 아주 낯선 것임을 알 수 있다.

그러면 왜 신약성경은 유아세례나 어린이세례에 대해서 특별한 언급을 하고 있지 않는 것일까? 여기에 대한 두 가지 답변은 자주 언급되었기 때문에 여기에서 다시 언급할 필요가 없어 보인다. 단지 그것이 가지는 약점을 지적하기 위해서 간단히 다시 정리하고자 한다. 첫째,

사도행전 11장 14절, 16장 15절, 18장 8절, 고린도전서 1장 16절 등이 보여주는 것은 온 가족이 세례 받는 광경에서 대부분의 아이들이 거기에 포함되었다는 사실을 알 수 있으며, 우리는 그것을 주목할 필요가 있다. 그러나 그러한 추측은 아무리 좋게 이해하려고 해도 불완전하며, 단정하기에는 신뢰할 만한 내용이 되지 못한다. 이것은 20세기 중반 유럽의 신학자들을 중심으로 생생하게 논의가 되었지만 결론이 나지 않은 내용이었다. 칼 바르트는 신약성경이 이 부분에 대해서 침묵하고 있다는 사실 때문에 유아세례를 반대했다. 그러나 오스카 쿨만은 이러한 바르트의 해석을 반대하였으며, 요아킴 예레미아스(Joachim Jeremias)는 초기 교회가 어린아이들에게 세례를 주었다는 것을 입증할 만한 충분한 증거가 된다고 사료되는 내용을 제시하였다. 커트 앨런드(Kurt Aland)는 사실상 "위의 모든 사람들의 주장에 대해 '아니오'라고 외쳤다. 쿨만과 예레미아스의 주장에 반대하면서 그는 유아세례는 선명하게 언급되는 성경적 명령이나 믿음의 선배들에 의해서 보증이 되는 것이 아니라고 주장한다. 바르트의 입장에 대해 반대하면서 그는 유아세례는 보다 폭넓은 성경적이고 교리적 내용을 바탕으로 교회에서 실행되어야 한다고 주장한다."[11]

유아세례에 대해 신약성경이 담보해 주는 내용을 찾으려는 것은 자칫하면 소위 주석적 폭력(exegetical violence)으로 끝날 수 있다. 예를 들어, 어린아이와 같이 되어야 한다는 예수님의 말씀이나 그의 이름으로 어린아이를 용납하는 것에 대한 예수님의 말씀(막 9:33~37과 병행구)을 심도 있게 살펴보라. 이러한 말씀은 우리에게 하나님 나라에 들어갈 수 있는 사람이 어떤 사람인지에 대해 정확하게 언급해 주면서 간접적으로는 세례와 제자도에 대해 어떻게 이해해야 하는지에 대해서도 알려 준다. 그럼에도 불구하고 이러한 성경구절이 유아세례를 행해야 한다는 당위성을 설명해 주는 것은 아니라는 점이다. 마가복음 10장 13~16절과 병행구절("어린아이들이 내게 오는 것을 용납하고 금하지 말라")은 세례 예식, 찬송, 설교 등에서 자주 이것을 사용하고 있음에도 불구하고 이것을 유아세례와 관련하여 사용하는 것은 책임 있는 해석이 아니다. 고린도전서 7장 14절의 "거룩한 자녀들"이라는 표현은 분명히 성도들의 자녀가 하나님의 언약의 은혜 영역 가운데 있음을 제시하고 있다. 그러나 이것은 어린아이가 고린도에서 세례를 받았다거나 신약 시대 어디에서도 유아세례를 베풀었음을 명시하는 것이라고 할 수는 없다.

그러므로 성경을 책임있게 다루기를 원하는 사람은 신약성경이 유아세례에 대해서 침묵하고 있음에 대한 다른 설명을 제시하여야 한다. 즉, 신약성경은 유아에게 베푸는 세례에 대해 의무조항으로 제시하지 않지만 금지하지도 않고 있다. 이러한 제안은 우리가 두 가지 대조되는 원칙 중에서 하나를 선택해야 한다는 사실을 제시한다. a) 교회는 성경이 명령하지 않은 것의 실행을 금하였다. b) 교회는 성경이 금하지 않은 것을 자유롭게 실행하였다. 이러한 입장의 극단에, 그리고 둘 중에서 반드시 한 가지를 선택하도록 하는 것은 역사적으로 불행한 결과를 가져왔다. 이러한 논의의 각 주장은 이 이슈에 대해 신약성경이 우리가 원하는 것만큼 도움을 주지 않는다는 사실을 정직하게 인정할 필요가 있다. 누가 세례를 받을 수 있는 적절한 후보인지에 대한 결정은 성경의 몇 구절을 심사숙고하여 결정하거나 묵인해 온 사실에 대한 논쟁으로부터 출발하기보다는 성서신학과 역사신학의 광범위한 기초에 의존해야 한다고 이해한 커트 앨런드(Kurt Aland)의 주장은 옳다.

확실하게 우리가 말할 수 있는 것은 이것이다. 통전적으로 신약성경이 제시하는 증거와 그 이후 이어지는 시대에 교회가 실행하였던 역사적 사실을 기초로 하여 이야기한다면 어린이가 양육받을 수 있는 성인 언약 공동체에 속하기까지는 그는 세례를 받을 수 없다는 것이다. 공식적으로 그것을 표현한다면 성인세례가 표준이고 유아세례는 그로부터 파생하였다. 이것은 양적인 차원에서 말하는 것이 아니다. 유아는 많은 수의 성인들이 세례를 받을 때에만 유아세례를 받을 수 있다는 것을 의미하는 것이 아니다. 여기에서 주장하는 것은 성인세례는 모든 세례가 담고 있는 것을 가장 온전하게 전해주며, 헌신된 성도들로 구성된 생명력 있는 공동체가 존재하기 전에는 어린이들에게 세례를 줄 수 없다는 것을 의미한다. 이것은 어떤 선교지의 상황에서도 분명해지는데 신약성경 시대에도 그러했으며, 이 이슈에 대해 신약성경이 침묵하고 있는 것의 설명일 수도 있다.

헌신된 성인 신자들의 공동체가 존재한다는 것은 경험이 그것을 선명하게 해주는데, 세례를 받는 어린이들의 지위에 관한 질문이 제기될 것이다. 부모는 아이들을 단지 그 언약 공동체의 준회원 정도로 겨우 생각할 수 있다. 아이들이 특정 나이가 될 때까지는 정식 회원이 될 수 있는 기준에 못 미치는 존재로 여겨지고 은혜의 공동체 밖에 서 있어야 한다는 제안을 전적으로 거부할 것이다. 이처럼 어떤 예전적 행동(liturgical action)은 불가피하게 질문을 제기하게 된다. "하나님 앞에 우리가 어떤 존재가 되었는지와 관련하여 볼 때 우리 아이들은 어떤 존재인가?" 그러므로 헌신된 성인 공동체가 형성되고 세례가 행해질 때

거기에 아이들이 포함되었다는 것은 놀라운 일이 아니다.[12]

세례는 기독교 신앙과 공동체에 온전히 헌신된 사람들을 위해 주어진다. 이것은 교회로 하여금 그것이 존재하려고 하는 필요성에 강조점을 두는데, 훈련과 양육, 그리고 믿음 안에서 서로 격려하는 그리스도의 사람들로 이루어진 한가족이 되는 일을 지향한다. 성인이나 어린이나 온전하여 세례의 자리로 나아오는 것은 아니다. 왜냐하면 우리 모두에게 세례는 출발점이지 최종 목적지가 아니기 때문이다. 태어난 하나님의 백성은 성장하기를 기대하게 된다. 공동체의 일원들은 성장하면 할수록 신실한 순종의 삶을 더욱 깊이 살아갈 수 있도록 새로운 신자를 돕는 책임이 주어진다. 그러나 동시에 성숙한 공동체의 일원들은 새로운 신자들을 통해 자신의 영적 성장을 이루어 가려고 해야 하며 도움을 받을 수 있어야 한다. 아직 유아기적인 믿음을 가진 사람은 (연대기적으로 어린아이든, 성인이든 간에) 다른 공동체의 일원에게 그렇게 크게 공헌을 하지 못한다는 가정은 종종 세례가 가지는 관점(baptismal perspective)으로부터 벗어난 오만하면서도 적절치 못한 형태이다. 교회에 소속된 모든 사람에게 예수 그리스도께서는 성령의 권능을 통해 은사(gitts)를 허락하셨다. 이러한 은사는 다양하며 모두는 하나님의 기족으로서 살아가는 삶 가운데서 필요한 존재이며 서로 돕고 보완하는 존재로 세움 받았다.

세례를 받게 될 사람의 자격과 관련한 진술은 이상하고 불필요한 것으로 보이는 다음과 같은 조항(provision)으로 끝내고 있다. "기독교 신앙과 그들의 자녀들에게 온전히 헌신하려고 결심하고 세례를 받으려고 하는 사람은 '전에 세례 받은 적이 없는 사람'이어야 한다." 그러한 사실이 그 조항의 나머지 부분을 보증해 준다 할지라도 그 증거는 전적으로 다른 곳에 있다. 거의 모든 목회자들은 재세례에 대한 요청을 받는다. 어떤 이들은 세례와 관련하여 과거에 그들이 취하는 행동에 대해 요란하게 변호하면서 그러한 요청을 하는 사람도 있다.[13] 그러므로 우리는 왜 그러한 조항이 포함되었는지에 대해 주목해 볼 필요가 있다.

교회는 지속적으로 재세례를 실행하는 것에 대해 아주 빠르게 대처해 왔다. 성수를 두 번째 사용했던 사람들의 판단에는 첫 번째 행한 세례는 진정한 세례가 아니라고 보았기 때문에 세례를 행하는 예식이 다시 시행되기도 했다. 이와 같이 두 번째 행해진 세례를 실제로는 첫 번째 것으로 이해했다. 재세례에 대한 난제는 아주 오래되었다. 3세기에 분리주의자 노바티안(Novations) 분파에서 세례를 받은 사람이 교회로 들어오기 원하였을 때 그들을 받아들이는 문제에서 갈등이 발생하였다. 로마의 주교였던 스티븐(Stephen)은 그리스도의 은혜가 그곳에서 세례 예식을 행한 것과 상관없이 효력이 있다고 주장한다. 그러므로 죄를 뉘우치고 돌아온 분리주의자는 복종의 예식(rite of reconciliation)을 가진 후에 받아들여질 수 있다고 주장한다. 이것에 대해 카르타고의 키프리안(Cyprian of Carthage)은 분리주의자들에 의해 행해진 어떤 세례도 진정한 것으로 인정할 수 없다고 주장한다. 그들의 다양한 결론에도 불구하고 두 사람은 재세례는 불가능하다는 같은 전제로부터 시작했다. 한 사람은 전에 행해진 세례가 진정한 것이었는지를 결정한 다음에 그것에 따라 시행되어야 한다고 주장한다.

AD 314년에 아를 회의(the Synod of Arles)는 이단들에 의해서 세례를 받은 사람들의 정통성에 대해 의문을 제기했다. 보편 교회의 삼위일체 신앙을 주장하는 사람은 복종의 표지로서 단순히 손을 올려놓는 세례를 받아야 한다. 그렇지 않는 사람들은 이단으로 간주되어야 한다. 그러므로 재세례는 있을 수 없다. 도나투스와 어거스틴 간의 논쟁 역시 재세례 문제에 초점이 맞추어진다. 도나투스는 비도덕적인 사제에 의해서 행해진 진위가 의심되는 세례는 전혀 세례가 아니라고 주장한다. 아를의 입장을 받아들이면서 어거스틴은 성례는 그것을 행하는 집례자에 의존하는 것이 아니라고 주장한다.

재세례파(Anabaptists)는 다른 사람의 관점에서 보면 세례를 다시 받기 때문에 그 이름이 주어졌지만 이러한 좌파적 종교개혁자들은 다시 세례를 베푸는 것이 각 사람에게 처음으로 행하는 것이라고 주장한다. 왜냐하면 그들은 유아세례를 전혀 인정하지 않기 때문이다. 현대의 침례교도 대부분이 이와 비슷한 입장을 취한다.

이렇게 재세례에 대한 반대가 아주 강했기 때문에 조건적 세례(conditional baptism) 형태가 고안되었는데, 그 사람이 세례를 이미 받았는지에 대한 의심이 있을 때 사용하기 위해서였다. 그러한 경우 세례문에는 "당신이 이미 세례를 받은 것이 아니라면 내가 … 당신에게 세례를 주노라"라고 되어 있다.

세례는 반복할 수 없는 것이라는 점에 왜 이렇게 강조점을 두는 것일까? 이것에 대한 대답은 성례가 하나님의 행동(action)을 포함하고 있다는 확신으로부터 주어진다. 세례는 하나님의 견고하고 영원히 변함이 없는 언약의 약속이다. 이와 같이 재세례를 받는 것은 마치 다음과 같이 말하는 것과 같다. "하나님, 한때 이 사람에게 변함없으신 사랑과 창조의 능력을 주시겠다고 약속하셨습니다. 그러나 하나님께서는 아마도 그렇게 하지 않으신 것 같습니다. 그것을 다시 약속해 주십시오. 여러분은 이 사람을 전에 받은 세례를 통해 언약의 공동체 가운데 받아들이신 것 같은데 아마도 그것은 효과가 없는 것 같습니다. 그것을 다시 시행해 주십시오."

　이렇게 재세례는 하나님의 성실성(integrity)을 비난하는 것이 된다. 개략적으로 말해서 재세례는 일종의 신성모독과 같다. 혹은 세례가 하나님의 행동과 관련하여 보면 그것은 별것이 아니라고 말하는 것과 같다. 심지어 하나님께서는 행동하시기 때문에 신뢰할 수 있다거나 세례는 단지 반복할 수 있는 인간의 제스처, 즉 하나님께 요청하는 것에 불과하다고 말하는 것과 같다. 그것은 하나님께 대한 요청이며 단지 하나님으로부터의 선언은 아니라고 보는 것이다. 제정된 확증, 혹은 기도이며 우리를 위한 성례전적 선물임을 거부하는 것이다.

　더욱이 세례가 세속적인 의미로 입회 의식(initiation) 이상의 것이라고 보기도 하지만 엄밀히 말해 세례는 그 이상의 것이다. 입회 의식을 통해 회원을 영입하고 있는 조직은 이미 일원이 된 사람이 "나는 다시 한 번 더 입회 의식을 갖고 싶다"고 말한다면 당황하게 될 것이다. 그러한 요청은 그 말의 의미를 바로 이해하지 못하고 일을 잘못 수행하는 것이 될 것이다. 이미 일원이 된 사람은 한 번 이상 그 조직에 다시 가입하는 절차를 밟는 것은 불가능한 일이다. 그것은 마치 이미 태어난 사람이 어머니 뱃속으로 들어가 다시 출산 과정을 거치고 싶다는 것과 마찬가지로 불가능한 일이다.[14]

　재세례를 요청하는 사람은 물론 이러한 관점에서 보면 제대로 이해하지 못한 것이 된다. 이것은 다양한 관점에서 이해할 수 있는데, 어떤 사람은 그들이 세례를 받은 교단의 집례 방식에 문제가 있기 때문이라거나, 너무 이른 나이에 받았다거나, 혹은 세례 받을 때 물이 어떻게 사용되었느냐에 따라 거기에 다소의 결함이 있다고 생각하기도 한다. 또 어떤 사람들은 세례를 그렇게 중요한 것으로 보지 않는 관점을 갖기도 하고, 세례가 가지는 지울 수 없는 특성에 대해서 잘 알지 못해 그런 경우도 있다. 그들은 세례를 반복할 수 있는 의식 정도로 간주하는데, 그것은 어떤 종교적 경험이나 영적 진보를 가져다주는 새로운 단계로 나아가게 할 수 있는 것으로 생각한다. 이러한 경향에 대해 명확한 답변을 줄 수 있는 방식을 제시하기 위해 이러한 경향들에 대해 구분하여 살펴보고자 한다.

세례는 단지 교단의 정체성을 나타내는 표지라는 확신 때문에 가장 흔히 야기되는 혼란을 먼저 살펴보자. 어떤 사람들은 "나는 장로교인으로 세례를 받았는데 루터교 교인과 결혼하였기 때문에 루터교 교인으로 다시 세례를 받기 원합니다"라고 말하는 것을 듣게 된다. 일반적으로 이런 경우는 세례를 성례로 인식하는 교단, 예컨대 로마 가톨릭교회, 루터교, 성공회, 장로교, 감리교, 그리스도 연합교회(United Church of Christ) 등의 교단에서 물로 아버지와 아들과 성령의 이름으로 세례를 받았을 경우 상호 인정해야 한다는 것이 이러한 태도에 대해 줄 수 있는 단순한 답변이다. 이러한 원칙을 인정하지 않는 경우에는 다른 규칙을 생각해 볼 수 있다. 그렇게 세례를 다시 받게 되는 경우는 린돈 존슨 회장의 딸, 루시가 로마 가톨릭 교인인 남편과 결혼하기 위해 영세를 다시 받은 것이 그런 경우이다. 성공회 주교를 지낸 고 제임스 파이크는 가톨릭에서 이미 영세를 받았지만 다시 세례를 받음으로 그 의미에 대해 도전하였다. 로마 가톨릭교회는 그 사제가 부적절하게 행동한 것에 대해 적지 않게 당황하였다. 세례에 대해 상호인식의 원칙을 신중하지 못하게 무시한 처사에 대해서 경고를 줌으로써 그러한 열정을 지켜 나갔다.

비교적 예전적 특성이 약한 교단에서는 그 특성이 강한 교단의 세례를 인정하지 않음으로 다시 받는 것은 당연한 일로 여겨진다. 예를 들어, 성공회 교회에 등록하기를 원하는 침례교 교인은 다시 세례를 받을 필요가 없지만 역으로 침례교회 교인이 되기를 원하는 성공회 교인에게는 세례(침례)를 다시 받을 것을 요구한다. 그러나 요즘에는 상황이 바뀌고 있다. 예를 들어, 제자회 교회(The Christian Church Disciples)는 성인세례만 시행하고 있으며, 물에 완전히 잠기는 침례 방식으로 행한다. 그러나 다른 교단에서 세례를 받은 사람들이 등록하기를 원하면 그가 몇 살에 세례를 받았으며, 어떤 형식으로 받았든지 간에 받아주기로 교단의 공식 입장을 정하였다. 요즘 많은 침례교회들도 이와 같은 방식으로 바뀌고 있는 상황이다.[15]

그럼에도 불구하고 재세례에 대해 요청하는 두 번째 범주는 너무 어린 나이에 세례를 받았기 때문에 잘 알지 못하고 받은 것에 대해 불만을 가진 사람에게서 나온다. 가끔 그들은 자신은 진정으로 세례를 받은 것이 아니라고 주장하기도 한다. 또 어떤 사람들은 그렇게 말하기도 한다. "나는 십대(혹은 청년) 때 세례를 받았어요. 그러나 그때 무엇을 하고 있는지를 정확히 알지 못했어요. 이제 저는 진정으로 예수님을 나의 구주로 영접하는 경험을 가졌고, 이제야 저는 정말로 세례를 받을 준비가 되었습니다." 이런 경우에 세례를 하나님의 행동으로 보지 못하고 있음을 알 수 있다. 세례 후의 영적 진보와 경험은 바로 그것을 인식함으로부터 진행된다. 미래로 나아가게 하는 약속으로서의 세례의 개념은 여기에서 실종되고 우리가 마음만 먹으면 새롭게 다시 시작할 수 있다는 이해가 자명하게 나타난다. 이러한 입장에 서 있는 사람들 가운데에는 다른 다양한 내용도 있는데 의미론적 혼동에서 야기되는 경우도 있다. 어떤 사람이 그렇게 말한다. "나는 갓난아이 때부터 교회를 다니면서 그리스도인이 되었어요. 이제는 세례를 받을 수 있을 만큼 성장했어요." 여기에서 우리는 기독교화하는 것(christening)과 세례가 별개의 예식인데, 그것을 받는 사람의 나이에 의해서 달라지는 것이며, 세례식에서 물을 어떻게 사용하는가의 방식에 의해서 달라진다고 추정하고 있음을 알 수 있다. 그러나 그러한 차이는 실제로는 역사적, 신학적 관점에서 존재하지 않는다.

그러나 어떤 지역에서는 특별히 '기독교화하는 것'과 '세례' 사이의 널리 알려진 구분이 있기 때문에 교회가 그 용어에서 '기독교화하는 것'이라는 단어를 아예 철폐하는 것이 최선이라고 생각하기도 한다. 그 용어의 불확실한 어원은 아마도 혼란을 야기하는 데 일조를 해왔는지도 모른다. 영어의 이 단어는 헬라어 표현에서 유래한 것으로, '기름을 붓다'라는 의미인 'chrism'이나 어떤 의식에서 사용되는 새로운 옷의 의미를 가진 'crisome'에서 유래한 것으로 본다. 혹은 'christen'이라는 단어는 영어 단어의 '기독교화하다'(Christianize)의 변종으로 이해하기도 한다. 그래서 이러한 혼동은 기독교화하기 위해 타고 간 배나 물건들을 언급할 때와 같은 의미로 혼합하여 사용한 데서 야기된다. 아마도 기독교화하는 것은 세례와 동일한 것으로 사람을 확신시키는 것보다는 문제를 야기하는 용어를 폐지하는 것이 더 쉬울지도 모른다.

자신의 세례가 그 효과를 논하기에 너무 빠른 나이에 주어졌기 때문에 문제가 되고 있다고 생각하는 사람들은 하나님의 약속과 세례를 통해서 들어가게 되는 계속적인 언약의 신실함과 그 중요성을 이해할 수 있도록 도움이 필요하다. 많은 경우에 나이 때문에 다시 세례를 받고자 하는 요구는 세례의 언약에 대한 갱신과 재확신의 예식을 통하여 충족될 수 있다. 이것에 대해서는 다음 장에서 좀 더 논의를 하게 될 것이다.

재세례를 요구하는 세 번째 그룹은 세례식에서 물이 어떻게 사용되어야 하며 그것만이 성경적인 방식이라고 주장하는 사람들로부터 제기된다. 어떤 사람은 그렇게 말한다. "나는 머리에 물이 조금 뿌려지는 약식으로 세례를 받았습니다. 이제 예수님께서 행하신 방법대로 진정한 세례(침례)를 받기를 원합니다." 그들이 요청하는 세례 방식은 물에 완전히 잠기는 소위 침례 방식이다. 그러나 신약성경에 예수님이나 당시의 사람들이 어떤 방식으로 세례를 받았는지에 대한 명확한 기록이 없음에도 불구하고 이렇게 재세례를 주장하는 근거로 사용하는 것은 믿기 어렵다. 더군다나 물에 완전히 잠기는 방식이 신약성경의 유일한 방식이었다고 추정하는 것은 신약성경에는 단 하나의 방식밖에는 없었다고 추정하는 것보다 더 의문을 갖게 하는 주장이다.

신약성경의 어떤 구절은 물로 가서 세례를 받은 사람들이 거기에서부터 올라왔다라고 적절하게 설명하고 있는 것도 사실이다. 그렇다고 그들이 허리에 차는 물에 단지 서 있었다는 가능성을 배제하지도 않는다. 기독교 이전 유대교의 정결 예식의 일반적인 방법에 대해 고대 그리스도인의 연구에 나타나고 있다. 교회가 정해진 건물을 갖게 되면서 흐르는 물 대신에 세례정(baptismal pool) 곁에 모였을 때 이러한 세례당(baptistry)은 반듯이 누운 위치보다는 세워져 있도록 디자인이 되었으며, 어떤 것은 물이 연못으로 떨어지는 것처럼 물 꼭지의 형태를 가진 것도 있었다. 그래서 초기 예전에서는 세례자가 물에 서서 그 머리를 잠기게 하는 형태보다는 세례자가 자신의 머리를 물이 흘러내리는 꼭지에 갖다 대는 의식의 형태도 나오는데, 이것은 마치 샤워하는 것과 같은 형식으로 행해진 모습을 전하고 있다.[16]

신약성경이 세례의 이미지로 보여주는 그리스도와 함께 무덤에 묻히는 것은 신약성경의 실행에 있어서 물에 잠기는 행위의 증거로 종종 제시된다. 그러나 이것 역시 그렇게 명백하지는 않다. 첫째, 달걀이 먼저인지, 닭이 먼저인지의 문제가 있다. 이러한 구절이 특별한 세례 형식을 전제하는 것인지, 혹은 합법적으로 세례의 형식에 대한 것을 주는 세례의 의미 – 옛 삶으로부터의 죽음, 새로운 삶으로의 부활 – 와 관련된 내용이 아닌가? 둘째, 로마서나 골로새서에 나오는 구절을 문자적으로 받아들인다면 그 구절들이 고린도에서는 문자적으로 세례는 수세자가 물 한 컵을 마시는 형식으로 집례되었다는 사실을 의미한다는 것을 왜 알지 못하는가? "우리가 유대인이나 헬라인이나 종이나 자유인이나 다 한 성령으로 세례를 받아 한 몸이 되었고 또 다 한 성령을 마시게 하셨느니라"(고전 12:13). 마지막으로 5장에서 좀 더 상세하게 살펴볼 것이지만 초창기(아마도 신약성경 시대)에 세례는 주로 부활절에 행해졌다. 그러므로 로마서와 골로새서의 구절이 그리스도와 장사되었다가 부활한 것으로 설명한 것은 세례의 방식보다는 세례 받는 시간을 견주어 말한 것이다.

분명하면서 다소 당황하게 만드는 사실은 신약성경은 당시 세례가 집례되었던 방식에 대해서 어떤 것도 명확히 말해 주지 않는다는 사실이다. 주후 100년경의 문서인『디다케』는 수세자들에게 물을 붓도록 하는 규정이 언급되고 있으며, 250년경의 문서에서 키프리안(Cyprian)은 수세자가 몸이 많이 아프거나 침대에 누워 있는 사람일 경우 물을 머리에 끼얹는(sprinkling) 방식을 사용할 것을 언급하고 있다. 오늘날에 일반적으로 사용되고 있는 이러한 세례 방식이 최근에 들어와 바뀐 것이 아니라는 점을 이러한 주장들은 강조해 준다.

세례에는 세 가지 형식이 교회에서 널리 사용되고 있다. 이 모든 방식들은 하나님의 약속과 은혜가 물이 많이 사용되고 적게 되는 것에 달려 있지 않고, 그것이 또 어떻게 사용되느냐에 달려 있지 않으며, 물이라는 매개를 통해 나타내시는 약속의 신실하심에 달려 있다는 점을 받아들일 수 있다. 이러한 방식으로 세례를 받은 어느 누구도 그런 것으로 문제를 삼을 필요가 없다. 이 책의 마지막 장에서 어떤 방식은 다른 것보다 성례전을 통해 선포되는 심판과 은혜를 더 잘 드러내고 있다는 점을 살펴보게 될 것이다. 그렇다고 세례식에서 하나님의 행동이 물을 어떻게 사용하는지의 방식에 따라 달라진다는 점을 의미하지는 않는다.

네 번째 그룹은 세례가 본질적으로 반복될 수 있다는 가정에서 재세례를 단순히 주장하는 사람들이다. 어떤 사람에게는 두 번째로 받는 세례(혹은 세 번째, 네 번째로 받는 세례)가 보다 새로운 영적 진보의 단계를 드러내는 것으로 생각한다. 어떤 사람은 조금은 자랑스럽게 자신이 성인이 되어서 세례를 세 번이나 받았는데, 두 번은 등 떠밀려서 받았기 때문에 이제는 진짜로 받은 셈이라고 말했다. 그러한 관점에서 보면 세례는 우리의 불의함에도 불구하고 신실하신 하나님의 약속의 표징이 아니라 인간의 믿음의 고백에 지나지 않는다. 세례를 반복할 수 있는 것으로 간주하는 사람들은 세례가 기쁨을 가져다주며 그것이 집례될 때 해방감을 맛보게 해주는 특별한 종교적 경험 정도로 간주하는 것이다. 사실 이러한 입장을 견지하는 사람들은 세례가 단지 원하는 효과를 가져다주는 것으로 생각한다. 왜냐하면 그것은 쉽게 모든 마음의 상태에서 일어날 수 있게 만들어 주는 효과가 있기 때문이다. 그러나 우리는 여기에서 이런 효과를 가져오는 것과 성령님의 능력을 동일하게 여기는 잘못을 범하고 있다.

재세례를 요청하는 모든 이들이 마지막에 언급하는 것은 성직자들이 가장 쉽게 응하는 내용인데, 특히 개신교의 보다 복음주의적 진영의 목회자들에게서 쉽게 찾아볼 수 있다. 복음주의적 관점에서 나온 것임에도 불구하고 여기에는 여러 문제점들이 내재해 있다. 사려 깊은 복음주의자들은 기독교의 헌신과 관련하여 좋은 감정(feeling)의 가치를 잘 알고 있다. 그러나 그들은 그러한 생생한 감정이 어떤 신앙 형식(formula)에 의해서 생성되지 않고 있다는 것을 알고 있다. 그러한 신앙 형식에는 세례나, 혹은 다른 분명히 확실한 기교를 포함하든지 간에 그렇다. 감정은 신적인 지식과 사랑을 가늠하기에는 신뢰하기 어려운 것으로 정평이 나 있다. 좋은 감정은 하나님의 공의와 자비 가운데서 우리의 믿음을 확증해 줄 때 모든 것은 건강하다. 그러나 그러한 감정이 느껴지지 않게 되면 우리는 하나님이 갑자기 역사하지 않으신다거나 신뢰하기 어렵게 되었다고 가정할 수 있을 것인가?

아주 깊은 믿음의 체험을 가지고 있는 사람들조차도 하나님의 신실하심보다는 자신의 감정에 더 의존하는 경향이 있다. 존 웨슬리는 올더스게이트에서 체험을 가진 후 그렇게 전하고 있다. "그것은 우리를 공격하는 대적 앞에서 그렇게 오래 가지 않았다. '이것을 믿음이라고 할 수 없지 않는가? 도대체 우리의 기쁨은 어디에 있는 것인가?' 평화와 죄에 대한 승리는 우리 구원의 주가 되시는 주님에 대한 믿음에 필수적이며, 또한 기쁨을 전달하는 데에도 필수적이라는 사실을 배우게 되었다. 특히 깊은 슬픔 가운데 있는 사람들에게 기쁨은 믿음을 가질 수 있도록 만들어 준다. 하나님께서는 당신의 뜻을 따라 종종 그것을 주시기도 하고 거두어 가시기도 한다."[17]

주관적인 표지가 우리들에게 주어지지 않는 시간에도 하나님의 사랑에 대한 객관적 확신을 제시하고 있다는 것은 성례전이 주는 유익의 하나이다. 성례전을 주관적 경험을 위한 일(occasion)로 축소시키는 것은 우리가 영적으로 어둡고 어려우며 의심이 들 때 가질 수 있는 가장 가치 있는 자산의 하나를 내던져 버리는 것과 같다. 우리는 마틴 루터의 습관에서 많은 것을 배우게 되는데, 그는 깊은 실망감이 밀려올 때마다 "나는 세례를 받은 사람이다"라는 말을 자신에게 던지면서 새 힘을 얻고는 했다. 영적 진보를 위해 세례를 받고 싶어 하는 사람에게 재세례를 베푸는 것을 당연하게 생각하는 것은 근시안적 생각에서 나온 것이다. 깊게 오래 남아 있는 확신은 불확실하고 찰나적인 경험에 의해서 바뀔 수 있다. 이러한 사실은 재세례를 받으려고 하는 사람에게 강조되어야 한다. 왜냐하면 그들은 그렇게 세례가 다시 집례되는 순간 행복한 효과를 가져올 수 있을 것이라고 믿고 있기 때문이다.

재세례에 대한 요청이 왜 주어지는가와 상관없이 그것들에 대한 어쩔 수 없는 묵낙(默諾)은 하나님의 선물로서의 성례전이 가지는 독특한 중요성과 신뢰성을 점점 약화시키며, 우리의 규칙과 일시적인 생각에 달려 있는 단순한 인간적 고안(human invention) 정도로 생각하게 만든다. 교회는 오랜 기간의 고통스러운 경험을 통해 이러한 이해에 이르게 되었다. 그러나 그것은 우리가 위험 가운데 서 있으면서도 그것을 무시하고 있는 교훈이다. 물론 이것에 대한 방지책은 시도하고 있는 어떤 구제책보다 효과적이 될 수 있다. 한때 사람들은 그들이 재세례를 받아야 할 필요가 있다고 확신하면서 만약 그것이 불가능하지 않다면 단념시키는 것이 훨씬 더 어렵게 느껴졌다. 그러나 그들이 성례전의 깊은 의미에 대해 교육을 받지 않았기 때문에 그러한 난국에 처하게 된 것이다. 종종 그들은 그들이 전해 받은 피상적인 이해를 반복하고 있다. 장기간의 과정으로 성례전에 대한 교육을 실시하는 것은 아주 오래된 현안이며, 오직 그러한 진지한 노력을 통해 주어지는 결과가 오늘날 교회를 특성화지은 재세례에 대한 잦은 요청을 경감시킬 수 있을 것이다.

특별한 경우는 누구에게 해당되는가?

모든 목회자들이 잘 알고 있는 것처럼 세례는 믿음으로 살기로 작정한 사람들과 아직 세례를 받지 않은 그들의 자녀들에게 베풀 수 있다는 주장만으로 모든 사례를 다 해결할 수는 없다. 일반적이지 않고 어려운 사례를 포함하여 세례를 받을 수 있는 가능성을 확대하는 것은 지혜롭지 못하다. 우리는 여전히 목회적 관점에서 그러한 상황에 대해 주시할 필요가 있는데, 어떻게 그러한 사례들을 가장 잘 다룰 수 있을 것인지를 이해하려는 노력이 필요하다.

목회 현장에서 가장 일반적으로 주어지는 특별한 경우는 세례가 긴급하게 필요한 상황이다. 병원에서 괴로움 가운데 있는 한 남자가 목회자에게 전화를 걸어왔다. "제 아내가 바로 전 출산을 했어요. 그런데 의사는 그 아이가 몇 시간을 넘기지 못할 것 같다고 하네요. 오셔서 우리 아이에게 세례를 줄 수 있나요?" 신학적인 문제에 대해 예민한 목회자는 그러한 요청에 대해 거절할 여러 이유를 생각할 수 있다. 세례는 죽어가는 아이를 살리는 마술적인 행동도 아니고, 죽음을 맞은 유아들의 영원한 형벌을 막기 위해 집행되어야 할 그런 것이 아니라고 설득해야겠다는 마음을 가질 수도 있다. 또한 세례 의식은 예배 상황 가운데서 집행되어야 하며, 교회를 대표하는 사람 두서너 명이 겨우 참석할 수 있는 병원의 중환자실 같은 데서 행하는 것이 아니라는 이유도 생각해 낼 수 있다. 그리고 그런 요청을 한 부모는 신앙생활을 충실히 하지도 않았고 헌신된 그리스도인이 아니기 때문에 세례를 줄 수 없다는 이유를 찾을 수도 있을 것이다.

혹은 인생 여정에서 주어지는 다른 요청을 받을 수도 있을 것이다. 전화를 걸어온 사람은 그렇게 말했다. "남편이 사고로 아주 심각한 중상을 입었어요. 아무래도 소생하기 어려울 것 같은데 세상을 떠나기 전에 세례를 받게 할 수 없을까요? 목사님께서 병원에 와 주실 수 있겠어요?" 그 목회자의 마음속에도 앞서 죽어가는 유아의 경우처럼 유사한 답변을 생각할 수 있다.

이 두 사례에서 보듯이 목회자는 그런 경우에 일반적으로는 요청을 거절하기가 어렵다. 우리가 논의하려고 하는 세례의 의미라는 관점에서 보면 이러한 행동은 정당한 것인가? 목회적으로 기본 원칙도 없이, 혹은 바른 신학적 원칙보다는 감정에 사로잡혀 어쩔 수 없이 승낙을 하거나 교인이 요청하는 대로 성례를 집행하기로 했다면 그것은 정당한 것인가? 그것에 대한 대답은 조직신학적 관점과 함께 목회신학적 관점에서 답이 주어져야 할 것이다. 신학 교리 교과서에는 목회 현장에서 만나게 되는 모든 사례들을 다 열거할 수 없고, 복음은 깊은 필요 가운데 있는 사람들에게 주어졌다는 사실을 알아야 한다. 예수님께서는 안식일에 병자를 고치셨으며, 그의 굶주린 제자들이 안식일에 이삭을 꺾어 먹은 사건과 관련하여 그러한 일을 안식일에 행하는 것이 분명하게 금지되어 있었음에도 불구하고 주님은 용인하셨던 것을 인식할 필요가 있다. 그러한 치유 행위나 추수 행위가 왜 부적절한 일인지에 대해 확실한 논쟁에 집중할 수도 있었을 것이다.

　목회적 현실은 부모와 죽어가는 남자가 하나님의 은혜로우심에 대한 가시적인 확신과 자신을 지지해 주는 공동체가 자신의 아픔에 대해 무관심하지 않다는 확신을 갖게 하는 것이 필요하다는 사실이다. 지금 그렇게 요청한 사람은 세례를 받지 않으면 자동적으로 저주를 받게 될 것이라는 잘못된 생각에 사로잡혀 있거나, 혹은 성례를 받게 되면 아픈 사람이 혹시 회복될 수 있을지도 모른다는 희망을 내면 가운데 간직하고 있을지도 모른다. 부분적으로 그렇게 세례 의식을 요청한 이유에는 분명 비이성적인 내용이 담겨 있을 수도 있다. 그 부모나 사고로 죽음을 맞게 된 그 사람이 그런 저주는 그들에게 일어나지 않을 것이라고 단정하는 것에 어떻게 반응할 것인지는 분명치 않다. 그러나 현재 상황에서는 교리신학의 합리적 시스템이나 하나님의 언약에 대해 내가 신뢰해야 한다는 권면이 그들에게 별로 도움이 되지 않는다는 사실이다. 목회적인 직관은 우리에게 그렇게 알려 준다. "필요하다면 가서 세례를 주어라. 그리고 교리적인 설명이나 권고는 나중에 하라."

이 마지막 진술은 중요하다. 교인들의 요청에 주의를 기울이지 않는다면 불필요하게 보다 많은 오해와 요구가 생길 수도 있고, 우리가 논의하는 이런 교리적인 문제에 대해서는 더 큰 오해만 불러올 수도 있다. 만약 그렇게 해서 세례를 받은 사람이 세상을 떠난다면 적절한 시점에서 목회자는 슬픔 가운데 있는 가족들을 도운 것이 된다. 장례식을 진행하면서 가족들은 세상을 떠난 가족이 세례를 받았어도 그것이 죽음을 막아 주지 못했다는 사실을 깨닫게 될 것이다. 또한 세상을 떠난 사람이나 가족들에게는 세례를 통하여 하나님의 사랑과 교회의 돌봄이 전해졌을 것이다. 성례전은 죽어가고 있는 사람뿐만 아니라 남아 있는 사람들에게 무엇인가를 말한다. 또한 성례전은 고인이 하나님의 자비와 돌보심 가운데 있다는 사실을 믿는 사람들은 지금 믿음의 공동체 안에서 감사로 헌신하며 기쁨으로 응답하는 삶을 살아야 한다는 점을 강조한다. 세례를 받고서 세상을 떠난 고인의 가족들에게 이러한 사실이 온전히 전달되지 않는다면 죽어가는 사람에게 세례를 집례하는 것은 오직 잘못된 생각을 넣어주는 것이 될 것이며, 앞으로도 그런 종류의 요청을 계속해서 받아야 할 것이다.

그러나 세례를 받고서 놀랍게 건강이 회복된 사람이 있다고 가정해 보자. 그렇게 회복된 이후에 세례의 언약이 함축하는 바를 다시 확인할 필요가 있다. 그러므로 주일 공동 예배 가운데 세례를 받은 사람을 회중에게 소개하면서 적절한 환영과 공동의 헌신을 다짐하는 시간이 마련되어야 한다. 가능한 여러 사례가 있겠지만 공적인 세례 언약의 재확인은 새롭게 세례를 받은 사람이 교구에서 신앙생활을 잘 이어갈 수 있도록 인도해야 한다.

지적장애인이나 노쇠한(치매) 성도들의 경우에는 세례 후보자 교육이나 준비 과정에서 특별한 경우로 다뤄지는 것이 좋다. 정신적으로 온전한 능력을 갖추지 못한 사람이라고 교회가 세례에서 외면한다면 그것은 아주 부끄러운 일이다. 유아세례를 시행하는 교파의 교회는 지적장애를 가지고 있는 것이 아직 확실하게 드러나지 않은 아이들에게도 유아세례가 집례되어야 한다. 지적장애로 판명되어 계속적인 돌봄이 필요한 경우에도 그들에 대한 영적 지도의 책임을 회피해서는 안 된다. 성인이 되어서 세례를 베푸는 것만 인정하는 교파의 교회에서도 같은 또래의 아이들이 세례를 받기 시작할 때도 지적장애아에 대해서는 세례 주는 것을 계속 연기하는 경우가 있다. 세례 받기를 계속해서 요청하면서도 "그 의미를 정확히 알지 못해서 혼동 가운데 있으면서" 단지 믿음에 대해서 설명해 달라고만 하면서 날마다 그런 주장만 반복하며 살아가고 있는 노쇠한 성도들의 경우에는 어떻게 해야 할까? 지적장애인이나 노쇠한 분들을 "하찮은 교인"(sub-Christian)으로 여기는 한, 회중 가운데서 늘 주변인으로 취급되는 그들의 지위는 달라지지 않게 된다. 종종 그러한 사람은 믿음의 일반적인 요구에서 예외로 취급되어야 한다거나 다른 사람들과는 특별한 부류의 믿음을 가진 것으로 여겨야 하며, 그런 점에서 세례는 그 경우에 도움이 별로 되지 않는 것으로 취급되어야 한다고 생색을 내듯이 말하는 경우도 있다.

여기에 두 가지 사실이 고려될 필요가 있다. 첫째, 지적장애인이나 노쇠한 사람의 세례는 필요할 뿐만 아니라 실제로는 전체 공동체로서 회중을 위하여 필요하다. 그러한 세례의 집례는 '정상적'인 사람으로 하여금 하나님의 사랑은 온전한 지적 능력을 가진 사람들에게만 향하는 것이 아니며 모두에게 향하고 있다는 사실을 대면하도록 만든다. 더욱이 교회의 회중 가운데 지적인 능력이 떨어지는 온전치 못한 사람들의 존재는 교구의 다른 회중에게는 은혜가 될 수 있기도 하고 심판의 내용이 될 수도 있다는 점을 유념해야 한다. 지적 능력이 떨어져 기독교 교리가 가지는 의미에 대해 깊이 이해하지 못하는 사람도 정기적으로 예배에 참석할 수도 있고, 온전한 사람들이 골프를 치려고 달려가거나 함께 모여 잡담을 하고 있을 때 예배 후에 여기저기에 놓여 있는 찬송가를 다시 제자리에 꽂아놓기도 하고, 회의가 끝난 후 흩어져 있는 의자를 정리하기도 한다. 온전한 사람들은 예배 중에 잡념에 사로잡혀 마음은 딴 곳에서 헤매기도 하고 이것저것을 만지작거리기도 하지만 뇌를 다쳐서 온전치 못한 사람도 기도할 때 고개를 숙이고 두 손을 모으기도 한다. 현장 목회자들로부터 우리는 지적장애인이나 노쇠한 분들 가운데 우리의 예상을 뛰어넘을 정도로 영적 인식의 수준을 갖추고 있음을 알리는 보고를 종종 듣게 된다. 우리 가운데 그들의 존재는 진정한 교훈을 주는 유익한 존재들이다.

그러나 여기에는 보다 중요한 또 다른 고려사항이 있다. 성례전과 관련하여 온전한 지적 능력을 가지고 있지 않는 사람들에 대한 무관심은 한 가지 사실을 바로 이해하지 못한 데서 기인한다. 그것은 성례전을 복음의 표현함에 있어서 보다 배타적으로 언어적 차원과 이성적 차원으로 국한하는 데서 비롯된다. 성례전이 오직 언어적인 차원에서 행해지지만 그것은 가시적이고 운동감각적(kinesthetically)으로 인식될 수 있는 행동의 차원에서 주로 행해진다. 만지고 언어 외적인 소리(세례반에 물이 부어지는 소리나 포도주를 잔에 따르는 소리, 그리고 음악과 같이), 맛보고 냄새를 맡는 경험(이런 것들은 주로 세례식이나 성찬식에서 경험될 수 있다)을 통하여 인식될 수 있는 차원을 포함하기도 한다. 설교를 이해할 수 없고 성경공부반에서 어떤 내용이 이야기되고 있는지를 이해할 수 없는 사람들과 함께 이런 특별한 방식으로 의사소통이 이뤄질 수 있도록 하기 위해 하나님께서 이런 수단을 선택하셨다고 생각하는 것은 지나친 것일까?

예를 들어, 지적장애인들이 종종 우리 가운데 있는 많은 사람들보다도 가시적으로 훨씬 인정이 많다는 것은 잘 알려진 사실이다. 세례식 가운데 손을 얹을 때, 그리고 함께 평화의 인사를 나눌 때 하나님께서는 그들에게 복음의 특별한 소통 능력을 주시지 않았겠는가? "그것이 무엇을 의미하는지를 이해하지 못한다"는 사실 때문에 우리가 그들에 대한 성례전을 행하지 않고 배제시킨다면 하나님께서 그들의 특별한 필요에 적합하게 주신 은혜의 수단인 성례전을 강탈해 버리는 것이 될 것이다. 우리는 그 과정에서 실제로 성례전이 무엇에 관한 것인지를 정작 제대로 이해하지 못한 것은 그들이 아니라 우리라는 사실을 발견하게 될 것이다. 지적장애인이나 노쇠한 사람들에 대한 세례를 다시 고려해야 하는 것은 당위적인 일이다. 이러한 전제에 대한 솔직한 평가는 과거의 정책과 실행에 대해 다시 생각하게 만드는 결과를 가져왔다.

세례와 관련하여 세 번째 특별한 사항은 세례는 "오직 예수 그리스도의 이름으로만" 집례되어야 한다고 주장하는 사람들의 확신에서부터 나온다. 이러한 주장은 세례와 관련한 기록을 제시해 주는 사도행전에서 삼위 하나님의 이름으로 세례를 주거나 거기에 대한 암시가 전혀 없다는 사실에 주로 기초를 두고 있다. 이러한 확신에는 두 가지 난해한 상황이 대두된다. 먼저, 우리는 오직 예수님의 이름으로만 세례가 주어져야 한다고 요청하는 사람들의 주장을 존중할 수 있는가? 둘째, 전에 오직 예수님의 이름으로만 세례를 받은 사람들을 우리의 회중 가운데 받아들일 수 있는가? 혹은 그렇게 행해진 이전의 세례는 합당한 것이 아니라고 여겨야 하는가? 이 두 경우는 다르게 취급되어야 할 것이다.

오직 예수님의 이름만으로 드려지는 세례를 행해야 한다는 주장은 분명 진지한 것이지만 또한 그것은 아주 단순하고 편협한 주장에서 나왔다. 신약성경 안에서도 세례에 대한 이해는 계속해서 발전되어 온 것이라는 이해가 부족한 데서 온 것이다. 그것은 마치 기독론이 신약성경 안에서 여러 해를 통해 발전되어 왔으며, 그 발전의 다양한 단계들이 그 안에서 여러 방면에서 발견된다는 사실을 알아야 한다. 그리스도론이 이렇게 발전된 것처럼 예수님의 세례와 우리가 받은 세례에 대한 교회의 이해도 필연적으로 발전되었다. 서서히 발전되어 간 기독론과 관련하여 세례에 대한 이해 역시 역사적 발전에 관하여 여기에서는 간략하게 살펴보게 될 것이다. 그러한 과정을 일반적으로 살펴보려는 시도는 "오직 예수님의 이름만으로" 세례를 주어야 한다는 주장에 있어서 무엇이 문제인지를 살펴보기 위해서 필요한 작업이다.

바울 서신과 바울이 특별히 초기 자료를 사용한 부분을 보면 예수님의 메시아직은 그의 죽으심과 부활에 집중되어 있었다(특히 빌립보서 2장 5~11절을 참고하라. 바울은 9절에서 그것을 빌려오지만 그것을 수정해서 전달하고 있음을 알 수 있다. 로마서 1장 4절에서는 원래적인 바울의 진술보다는 로마교회에 잘 알려진 형식을 따라 언급하고 있음을 알 수 있다). 분명 바울이 세례 요한을 통해 받으신 예수님의 세례에 대해서 알고 있었을 텐데도 그는 거기에 대해서 아무런 암시를 하지 않는다. 그러나 강한 어조로 우리의 세례를 예수님과 연결시키고 있으며, 특히 예수님의 죽으심과 부활, 즉 그의 메시아직에 초점을 맞추어 제시한다(롬 6:3~11 참고).

후기의 기록인 마가는 예수님의 세례를 전해주는데, 그것을 예수님이 하나님의 사랑스러운 아들이었음을 선언하는 순간으로 삼고 있다. 바울에게서와 마찬가지로 마가에게 있어서 메시아직의 본질은 고난, 죽음, 부활이었다. 요단강에서의 세례는 십자가에서의 세례의 기대(anticipation)였으며, 우리의 세례는 고난 받는 종의 직분의 수행을 시작하는 순간으로 이해한다(막 10:35~45).

보다 후기의 기록인 마태복음에서 메시아직은 예수님의 세례 사건을 통해서 공적으로 선언된다(마가복음에서 하늘에서 들려온 음성은 예수님에게만 들려온 것처럼 기록되어 있지만 마태복음에서는 그곳에 있는 무리들에게 들려진 것으로 보인다). 그럼에도 불구하고 예수님의 본성은 마태에 따르면 예수님께서 잉태되고 출생하시던 순간부터 그의 인성이 선택되었다는 사실을 통해 드러난다. 그리고 마태복음의 끝부분에서는 부활하시고 승천하시는 주님께서 모든 교회들에게 그의 주 되심을 온 세상에 선포하라는 명령을 주신다. 이와 같이 마태에게 있어서 계시는 널리 알려진 요점이었다. 처음에 몇 사람에게 알려진 후 30년 동안 감추어진 것이 이제 요단강에서 널리 선포된다. 비록 그 사람들이 여전히 유대인 가운데서 선택된 몇 사람뿐이었지만 그들에게 전해진 이것은 수난, 죽음, 부활 사건 후에 이 진리를 온 땅에 널리 선포할 것을 명령하신다. 이와 같이 예수님의 제자들은 고난 받는 종 이상이었다. 그들은 온 피조물 위에 종말론적 통치를 시작하신 부활하신 주님을 온 세상에 증거하는 선교적 사자(使者, missionary emissaries)들이었다.

보다 후기 문서인 요한복음에서 성육신하신 로고스는 창조 사역 가운데 이미 참여하신 분이었음이 묘사된다. 요한복음의 기독론은 초기의 복음서에서 제시된 것보다 우주적인 특성을 가지고 있는데, 그것은 주님의 세례와 우리를 위한 적용에 대한 요한의 묘사에도 동일하게 나타난다. 요단강에서 세례를 받으신 분은 하나님의 어린양이셨다(요 1:29). 그분의 생명책은 세상의 기초로 존재한다(계 13:8). 그분의 죽으심은 단순한 재난이 아니었고, 일시적으로 주어진 것도 아니었다(마가복음과 마태복음에는 그렇게 묘사되어 있다). 그것은 하나님의 승리였으며 영원한 구원 계획의 성취였다. 그리스도께서는 그의 모든 것을 전적으로 다스리고 계셨으며(요 10:17~18), 십자가에서 그분이 마지막 하신 말씀은 그런 의미를 담고 있다. "내가 계획했던 구원의 모든 역사를 다 이루었다. 이제 오랫동안 추구해 왔던 목표는 이루어졌다." 이 승리는 성례전적으로 중재되었으며 마치 성찬과 세례에서 암시하는 것처럼 그 피와 물은 그의 못 박히신 상처에서부터 흘러나오는 것이다. 이와 같이 세례는 이 땅의 교회 안에서만 행해지는 것일 뿐만 아니라 영원한 구원의 역사 가운데서 행해진다. 세례 받은 사람은 부활하신 주님의 영속적인 구원의 행동 가운데서 성령으로 말미암아 위로부터 난 자들이다(요 3:5~8). 그 주님은 제자들에게 성령을 부어 주심으로 교회를 세우신 분이다(요 20:22).

이렇게 세례에 대한 이해가 오랜 시간에 걸쳐 계속적으로 발전해 왔다는 것과 신약성경에 이러한 분명한 흔적을 남기고 있다는 사실은 분명하다. 오늘날 어떤 그리스도인들에게는 이러한 발전이 아주 위협적으로 느껴지고 있다는 사실이 안타까운 일이다. 점진적으로 진보해 가는 신학(evolving theology)은 초기의 이해와 부조화를 이루거나 그것을 거부하는 것이 아니라는 사실을 함축한다. 오히려 이러한 새로운 통찰은 앞선 이해를 세우고 보완해 준다. 그러한 발전의 끝자락에 서 있는 우리는 그러한 것들로부터 더 많은 지혜를 얻게 된다. 그러므로 "오직 예수 이름으로만" 세례를 받아야 한다고 주장하는 것과 같이 어떤 초기의 상태에 고정되어 있기를 주장하는 것은 비극적인 일이다. 사도행전을 기록하면서 누가는 후대를 위하여 고정된 세례 형식을 진술한 것이 아니었다. 오히려 우리가 추정하는 대로 초창기 교회에서 실행하였던 방식을 전달하면서 연대기적으로, 상대적으로 당시의 내용에 충실하려고 했다. 교회가 신약성경 시대의 완성된 기독론이나 후대에 칼케돈 종교회의나 니케아 종교회의에서 제시된 기독론을 버리지 않았던 것은 세례에 대한 신약성경의 완전히 완성된 이해를 포기하지 않은 것과 같다. 그리스도인으로서 우리는 역사적 발전을 신중히 생각할 필요가 있고 그것의 유익에 대해 깊이 생각할 수 있어야 한다. 왜냐하면 하나님은 역사의 하나님이시기 때문이다. "오직 예수님의 이름만으로" 세례를 받아야 한다는 주장은 적절하게 이해하지 못한 데서 기인한다.

오직 예수님의 이름으로 행해지는 세례에 대한 요청은 아주 편협하며 파괴적이다. 그것은 특별한 입장을 주장하는 몇 사람의 선호도 때문에 교회가 연합해야 한다는 에큐메니칼 실재(ecumenical reality)를 외면한다. 여러 세기 동안 삼위 하나님의 이름으로 베푼 세례 형식에 대해 온 교회가 일치하고 있다는 사실에 대해 중요성을 부여하지 않는다. 세례는 우리가 우주적인 교회 가운데로 연합하는 것이기 때문에 그러한 공통의 형식(common formula)을 벗어나려는 것은 자가당착에 빠지는 것과 같다. 그러한 주장을 펼치는 것은 단지 특정 교단이나 종파 안으로 들어가는 세례를 받았다고 단정하는 것과 같다.

이러한 이유 때문에 세례는 오직 예수님의 이름으로 행해져야 한다는 주장은 그 사람이 어떤 경건한 사람이라 하더라도 인정받기 어려운 주장이다. 세례가 무엇인지 보다 온전한 이해를 갖도록 하기 위해서 그러한 사람과 대화를 하고 깨우치는 일을 수행하기 위해서는 목회적 관심과 인내가 필요하다.

약간 다르기도 하지만 관련된 상황을 생각해 보자. 누군가가 목회자에게 와서 이렇게 말을 했다고 해보자. "저는 몇 년 전에 오직 예수님의 이름으로만 행해지는 세례를 받았습니다. 이제 그러한 견해가 아주 단편적이라는 사실을 깨닫게 되었습니다. 그래서 삼위 하나님의 이름으로 세례를 베푸는 교단의 교회 교인이 되고 싶은데 삼위 하나님의 이름으로 베푸는 세례를 다시 받아야 할까요?" 앞에서 언급한 내용을 바탕으로 말한다면 논리적인 답변은 "그렇다"이다. 그러나 여기에서 우리는 재세례의 불가함에 대해 앞서 논의한 내용을 깊이 고려해야 한다.

재세례에 대한 일반적인 고찰에 추가하여 이런 경우에 다시 세례식을 거행하는 것은 본래의 세례를 행하는 믿음의 공동체에 소속되는 것보다 더 많은 문제를 만들게 된다. 기독교적 사랑과 존중은 그러한 그룹이 주장하는 내용이 아주 단순하거나 편협해서이든지 간에 그들은 그리스도인이 아니라고 단정하는 잘못에 빠지지 않도록 우리를 이끌어 준다. 고대이든 현대이든 우리의 선배들의 이해는 세례와 관련한 난점을 판단하는 데 도움을 준다. 분파 그룹에서 옮겨온 사람들에게는 세례를 다시 행하지 않기로 하였던 4세기의 결정을 기억할 필요가 있다. 그런 결정은 이미 그들이 보편적 신앙을 입으로 시인했기 때문에 내려진 것이었다. 역시 우리 시대에 어떤 방식으로든 세례를 받은 사람들에게는 다시 세례를 주지 않으며, 그럼에도 불구하고 어떤 시대 후에는 이전에 다른 형식으로 받았던 세례를 인정하였던 우리 시대의 주어진 결정에 대해서도 주목해야 한다.

"세례는 오직 예수님의 이름만으로"를 선호하는 견해를 가진 사람들이 가지는 전반적인 문제점에 대한 대답은 복합적이고 때로는 모순처럼 보일 수도 있다. 왜냐하면 우리는 오직 예수님의 이름만으로 세례를 행하는 것에 대해서는 반대하지만 다른 신앙 그룹에서 그런 세례를 받고 들어온 사람들에게는 우리의 일원이 되기 위해서 교리와 다른 기준에 맞을 때는 그대로 받아들이기 때문이다. 이러한 접근이 그렇게 세련되어 보이지 않고 다른 방책을 제시하는 것이 더 어렵게 느껴지기도 한다.

네 번째 특별한 경우는 성례전 예식을 도입하지 않는 퀘이커교도, 구세군, 다른 신앙그룹에서 들어온 사람들에 대한 경우이다. 그들은 종종 주님의 명령에 따라 세례와 성찬을 이해하고 있지만 주님이 그렇게 행해지기를 의도하셨던 대로, 즉 의례적 행동이나 물질적인 요소에 의존하지 않는 영적인 성례전을 행하고 있다고 주장한다. 이러한 그룹은 전문적인 용어로 하면 "영적인 침례교도"(spiritual baptists)로 알려져 있다. 어떤 점에서는 보편적 교회가 믿는 전반적인 하늘의 섭리 (economy)의 관점에서 보면 이러한 그리스도인들은 소위 전통적인 그룹에 속해 있는 우리를 깨우쳐 주는 역할을 하기도 하는데, 오직 전통이라는 이름으로 우리가 거행하고 있는 어떤 동작은 별로 의미가 없는 습관이 되거나 맹목적으로 거기에 의존함으로 성례전 실행에 있어서 문제를 안고 있을 수도 있음을 깨우쳐 준다. 아직 우리는 이러한 영적 침례교도들의 입장을 규범적인 것으로 받아들일 수는 없다.

이러한 그룹에서 신앙생활을 하다가 들어온 교인이 정상적으로 성례전이 행해지는 교회의 회중이 되고자 하면서도 그들이 믿고 있는 영적인 세례를 물의 세례를 행하지 않고 인정해 줄 것을 요청할 때 그때 우리는 어떻게 해야 할 것인가? 여기에 여러 접근 방법이 있을 수 있다. 아마도 가장 일반적인 방책은 마태복음 28장 19절에 나오는 예수 그리스도의 명령에 순종하도록 그들을 권면하는 것이다. 그러나 일반적으로 이러한 권면이 그들에게는 별로 효과가 없을 수도 있다. 이런 영적 침례교도들은 이미 그 명령에 온전히 복종하고 있다고 대답할 것이기 때문이다. 혹은 그리스도인이 온전히 수행해야 할 순종이라고 받아들이면서 기쁨으로 행하기보다는 마지못해 하면서 응할 수도 있을 것이다.

이런 영적 침례교도들에 대한 보다 적극적인 접근 방법은 근원적인 주장과 동기를 면밀히 찾아보는 것이다. 교인이 되고자 하는 사람이 회중과 정기적으로 행하는 주님의 성찬을 받기를 원하는가? 그렇다면 왜 다른 성례(성찬)는 받기를 원하면서 다른 하나의 성례(세례) 받는 것은 거부하는가? 성찬 받기를 원치 않는다면 근본적으로 전통이 다른 교회의 가족이 되고자 하는가? 성례의 거부가 단지 성례전 실행에 있어서 남용될 수 있는 부분에 대해 경각심을 갖게 하려는 목적에서 나오는 것인가, 아니면 하나님께서는 물질세계를 거부하시며 물질적인 것과 영적인 것 사이에서 선택을 해야 한다는 생각이 깊게 자리잡고 있어서 그런 주장이 나오는 것인지에 대해 판단하는 것이 좋겠다. 그러한 주장을 가지고 고집을 한다면 영적 침례교도들은 창조론과 성육신 교리에 대해서는 도대체 무엇이라고 말할 수 있을까?

신중하게 그러한 주장을 통해 우리는 성례전의 본질에 대해 잘못된 이해를 누그러뜨리는 데 도움이 될 수 있을 것이다. 그런 영적 침례교도들이 성례전 실행에 대해 계속해서 거부한다면 그들의 그런 주장을 인정해 주는 그룹에서 신앙생활을 하는 것이 좋겠다고 권하는 것이 최선의 방법이다. 그러한 그룹에 속한 예배 회중은 성례전에 능동적으로 참여하는 것을 불편해 하는 곳에서 교회 가운데 성례를 행하지 않는 기간만큼은 그들에게 여전히 열려 있게 될 것이다.

특별한 경우에 대해 살펴보는 논의에서 마지막 범주는 "헌아식"(獻兒式, infant dedication)을 요청하는 경우이다. 유아세례를 행하는 거의 모든 교단의 교회 안에는 아이가 자신의 믿음을 가지고 세례를 받기까지 성례전을 연기하고 싶어 하는 부모들이 있다. 그러한 부모들은 종종 유아세례 대신에 헌아식과 같은 어떤 예전적 승인(liturgical recognition)을 받고 싶어 한다. 이러한 연유에서 비공식적으로 '헌아 예식'(service of infant dedication)이라는 순서가 생겨나게 되었다.

유아세례가 성경적인 것이 아니며, 그 근거를 성경에서 찾기 어렵다고 믿는 사람들은 헌아식 역시 성경적 예식이 아니라는 사실을 인식할 필요가 있다. 그것은 아주 최근에 새로 도입된 것이다. 한나가 사무엘을 하나님께 드린 것이나 아기 예수님이 성전에 나아가 처음 보인 것을 그 근거로 이해하며 제시하지만 그것은 성경을 잘못 이해한 데서 비롯되었다. TEV(Today's English Version)는 사무엘상 1장 28절을 "한나가 그의 아들을 하나님께 드리라(dedicated)는 말을 들었다"라고 번역하지만 히브리어 원문에서 사용되는 단어는 그런 번역을 전혀 지지하지 않는다. RSV(The Revised Standard Version)는 KJV(King James Version)를 따르고 있는데, 한나가 여호와께 사무엘을 '빌려주다'(lent)라는 단어를 사용한다(I have lent him to the LORD). 예루살렘 성경본(Jerusalem Bible)이 아마도 히브리어 원어를 가장 정확하게 번역하고 있는 것으로 보인다. "이제 내가 그의 생애의 나머지를 위해 야웨께 그를 양도합니다"(Now I make him over to Yahweh for the rest of his life).

성전에 아기 예수님을 데리고 가서 여호와께 보인 것은 출생 때부터 하나님께 속한 것이라는 말씀(민 18:15~16)을 따라 장남(처음 태어난 남자아이)을 속량하는(되찾는, buying back) 히브리 전통과 관련이 있다. 이것은 다른 문화권에서도 발견할 수 있는 장자를 희생 제물로 신에게 올려드렸던 종교 전통을 거부한 히브리 전통을 반영하고 있다. 또 마리아와 요셉의 행동은 한나가 했던 것과는 많이 다른 것을 알 수 있다. 일상적이지 않은 행동으로 한나는 아들을 하나님께 드리고 있는데, 실로에 있는 엘리의 집에 그 아들을 맡기고 있는 구체적인 행동에서 그러한 점을 찾을 수 있다. 아주 일반적인 행동을 통해 아기 예수님은 제의적 관점에서 하나님으로부터 다시 돌려받고(bring back) 있음을 알 수 있다. TEV는 누가복음 2장 23절(출 13:12~13의 인용)도 '바치다, 봉헌하다'의 의미인 dedicate로 번역하고 있다. 그러나 이것은 정확하지 않은 번역이다. 기본적인 의미의 영어 단어를 자유롭게 사용한 것이라기보다는 원어 본문을 엄밀하게 따르지 않은 번역으로 약간 그 의미가 벗어나 있다.

가장 엄격하게 성경적 의미를 따라 봉헌, 혹은 헌정이라는 뜻의 dedication(이것을 대체하여 devotion이라는 단어로도 사용되는데)이라는 말을 이해한다면 그것은 하나님의 영광을 위하여 완전히 그 물건을 단념하거나(relinquishing) 심지어는 파괴하는(destroying) 행위를 포함하는 개념이다(레 22:2, 27:28~29 참고). 이 히브리어 단어에 상응하는 헬라어 단어는 신약성경에서는 성전봉헌 축제인 수전절과 관련하여(요 10:22) 오직 한번밖에는 사용되지 않는다. 이와 같이 헌아식에 대한 근거는 신약성경에서는 찾을 수가 없다.

이것에 대한 받아들일 수 있는 대안적 예전 형식으로는 아이 출생 감사나 아이 입양 감사와 같은 것을 들 수 있다. 교회일치협의회(Consultation on Church Union, COCU)[18]나 성공회(Episcopal Church)에 의해 제시된 최근의 예배 형식을 참고할 수 있을 것이다.[19] 성례전을 행하는 교회에서 그러한 예전이 처음으로 사용된 것은 유아세례 받는 것을 한두 가지 이유로 인정받을 수 없는 상황에서(역주/ 아이가 세례 받을 나이가 지났거나 부모가 세례를 받지 않은 경우 등) 부모의 요청에 의해 다른 형태의 예식으로 행해져야 했을 때 아이에 대한 감사의 예식으로 대체되어 행해졌다. 혹은 전에 세례를 받은 아이가 입양되어 오거나 이러한 행동을 통해 예전적 승인을 필요로 할 때 행해지기도 했다. 성례전을 행하는 교회에서의 이러한 감사 예식의 사용은 어떤 아이의 부모가 유아세례 받는 것을 반대하는 경우에만 비정규적인 예식으로 사용되어야 할 것이며 그렇게 권할 수 있는 부분은 아니다.

그러나 그러한 감사 예식이 사용된다면 세례와 혼동되지 않게 특별한 주의가 필요하고 그것이 성례전과 동등한 것처럼 이해되어서도 안 된다. 또한 세례를 받은 사람과 동일한 지위를 허락해 주는 것도 아니라는 사실이 명확하게 언급될 필요가 있다. 예를 들면, 오해를 불러일으킬 수 있기 때문에 그러한 예식은 세례반 옆에서 행해져서는 안 된다. 더욱이 그러한 감사 예식에서 사용되는 언어 역시 유아세례 예식에서 사용되는 것과 비슷하게 사용해서도 안 된다. 왜냐하면 이 두 예식이 서로 혼동되면 안 되기 때문이다. 그러한 감사 예식은 유아세례가 갖는 진술과 내용을 포함시키고 싶어 한다. 성례전이 주는 은혜를 오래 맛보지 못했기 때문에 그런 예식에서 그러한 기대를 갖게 된다.

이것이 목회 현장에서 목회자들이 세례와 관련하여 직면하게 되는 특별한 상황의 일반적인 목록들이다. 각 내용들은 그 나름대로의 복잡성을 담고 있다. 그러나 그 모든 것은 사려 깊은 신학적 이해를 제시하면서 인내심을 가지고 목회적 배려 차원에서 문제를 풀어갈 필요가 있다.

누가 세례를 베풀 수 있는가?

세례를 줄 수 있는 적절한 집례자는 누구인가에 대한 질문은 여러 차원에서 답이 주어질 수 있다.

개인의 구원을 위해서 세례가 필요하다고 교회가 생각할 때 누가 적절한 집례자인지에 대한 대답은 아주 폭넓게 주어질 수 있다. 교회가 행하려고 하는 것을 수행할 준비가 되어 있는 사람은 적절한 집례자이다. 즉, 강단에서 세례 예식 순서를 수행하는 사람이 연기자와 같이 거행하거나 시시덕거리며 농담이나 일삼는다면 그가 비록 정확한 말을 하고, 필요한 행동을 적절하게 행하는 사람이라 할지라도 그는 세례 집례자로서는 적절하지 않다. 왜냐하면 그러한 사람은 진정으로 세례를 행할 마음의 준비가 안 되었기 때문이다. 극단적으로 거기에 그것을 수행할 만한 그리스도인이 없다면 다른 종교의 사람이라 할지라도 세례 집례자가 될 수 있다고 생각하기도 한다. 물론 오늘날에는 미국의 경우 간호사나 구조 요원이 종종 비상 상황에서 어떻게 세례를 줄 수 있을 것인지에 대한 교육이 주어지기도 한다. 그러나 우리가 사역의 기초로 삼고 있는 신학은 그렇게 자유롭게 허용하는 것을 인정하지 않는다. 예식의 의미에 대해 남용하거나 잘못된 이해가 낳게 되는 위험이 크기 때문인데, 그러한 사례에서 얻어지는 가능한 유익보다 그 위험성이 훨씬 더 크다.

어떤 사람이 적절한 집례자인지에 대한 또 다른 대답은 주로 모든 세례 받은 그리스도인들이 세례를 베풀 수 있다는 견해이다. 3세기 초 북아프리카의 교회 지도자였던 터툴리안은 이러한 가치 있는 견해를 진술한 바 있다. 세례 사역은 어떤 마술적 권능을 가진 사람이 행하는 것이 아니며 엘리트 그룹의 특권층만 행할 수 있는 것도 아니라는 입장을 수립한다. 모든 그리스도인들은 그들이 받았던 것을 동일하게 나눌 수 있다고 이해한다. 어떤 원칙을 가지고 분명하게 그것이 실행될 때 터툴리안의 주장은 훨씬 더 설득력을 갖게 된다.

세례를 베풀고 받는 일에 있어서 반드시 고려되어야 할 사항에 대해 감독자 여러분에게 권면할 것이 있습니다. 세례를 베푸는 최고의 권한은 대제사장에게 속해 있는데 오늘로 치면 감독(bishop)입니다. 그 다음으로는 장로들과 집사들에게 있습니다. 그러나 감독이 그것을 위임하지 않는 한 그들은 그것을 행할 수 없습니다. 그것은 오로지 교회의 위엄을 지키기 위해서 반드시 필요한 질서입니다. 왜냐하면 이런 질서가 잘 세워질 때 교회의 평화도 세워지게 되기 때문입니다. 바로 이 질서의 문제가 아니라면 비록 평신도라 할지라도 그도 역시 그럴 권한은 있습니다. 왜냐하면 동일하게 받은 것은 동일하게 주어질 수 있습니다. … 즉, 말씀은 아무에게도 감추어져서는 안 됩니다. 그래서 세례도 마찬가지로 모든 사람에 의해서 집례될 수 있어야 하는데 그것이 '하나님의 것'이라는 사실을 확실히 선언할 수 있어야 합니다.[20]

교회의 위엄성과 화평의 중요성의 관점에서 말한다면 터툴리안은 아마도 바울이 고린도교회에 권면할 수밖에 없었던 같은 문제를 지금 마음에 두고 있었을 것이다. 고린도교회가 예배 가운데 어떤 자유를 누리는 것이 필요했지만 "모든 것을 품위 있게 하고 질서 있게 하라"(고전 14:40)는 말씀대로 할 필요가 있었다. 예배의 무질서를 피하기 위해서는 예배 인도를 아무나 할 수 없고 정해진 사람이 해야 한다. 이 사람은 예전적 행동(liturgical actions)이 가지고 있는 의미와 방식을 완전히 이해하고 있어야 하며, 전체 회중뿐만 아니라 보편적인 교회 전체에 그것을 적절하게 드러낼 수 있는 사람이어야 한다. 하나님께서는 부름 받은 목회자를 통해 그러한 필요를 준비해 오셨다. 교회는 그러한 사람을 선발하고 안수 받을 사람을 교육하고 안수하여 이러한 성직 서임(provision)을 확정해 왔다. 그러므로 정상적으로 선발되고 훈련된 사람이 다른 모든 예전 행동에서와 같이 세례도 그렇게 집례되어야 한다. 예배 인도에 있어서 리더십은 대표성을 가져야 하는데, 그것은 세례를 통해 하나님 앞에서 누구나 동등하다는 사실을 부인하는 것이 아니다. 이것은 안수를 받고 목회자로 부름 받은 사람은 가르침과 교회의 훈련을 위해 특별한 책임을 수행하도록 준비된 사람이라는 사실을 단순하게 인식할 필요가 있다.

전체를 위해 교회를 대표하는 목회자로 사역할 수 있도록 특별한 사람을 선정한 이래 교회는 평신도들에게 세례 예전을 집례할 수 있는 역할을 부여하지 않았다. 그렇게 선정된 성직자가 그것을 감당하도록 한다. 감독 제도를 도입한 교회에서는 대표 목회자가 터툴리안의 충고에 주의하면서 세례 집례를 수행할 목회자로서의 기능을 신중하게 수행할 수 있어야 한다. 이것은 감독에게 세례를 받는 것이 최고라거나 세례 받은 사람에게 특별한 지위가 주어진다는 이야기를 하려는 것이 아니다. 감독은 교회가 가지는 보편성을 가시적으로 상기시켜 주는 존재가 될 수 있다. 왜냐하면 감독은 여러 교구의 관할을 가지고 있기 때문이며, 다른 감독들과 함께 책임을 지는 관계성을 가지고 있기 때문이다. 그들은 개별 회중에게 우리가 세례를 받음으로 교구의 사람이 되는 것이 아니라 예수 그리스도의 사람이 되는 것이라는 사실을 깨우쳐 주는 독특한 방식을 통해 그러한 책임을 수행한다. 감독은 정기적으로 교구를 방문하여 세례를 집례하게 되는데, 그들이 세례 예전에서 함께 수행되는 견신례 예식을 집례하기 위하여 방문하게 된다.

집사(deacon) 제도가 있는 교회에서 성직자들은 전통적으로 세례식을 인도할 권한을 가지고 있다. 그러나 감독이 방문하기 어려울 때는 그 교회의 목회자나 장로가 수행할 수도 있을 것이다. 그 회중의 목회자가 아닌 성직자들은 거기에 참여하도록 초청을 받았을 때 그럼에도 불구하고 감독의 부재 상황에서 집례자는 목회자가 된다. 비록 초청(방문) 목회자가 그 예배 가운데서 중요한 역할을 하고 있다 할지라도 그렇게 하는 것이 좋다.

초청 목회자는 만약 현직에 있는 목회자가 요청을 해온다면 세례식 초청을 받아들일 것이다. 그 목회자가 그 교회의 전직 목회자였다면 이것은 특별히 중요해진다. 그렇지 않으면 목회자들로 누가 더 인기가 있는지 관심을 가지면서 서로 비교 의식에 빠지게 할 것이며 그것 자체가 목회자의 중요한 기능이 무엇인지를 잃어버리게 만들 수 있다. 그렇다 할지라도 적절한 방법으로 초청받은 전직 목회자는 회중의 일원으로서 그 예식에 참석하였다는 사실을 서로 인식하게 될 것이다. 이러한 목회 윤리적인 품위를 신중하게 고려하게 되면 교회의 위엄과 화평을 아주 잘 보존하게 될 것이다. 세례 집례자인 목회자는 자유롭게 성례전을 집례하는 사람이 아니라 온 회중을 대표한다는 사실을 확고히 알아야 한다.

세례는 주님의 교회와의 연합(incorporation)이기 때문에 그것은 피할 수 없이 공적 예식이다. 회중의 참석이 없이 행해지는 세례는 아직 상대방(신랑이나 신부)이 도착하지 않은 상태에서 결혼식을 거행하는 것과 같다. '사적 세례'라는 용어는 그 자체로 모순점을 안고 있으며, 회중이 없이 예전이 계속되는 것은 용납될 수 없다. 비록 그것이 비상 상태에서 행해지는 세례라 할지라도 목회자가 한두 사람의 교인들과 함께 가서 세례식을 집례하는 것이 좋다. 어떤 교단에서는 이것을 반드시 준수하도록 강조하기도 한다. 안수받은 목회자가 참석한 회중이 없이 그 예식을 집례하는 것보다는 거기에 참여한 회중이 있어야 하는 것은 성례식에는 그들을 위하여 수행해야 할, 즉 확인해 주고 언급해 주어야 할 것이 있기 때문이다.

회중이 함께 모인 예배의 자리에서 회중은 새롭게 세례 받은 사람이 신앙 가운데서 성장해 갈 수 있도록 그들의 양육에 대한 책임을 수행할 것을 또한 서약해야 한다(그것은 유아세례에서 뿐만 아니라 성인세례에서도 동일하게 적용된다). 그리고 공동체 가운데 들어온 동료를 전심으로 환영할 수 있어야 한다. 그러나 우리는 최소한 몇 명 정도가 거기에 참석해야 한다고 규정할 필요는 없을 것이다. 이러한 임무를 수행하도록 준비하는 회중 가운데서 한 사람이 나와 성경본문을 봉독할 필요도 있다. 세례 예식을 시작하면서 회중의 대표는 전체 회중에게 수세자 후보를 소개하게 된다. 세례반에 물을 채우기 위해 나아가는 행진(procession)에서 물을 옮겨가는 순서를 넣게 된다면 가급적 그것은 회중이 수행하는 것이 좋겠다. 그것에 대한 교단적인 어떤 제약이 없다면 손을 얹어 안수하여 세례를 베풀 때 회중의 일원들은 목회자와 가족 대표와 함께 이러한 순서를 수행하는 일에 동참할 수 있다. 평신도들은 새롭게 세례 받은 사람들을 위해 중보기도를 인도하는 것이 적절하겠다.

세례 예식 가운데서 교회의 보편적 특성을 드러내는 방식에 대해서는 지속적인 연구가 필요하다. 이러한 예전을 수행함에 있어서 목회자의 역할은 보다 광범위한 비전의 한 측면을 수행하는 것이다. 목회자는 의식을 집례하면서 회중을 대표하는데, 모든 목회자들(감독 역시)은 보다 넓은 차원에서의 교회를 대표한다. 그러나 성직자의 관점에서 교회의 보편성을 드러내는 것보다 더한 것을 필요로 한다. 교단의 정책이 허락되는 범위에서 다양한 교단의 회중이 세례 예전 가운데서 함께 공유하는 것도 하나의 가능성이 될 수 있다. 예를 들면, 연합감리교회 회중의 한 세례식 예배에서 그날의 성서정과는 루터교, 로마가톨릭, 장로교 교인들이 봉독을 하였다. 다른 교구로부터 초청받은 그 사람들은 세례식에서 함께 수세자들에게 손을 얹었다. 물론 그 교회에서는 그 정도는 허락되는 내용이었기 때문이다.

또 다른 가능성은 여러 회중이 모두에게 용납될 수 있는 예전을 사용하여 함께 연합된 세례 의식을 갖는 것이다. 그러한 활동은 회중이 공감할 수 있는 분명한 기초를 가지고 있어야 하는데 참여하는 각 교구의 대표성이 잘 살아날 수 있게 합리적인 기대감을 통해 준비되는 것이 중요하다. 세례는 반드시 교단의 총회나 노회 석상에서 주어질 필요는 없다. 각 교회의 회중은 그 모임에 몇 명의 대표만 파송했기 때문이다.

회중 사이의 그러한 상호 관계성이 가능하지 않다면 적어도 회중은 세례가 집례될 때에 이웃 교회에서 세례식이 있을 때 수세자에게 작은 축하카드를 적어서 전해줄 수도 있고, 또 그날 함께 참석한 회중을 위하여 중보기도를 할 수도 있을 것이다. 그러한 실행은 편협해질 수 있는 개교회주의와 개인주의를 뛰어넘을 수 있고 에큐메니칼 공동체 의식을 함양할 수 있다. 그것은 교단적 성향을 벗어나서 예배에 참여하는 것을 금지하는 정책이 있다 하더라도 그런 실행은 가능할 것이다. 실로 이러한 방식을 통하여 기도하면서 서로 기억하는 것은 세례 가운데서 우리에게 주어지는 연합을 거부하는 금지법령들을 무력하게 만들고 철폐하게 만드는 가장 효과적인 도구가 될 수 있다.

세례 가운데서 후원자를 세우는 것도 다시 생각해 볼 수 있다. 어떤 교회에서는 세례자를 위한 후원자 제도를 두는 것이 아주 수월하게 되어 있다. 물론 이러한 책임을 단 몇 사람에게 맡기는 것은 교회의 전 회중이 새로 세례를 받는 사람을 위해 감당해야 할 책무를 수행하지 못하게 하는 요인이 될 수도 있다. 그러나 모든 사람이 감당해야 할 일이 자칫 아무도 감당하지 않는 일이 될 수 있기 때문에 회중 가운데 후원자를 두는 것도 바람직하다. 물론 그러한 후원자 제도가 도입되려면 그들이 감당해야 할 역할이 무엇인지 명확하게 규정되어야 한다. 그들은 이름뿐인 후원자가 되어서는 안 되며, 그들의 역할에 어떤 명예를 주기 위함도 아니다. 그들은 실제적으로 전체 회중을 대표하는 사람이며, 그들의 역할은 단지 몇 사람을 대신하기 위한 대표자들이 아니다. 세례 받는 사람의 나이와 상관없이 후원자는 세례 예식이 행해지기 이전과 진행되는 동안뿐만 아니라 그 이후에도 그에 대한 책임을 수행해야 한다.

후원자는 세례 받는 사람이나 그 가족이 선정하는 것보다는 교회에서 수세자를 위해 지정하는 것이 가장 좋다. 이것은 어떤 사람에게 집중되면 누가 교인들에게 가장 인기가 있는지를 측정하는 것으로 전락할 수 있는 위험을 줄여 준다. 후원자는 회중 가운데서 나왔으며, 그리하여 그들은 새로 세례를 받는 사람들이 회중과 연결되어 있음을 깨닫게 한다. 후원자를 선정하고, 훈련하고, 책임을 수행하게 하며, 그 활동에 대한 평가 등의 과정은 신중하게 할 필요가 있다. 그렇게 함으로써 회중이 참여하는 폭을 넓혀갈 수 있을 것이다. 그리하여 후원자들은 진정으로 전체 회중을 대표하는 사람들이 될 수 있을 것이다.

세례 의식을 계획하면서 깊이 고려해야 할 것은 가능한 대로 회중의 다양성을 반영하는 사람들을 그 예전의 순서를 맡거나 참여자가 될 수 있도록 해야 한다는 점이다. 다양한 연령의 사람들(세례 받은 아이들을 포함하여), 남녀, 다양한 인종 배경 등을 고려하여 참여시키는 것이 좋다. 이러한 방식으로 우리는 공동체와 목회의 충만성(온전성)을 보여주어야 하는데, 그렇게 하여 새로 세례를 받은 사람들을 불러내어 모든 회중이 참여하여 그들이 세례를 받게 하고 있음이 드러나게 해야 한다.

전인 구원을 위해 세례는 필요한 것인가?

여기에 이르게 되면 어떤 사람은 그렇게 질문을 던질 것이다. "왜 우리는 이렇게 세례식을 거행하는 데 있어서 적절한 후보, 적절한 집례자, 적절한 절차에 대해 소란을 피워야 하는가?" 무엇보다도 세례는 구원을 위해서 필요한 것은 아니지 않는가? 물론 거의 모든 사람들이 그렇다고 여기던 때가 있었다. 그것은 지금도 어떤 이들은 그렇게 생각한다.[21] 지금은 많은 사람들이 구원의 조건으로서의 세례의 효능에 대해 의아해하면서 단지 그것의 필요성에 대해서 강조할 뿐이다. 저주 받을 것이라는 두려움으로부터 벗어나기 위하여 죽어가는 자에게 세례를 베푸는 것은 불필요한 일이라는 초기의 주장을 세례가 구원을 위해서는 아무런 기능을 하지 못한다는 의미로 받아들여서는 안 된다. 우리는 그 질문을 조금 바꾸어서 그 이슈에 대해 좀 더 깊이 살펴볼 필요가 있다. 즉, "구원을 위하여 세례는 필요한 것인가?"에서 "'어떤' 사람의 구원을 위하여 세례가 필요한 것인가?"로 질문을 바꾸어야 한다.

20세기 초의 영국 회중교회의 신학자였던 피터 테일러 포사이스(Peter Taylor Forsyth)의 다음 주장에서 우리는 중요한 통찰을 얻게 된다.

성례전은 원래 '개인적' 행위가 아니었다. 그것은 공동의 행위(corporate acts)였으며 '교회의' 행위였다. … 세례는 원래 부모의 행위이거나 아이들의 행동이 아니었다. 그것은 교회 안에서 행해지는 교회와 그리스도의 행위였다. 우리들 가운데 세례 성례전을 가장 황폐하게 만드는 것은 우리의 개인주의이다. 우리가 바른 질문을 던지지 않기 때문에 잘못된 대답을 얻고 있는 것이다. "교회가 젊은 사람이나 나이든 사람의 세례에서 예수 그리스도의 살아있는 복음의 말씀으로 나아가게 하는 실제적 증언과 섬김은 무엇인가?"와 같은 질문을 던지는 대신에 "세례는 나에게 있어서 무엇 때문에 좋은 것인가?"를 물어야 한다.

성례전은 교회의 건강을 위해서 필요하다. 세례는 교회의 행복(weal)을 위하여 필요하다. 결국 교회의 모든 행위는 주로 그것을 지향한다. 그러므로 세례는 교회가 주님께로 돌아오도록 만들어야 할 세상을 위해서 필요하다.[22]

포사이스는 개인주의가 우리의 사고에 파괴적인 영향을 가지고 있다는 사실을 정확하게 지적하고 있다. 그러나 구원을 법률적 방식으로 규명하려는 우리의 경향도 그러한 영향을 끼쳤다. 우리는 누가 구원을 받았고, 언제 구원이 효과를 미치는지(혹은 효과적이지 않은지)를 정확하게 알기를 원한다. 그러나 유효성이 정확하게 규정되고 결정될 수 있다는 가정 하에 세례가 어떤 경우에서 효과적인지 아닌지에 관한 논의가 문제를 더 악화시킨다. 이와 같이 세례는 복음을 우리에게 허락하신 그리스도의 역동적 행위(dynamic activity)로서가 아니라 구원이 세례를 받은 사람에게 전달되는 수단으로 이용하여 교회의 기계적 행동(mechanical action)으로 이해하고 있는 것이 문제이다. 그러나 구원은 해석학적으로 인이 찍혀 있는 컨테이너로부터 컨베이어 벨트를 통해 밖으로 빠져나오는 그런 상품이 아니다. 구원은 생명을 가져오는 치유이며, 표현하기 어려운 힘(elusive energy)으로 특징지어진다. 자꾸 지나치게 정확한 설명(definition)을 하려는 시도를 통해 구원이 지니는 신비가 제거된다면 그것은 파괴된다.

    니케아 신조는 "우리는 죄의 용서를 위한 하나의 세례를 인정한다"라는 놀라운 고백을 담고 있다. 이것은 때론 잘못된 이해를 불러일으키기도 했는데, 세례가 집례되는 순간 수세자의 죄는 취소되며 또한 영원한 구원을 받게 된다는 주장을 펼친 것이 그 예이다. 그러나 이 두 진술은 전혀 같은 의미를 갖지 않고 있다. 바로 이해하면 세례는 전 교회, 즉 보편적 교회와 함께 행하는 사역이 되어야 한다. 세례는 우리에게 한번 일어나는, 그래서 잊어버리기도 하고, 하나님 앞에서 우리의 법적 지위가 바뀌는 시간으로 간주되기도 하는 그런 단순한 사건이 아니다. 세례 예식은 우리를 하나님과의 언약 관계로 들어가도록 이끌어 가며 하나님의 약속과 요구가 우리들 앞에서 지속적으로 일어나게 되는 언약의 공동체 가운데로 들어가는 것이다. 세례는 삶의 역동성 안으로 들어가는 움직임이다. 그것은 법적 정확성이나 명확한 정의(definition)를 때론 무시하기도 한다. 죄의 용서는 상호관계성, 하나님과 다른 사람들과 함께하는 공동체 안에서의 삶을 포함한다. 우리는 죄의 용서를 위한 한 세례만 인정한다. 왜냐하면 정확하게 말해서 세례는 맹목적인 자기 숭배에 빠져 고립되는 것으로부터 우리를 보호해 주며, 성령님께서 계속적으로 의로운 삶을 살아가도록 이길 수 있게 역사하시며 세상 가운데서 우리가 온전히 증언의 사명을 감당할 수 있도록 준비케 해주는 공동체 가운데 연합하도록 해주기 때문이다.

회중의 행위로 세례를 보았던 포사이스의 지혜로운 이해를 다시 살펴보자. 여기에서 포사이스는 유아세례에 대해 특별히 언급하지만, 그가 말한 것은 성인세례와도 동일하게 해당되는 내용이다. 그의 논의는 우리가 "세례는 구원에 필요한 것인가?"를 물었을 때 그것에 관련된 것을 보게 한다.

모든 유아들을 위한 세례는 거기에 참석한 사람들에게 성인세례가 무엇인지에 대해 새롭게 알려 주는 것이 되어야 한다. 성인세례자들은 그것은 그리스도인의 의무이며 현실화된 행복이라고 느낄 수 있어야 한다. … 그들이 받은 세례의 의미를 다시 되새겨 줄 때, 그리고 그것이 대단한 형식이 아니었고, 그리스도의 손이 중생한 우리의 상태를 요구하며 아주 긴 교회의 팔을 통해 그들 위에 얹어졌든지 그렇지 않든 간에 세례는 그들 자신을 요구한다. 그들은 주님이 원하시는 삶의 자리에서 얼마나 멀리 서 있는지를 살펴보면서 자신이 지금 어떻게 살고 있는지를 확인해야 한다. 또한 그들이 지고 가야 할 주님의 십자가에 얼마나 가까이 서 있는지를 살펴보아야 한다. 그들은 그리스도의 교회에서 그를 위하여 세례를 통해 주님의 것으로 구별된 자로 서 있을 것을 요청받았다. 그들은 여전히 주님의 것으로 서 있는가? … 다시 반복하지만 세례는 그가 아이, 혹은 부모인가에 주로 관심을 갖지 않는다. 그것은 원칙적으로 교회를 위한 행위이다. 믿음과 영 가운데서 전체 교회는 깨끗하게 된 흐름 가운데로 들어간다. 이러한 점에서 세례는 용서를 통해 허락하시는 새롭고 영원한 생명에 대한 의미를 믿음으로 회복시킨다. 세례는 중생케 하는 구속의 은혜에 대해 얼마나 신실함으로 서 있는가를 가늠해 준다. 그것은 새로운 피조물 안에서 믿음을 가지고 세례 가운데로 나아가도록 만들어 준다. 세례는 우리에게 진정한 회개의 삶이 필요하다는 사실을 알려 준다. 또한 새로운 결심을 가지고 새롭게 기도하며, 끝까지 주님께 신실하며, 죽는 날까지 세례를 기억하고 늘 새로운 결심과 은혜를 지켜가야 한다.[23]

이것이 지금 우리가 논의하고 있는 죽는 날까지 세례를 새롭게 하며 보존해 나가야 한다는 주제이다.

4장

죽음의 때까지 세례를 보존하고 새롭게 하기

Baptism: Christ's Act in the Church

세례는 하나님과 맺은 언약이다.
그러므로 세례는 늘 새롭게 갱신되어야 한다.
죽을 때까지 세례 언약을 지키고
새롭게 할 필요성과 당위성을
공동체는 늘 깨우쳐 주어야 한다.

4장
죽음의 때까지 세례를 보존하고 새롭게 하기

갱신의 필요성과 본질

모든 언약의 약속에 있어서 언제나 신실하신 하나님과는 다르게 우리는 마음이 잘 변하는 변덕스러움을 가지고 있다. 우리의 의도가 최선일 때에조차도 우리 행동은 바라는 것과는 완전히 다를 수 있다. 그러므로 우리가 하나님과 맺은 언약은 우리 자신에 의해 자주 깨어질 때가 있으며, 그런 점에서 그것을 늘 새롭게 갱신할 필요가 있다. 설교 가운데서 갱신에 대한 필요성에 대해 강조할 수 있다. 특히 예수님을 따라가기 위해서는 날마다 우리의 십자가를 져야 한다고 예수님이 말씀하신 것과 같은 본문을 통해 설교할 때는 그러한 사실을 더 잘 강조할 수 있다.

마틴 루터는 세례의 언약을 날마다 새롭게 할 필요가 있다고 강조하면서 매일 일어나면 머리에 손을 얹고(세례식에서 물이 얹어지는 머리 부분에) "나는 세례를 받았다"라고 선언하면서 자신의 세례를 새롭게 할 것을 제시하고는 했다. 그러나 그러한 실행이 태만해지고 대부분의 개신교 교인들은 이러한 정기적인 언약의 갱신의 필요성에 대해 별로 중요하게 생각하지 않고 있다. 또한 세례 자체가 가지는 매일 새롭게 해야 하는 갱신 행위와 초기 행위(initial act) 사이의 관계성에 대해서 거의 인식을 하지 못하고 있다.

세례의 갱신은 개신교의 견신례 이해에 아주 명료하게 드러나 있다. 하나님의 약속은 우리가 이미 언급한 대로 믿는 자들에게(특히 유아세례를 받은 사람들에게) 확증되며, 또한 신자들은 그들의 믿음을 회중 앞에서 공개적인 증언을 통해 하나님과 맺은 그들의 언약을 확증한다. 예를 들면, 성공회 예전 전통에서 견신례 예식은 그들이 견신례를 받든지 그렇지 않든지 간에 그들의 세례식에서 행했던 거룩한 약속과 서약을 새롭게 확인하는 질문과 함께 시작한다. 그러나 세례 갱신의 형태인 견신례에는 두 가지 문제점이 본질적으로 존재한다. 첫째, 우리가 다음 장에서 좀 더 구체적으로 살펴보게 되겠지만 언약의 갱신으로서의 견신례는 초대교회 시기에 머리에 손을 얹는 행위가 합해지고 다른 예식과 연합하였던 의미와는 아주 멀어진 풍조이다. 이렇게 손을 얹는 행위가 세례식 그 자체로부터 분리되었을 때 견신례는 갱신 행위의 특성을 살릴 수 있다. 둘째, 일반적으로 행해지는 견신례는 반복될 수 없다. 또한 그것은 계속되는 갱신의 필요성을 적절하게 반영하지 않는다.

앞의 세 장에서 언급한 대로 세례 언약의 역동성을 바르게 나타내기 위하여 우리는 갱신을 위한 형식이 필요하다. 그것은 (견신례가 그러한 것처럼 개인적인 것이 아니라) 공적으로 수행되어야 하며 세례 성례전과 깊은 연관성을 가지고 반복할 수 있어야 한다. 이러한 형식은 최근

주요 교단에서 만든『예배서 개정본』에 다양하게 제시되어 있다. 1951년에 부활주일 전날 철야기도회(Easter Vigil)의 회복이 이루어진 이래 주님의 죽으심과 부활을 경축하는 회중에 의해 세례 갱신은 로마 가톨릭교회에서도 점점 중요한 요소로 부각되고 있다. 성공회, 루터교, 미국 연합감리교회 등의 현대 예전 형식은 견신례를 세례 갱신의 형식으로 강조를 하는데, 그러한 갱신 예식에 견신례 지원자뿐만 아니라 회중은 함께 참여한다. 이러한 교단들은 역시 부활주일 전날 철야기도회(Paschal Vigil)나 부활주일 예배에서 공적인 갱신 예식을 넣기도 한다. 성공회나 루터교는 다른 교단에서부터 옮겨온 사람들이나 일시 출타 등의 이유로 비활동교인으로 남기를 원하는 사람들, 또는 활동교인이 되기를 원하는 사람들을 위한 공적으로 시행하는 세례 갱신 순서를 포함시키기도 한다. 이러한 경우에 부가해서 미국 연합감리교회는 같은 교단 안에서 교회를 옮기는 사람들이나 그들의 삶 가운데서 중요한 영적 경험을 증언하기를 원하는 개인을 위한 공적 갱신 순서를 포함시키기도 한다. 그것이 활동교인으로서 교회에서 믿음생활을 하지 않게 됨에도 불구하고 그렇게 하는 경우를 본다.

교단에 따라서 이러한 세례 갱신을 위한 실제 형식은 다양하나. 성공회나 루터교의 경우에는 견신례를 제외하고는 이러한 예식에서는 손을 얹어 안수하는 것은 도입하지 않고 있으며, 연합감리교회의 경우에는 손을 얹는 것은 세례나 견신례에서 반복적으로 할 수 있는 행동이며, 개인의 공적인 세례 갱신의 후속 행위에서 주어지기도 한다(공적인 갱신 예식에서 전체 회중 머리 위에 손을 얹는 것은 아니다). 연합감리교회에서는 세례 갱신 예식의 경우에 그들의 세례를 기억하도록 적은 양의 물을 갱신 예식에 참석한 사람들에게 뿌리도록 권장한다. 물론 이것은 목회적 신중함이 요구된다. 루터교에서는 세례 갱신 예식에서의 그러한 물 뿌림을 오직 부활주일 전날 철야기도회에서만 행하도록 하고 있으며, 성공회 예전에서는 그것에 대해 전혀 언급이 없다.

그러나 물이 뿌려지는 것은 여기에서 행해지는 예전과 다른 것이 전혀 차이가 나지 않는다. 이러한 교단들은 모두 단지 견신례와 함께 주어지는 세례 예전 갱신으로부터 반복적으로 행해지는 세례 갱신 예전으로 나아가고 있는데, 이는 세례 언약의 매일 갱신이 함축하고 있는 것을 반영하기 위함이다. 더군다나 그리스도 연합교회(United Church of Christ)나 장로교회 예전을 개정하려고 할 때 그들은 세례 갱신 예식의 반복된 수행을 포함하고 있는 것과는 다르다. 왜냐하면 최근까지 그것은 어디에서나 볼 수 있는 것처럼 예전적 표현이 거기에는 많이 사라지고 있음에도 불구하고 갱신의 개념이 칼뱅주의 전통에서 많이 벗어나 있지 않기 때문이다.

최근 개정된 예식서는 세례 갱신의 예전적 표현이 회중이 이해하는 필요성보다 앞서 나가는 경향이 있다. 회중은 매일의 삶 속에서 이러한 유비를 바라보는 정도로 도움 받기를 원한다. 우리가 매일의 삶 속에서 호흡하고 먹는 것과 같은 행위는 우리 출생에 대한 함축적인 갱신이다. 우리들 대부분은 분명히 생일과 관련하여 정도의 차이는 있지만 잔치를 벌인다. 나이 들어가는 것에 대해 약간 불평을 하지만 그와는 상관없이 태어난 날에 갖는 생일 파티는 우리들 삶에 대해 감사를 드리게 해주며, 일상의 삶 속에서 먹고 마시는 것을 당연한 것으로 여기며 살아왔던 시간들에 주어진 축복을 기억할 수 있게 해준다. 이와 같이 생일 파티에서 우리는 일반적으로 바라보아 왔던 것에 강조를 두면서 특별한 축하 의식을 갖게 된다. 생명의 호흡이 우리 가운데 아직 남아 있음을 확인하면서 켜진 촛불도 불어서 끄기도 하고 케이크와 아이스크림도 매년 함께 먹는다. 생일 축하 노래를 부르는 것은 빠지지 않는 의식이며, 선물도 받게 되고, 예지할 수 있는 미래에도 생명이 계속 이어지게 될 것임을 기대하게 한다. 생일을 지키는 습관은 생명 있음을 주장하는 것이며, 주기적으로 출생이라는 축복을 매일 갱신하여 맛보는 수단으로 행하는 의례이다. 그래서 세례의 갱신은 하나님께 매일 드리는 헌신과 섬김과 늘 연결되는 행위가 아니라 어떤 의례적인 행위로 간직되어야 하며, 무엇보다도 선명하게 세례를 생각나게 하는 사건이 되어야 한다. 언약을 새롭게 하고 손을 얹을 수도 있으며 물을 뿌리는 의례를 통해서 그렇게 할 수 있다.

더욱이 우리의 자연적 생일도 특별한 중요성을 가지고 있는데, 그것이 특별한 책임과 성숙을 인지할 수 있게 해주기 때문이다. 일반적으로 사춘기에는 중요하고 특별한 생일이 많이 있는데, 16번째 생일이든지, 운전면허를 처음으로 받게 되었다든지, 처음 선거권을 행사할 수 있게 된 것과 같이 성인으로서 어떤 특권이 주어졌다든지와 같은 사건과 연결되는 생일 등이 그것이다. 비슷하게 세례 언약의 갱신은 특별한 갱신 행동(일반적으로 견신례와 같은)에 초점을 맞추어 행할 수 있다. 그러한 때는 유아세례나 아동세례를 받은 사람이 이제 성인이 되어 스스로 책임을 수행할 수 있는 때가 된 때이다. 이러한 특별한 갱신 행위는 우리가 맺은 언약의 연속적인 특성을 우리에게 일깨워 준다. 어떤 부분에서 견신례는 교회학교를 졸업하는 때로 간주되거나 십대가 되어 교회에 정기적으로 참여하는 어느 시점과 같이 여겨진다면 그것의 목적은 전적으로 잘못 이해한 것이 된다. 사춘기에 의식적으로 갖는 언약의 갱신은 무엇에 관한 인식과 무엇에 대한 헌신, 계속적인 갱신의 시작을 알리는 것으로 이해할 수 있다. 그것은 마치 특별한 생일이 십대들에게 계속되는 특권과 성인으로서의 책임을 상기시켜 주는 것과 같다.

마지막으로 우리들의 매일의 삶 가운데서 생일과 같이 매년 일어나는 것과는 아주 다르게 일어나는 경우가 있는데 그것은 우리의 새로운 인식과 축하를 요청한다. 예를 들면, 큰 수술을 받고 건강이 회복된 사람, 혹은 사고나 전쟁에 참전했다가 살아 돌아온 사람을 함께 축하하기 위하여 친구들을 부르게 될 것이다. 비슷하게 축하해야 할 경우가 다양한 경험 속에서 주어지는데, 고양된 역동성을 우리에게 부여하는 경우이다. 즉, 직장에서의 승진, 마라톤 완주, 골프에서 홀인원을 한 경우라든지, 사업을 성공적으로 시작하게 된 경우들이 그것이다. 비슷한 방식으로 세례 언약 갱신에도 영적으로 거의 죽은 사람이 다시 회복되어 돌아온 경우를 위한 적절한 갱신의 행동이 요구되며, 삶 가운데서 하나님의 놀라운 은혜를 특별하게 경험한 사람들을 위한 갱신의 형식도 필요하다. 여러 경우에 언약의 갱신을 위한 실행은 그러한 사람들이 다시 세례를 받고 싶다는 열망을 가진 사람들에게 대답을 제공해 줄 수 있을 것이다. 종종 이러한 요청을 하는 사람은 하나님의 언약의 약속을 의심하지는 않지만 어떤 사람은 그러한 언약에 대한 헌신의 외적 표징을 원한다는 사실을 인식할 수 있다.

매일의 삶의 경험에서 그러한 유비를 가져올 때 예전의 혁신에 대해 반대하는 사람들일지라도 최근에 주어진 갱신의 예식이 도움이 되었고 정말 필요하다는 사실을 인지할 수 있도록 도와줄 수 있을 것이다. 종종 예전적 표현은 잊기 쉬운 실재에 대해 우리의 주의를 기울일 수 있도록 해준다. 이상한 것은 교회가 최근에 세례 갱신 예식의 형식을 소개한 것이 아니라 오랫동안 교회는 그러한 갱신 예식의 형식에 대해 무관심해 왔다는 사실이다.[24] 세례 갱신 예식의 신중한 사용은 그리스도 안에서 우리의 삶은 계속적인 경험이며, 우리의 헌신은 죽음의 순간까지 새롭게 된 일상이 되어야 한다는 사실을 깨우쳐 준다.

세례와 성찬

세례 갱신을 위한 예전 형식은 교회생활에서 완전히 사라져 버린 것은 아니었다. 견신례의 가능한 예외 사항과 함께 이러한 형태는 명백하기보다는 함축적이었다. 갱신 예식의 가장 함축적인 형식은 주님의 성찬이다. 매일의 식사는 신체적으로 새로운 출생을 다시 시작하는 갱신의 기대를 함축적으로 담고 있는데, 교회의 거룩한 식사에 참여하는 것은 그리스도 안에서 우리의 삶을 새롭게 하려는 기대를 포함한다. 그러므로 우리는 이러한 두 성례전이 가지는 관계성을 주의하여 살펴볼 필요가 있다.

역사를 통하여 볼 때 교회는 성찬이 세례 받은 사람들을 위한 것이며, 일반적으로 모든 사람을 초대할 수 있는 교회에서 함께하는 저녁 식사나 커피 타임과는 전적으로 다르다는 사실을 깊이 인식해 왔다. 그 의도는 신실한 믿음을 가지고 있지만 아직 세례를 받지 않은 사람을 차별하거나, 혹은 수용하기 위한 의도에서 그런 것이 아니었다. 오히려 이러한 제한을 두는 것은 주님의 성찬이 실로 '거룩한' 성찬

(communion) - 거룩하게 구별되고 다른 형태의 먹고 마시는 것과는 전적으로 구분되는 - 이라는 사실을 나타내려는 데 있었다. 주님의 성찬은 사회적 친교를 위한 모임 이상의 것으로 이해되었으며, 주님의 성찬상에 나아오는 사람들은 빵을 떼면서 주님을 깊이 생각하고 인지해야 했으며, 주님과 다른 사람들과 연합하는 일에 참여해야 했다. 세례는 정확히 말해서 교화(enlightenment)와 하나님의 생명의 선물을 의미할 뿐만 아니라 진정한 성례전적 기쁨을 가능하게 하는 믿음의 공동체로의 연합을 의미했다.

주님의 성찬상에 나오는 사람을 세례 받은 사람으로 제한하는 것의 배후에 놓여 있는 의도를 마음에 깊이 간직할 때 우리는 어려운 상황을 보다 잘 다룰 수 있게 된다. 예를 들어, 목회자가 성찬을 받기 위해서 나온 사람이 아직 세례를 받지 않은 사람일 수도 있다는 생각이 들 때는 방문자에게 세례 받은 여부를 묻고서 아직 받지 않았다면 수찬을 중지하게 하는 것은 그의 의무이다. 결혼식에서 행하는 성찬은 집례자가 그 예식에 참석하는 사람들에게 전해주는 것이 아니었다. 가령 퀘이커교(the Society of Friends)나 구세군(Salvation Army) 같은 경우에는 그들 공동체에 속한 사람에게만 전해주었다. 만약 세례를 받지 않은 예배자가 성찬식에서 정기적으로 참석하여 성찬을 받고 있다면 그를 불러 상담을 통해 성찬의 의미에 대해 진지하게 알려 주어야 한다. 그가 영적 자양분과 성장의 성례전적 상징을 받기 원하는 바람을 가지고 있다면 성찬을 받을 수 있는 자격을 갖출 수 있도록 그 준비와 과정을 가질 수 있게 진지하게 도와주어야 한다. 영적 출생은 단지 성찬을 받는다고 해서 이루어지는 것이 아니며, 성례전적 상징을 통해서가 아니라 다른 것을 통해서 이루어지는 것임을 알려 줄 필요가 있다. 종종 경험하게 되는 경우이지만 그러한 사람들은 세례를 받고 주님께 대한 헌신을 다짐할 필요가 있으며, 지금 그들이 주님께 온전히 헌신할 마음이 없다는 사실을 직면할 수 있도록 도와줄 필요가 있다. 그러한 헌신은 성찬에 함축되어 있다는 사실을 강조해 줄 필요가 있다.

실로 성찬은 세례보다 더욱 명백하게 그것을 받는 성도들의 헌신을 요청한다. 세례에서 사용되는 물질적 요소는 자연 상태에서 우리가 취한다. 그러나 우리 손의 노력을 통해 물을 만들지 않았다. 빵과 포도주는 인간의 참여를 전제한다. 알곡과 포도를 얻기 위해서는 먼저 씨를 뿌려야 하며 경작해야 하고 추수를 해야 한다. 그리고 빵과 포도주는 우리 손으로 만들고 담가야 한다. 이와 같이 세례와 성찬은 상호보완적인 상징(complementary signs)이다. 전자가 하나님의 주도권을 가장 선명하게 보여준다면, 후자는 자연 질서 가운데서 하나님께서 우리에게 제공해 주시는 것을 변화시키는 일에 우리의 책임 있는 참여(responsible participation)를 보여준다.

주의 성찬상은 주님께서 주님의 것이 되었다고 주장하는 사람들과 세례를 통하여 주님의 몸과 연합한 사람들을 위해 주어진다. 또한 새 시대, 새로운 언약의 사람으로서 정체성과 책임성을 부여받은 사람들을 위해 주어진다. 그러나 성찬은 세례 받은 모든 사람들을 위해 주어지는가, 아니면 그들 중의 몇 사람들에게 주어지는가? 이에 대한 합리적인 대답은 "모든 사람을 위해 주어진다. 주님께서 위로부터 거듭난 사람들로 인정한 사람들과 양육을 인정하신 사람들을 위해서 주어진다." 교회는 이에 대한 분명한 대답으로부터 자꾸 뒤로 물러나는 경향이 있다. 그러므로 세례 받은 사람들과 주님의 성찬상 사이에 존재하는 세 가지의 주요 장벽에 대해 늘 점검할 필요가 있다.

그것을 오늘날에도 어떤 사람들은 활용하기도 하지만 가장 오래된 장벽은 심각한 죄를 범하여 출교를 당한 사람의 경우이다. 전통적으로 공적인 회개와 돌이키도록 심리 중인 경우에 소문난 범죄자는 성찬을 받을 수 없게 된다. 그들의 세례에 대해 의심을 제기할 수는 없지만, 버릇없는 아이들과 같이 그들은 저녁 없이 그들의 방으로 보내지는 것과 같다. 이러한 교회의 권징의 형태가 지난 세월에만 유효한 것인지는 여기에서 논의할 사항은 아니다. 현대 교회에도 이런 자기 권징이 필요하며, 사실에 충실한 출교는 우리 시대에도 적게 수행되고 있는 것은 분명하다. 불행하게도 교회의 가르침을 경멸하는 많은 사람들을 성찬에 참여하지 못하도록 금지하는 것은 야채를 싫어하는 아이들에게 야채를 먹지 못하도록 금지하는 것과 같이 성찬에 대해 그렇게 중요하게 생각하지 않는 경우가 있다.

영적 자양분을 위해 우리가 전달하는 것의 많은 부분은 사실 정크 푸드이며, 주님의 성찬은 그리스도인들을 위한 중요한 양식이라는 점을 그들이 확신을 갖도록 해야 한다는 것이 우리의 과제이다. 성찬의 중요성을 강조하는 가장 좋은 방법으로 온전히 헌신된 사람들을 제외하고는 그것을 받을 수 없다는 점을 강조하는 것은 사실 아주 좋은 정책은 아니다. 어떤 형태의 훈련을 받고 자격을 갖춘 사람에게만 성찬을 허락하는 것은 쉽게 실패할 수 있다는 내용이다. 그것은 헌신이 되지 않은 사람들로부터 성찬을 멀리 떼어 놓는 것일 뿐만 아니라 그들은 필요한 자격을 갖출 수 없는 사람이라고 두려워하기 때문에 아주 양심적인 사람들은 성찬을 멀리하게 하도록 만들 수 있다. 만약 세례나 성찬이 교회 훈련의 형태로서 기능을 하게 된다면 세례는 합리적인 선택이 될 것이다. 일단 가족으로 인정된다면 모든 사람들은 그를 가족의 일원으로 환영해야 할 것이다.

세례 받은 사람과 주님의 성찬 사이에 존재하는 두 번째 장벽은 오늘날에 아주 분명하게 대두되는 요소이다. 거의 모든 사람들이 그 장벽이 제거되는 것을 보기 원하지만 실제로 그렇게 하기 위해 적극적으로 행동하는 것은 아주 느리고 고통스러운 일이다. 이 장벽은 성찬을 받으려는 사람이 지금 어떤 교단에 소속되어 있느냐에 따라 성찬 참여를 배제한다. 어떤 교단에서는 주님의 성찬을 그 교단에 소속된 사람들에게만 허락하는 경우가 있고, 교리나 특별한 사항의 실행에 있어서 교단적인 동의를 가진 특정 교단에 속한 사람들에게만 허락하는 경우도 있다. 그렇게 성찬을 제한하는 사람들은 교회 질서에 기초하여 자신들은 아주 적절하게 처리하고 있다고 생각한다. 그러나 그들이 배제한 사람의 세례를 유효한 것이라고 일반적으로 인식할 때 배제된 사람들은 그렇게 물을 수 있다. "그리스도께서 세례를 통해 그의 거룩한 교회의 일원이 되게 하신 것을 당신이 어떻게 인식할 수 있으며, 그의 성찬상으로 나를 맞아들이지 못하게 될 것이라고 어떻게 단정할 수 있는가?" 그러한 배제의 행위 배후에는 진지한 이유가 있음에도 불구하고 다른 교단 소속의 신실한 수찬자를 맞아들이지 못한다는 것은 배제된 사람들에게는 깊은 고통을 유발할 수 있는 파문 선고(excommunication)의 형태이다. 그리고 그것은 교회가 그리스도 안에서 하나가 되어 세상에 온전히 드러내야 할 증언을 방해하는 것이 된다.

이러한 문제를 극복할 수 있는 방식과 관련하여 생각이 나눠진 두 진영이 있다. 하나는 성찬을 교제의 일치를 위한 자원으로 이해한다. 함께 먹는 사람들은 주님의 성찬상에서 진정한 하나 됨을 발견하게 될 것이다. 더욱이 엄격한 규정은 실행에 있어서 뒤떨어지는 경향이 있으며, 그들이 합리적 강제(enforcement)의 가능성을 넘어설 수 있게 변화될 수 있다. 그러므로 교단 간의 성찬 교류에 대해 금지하는 것은 무시될 수 있게 해준다. 이러한 경향을 취하는 진영에서는 기술적으로 합법적이지 않은 것을 실행하라고 권고한다. 그렇게 하여 진정한 일치를 이루어 갈 수 있으며, 결과적으로 그러한 규정은 실제로 일어날 수 있는 것에 순응하도록 변화될 것이다. 또 하나의 진영은 성찬을 통한 교제가 형식적인 일치를 이룰 수 있다고 주장한다. 실로 우둔하고 고통을 주는 규정을 고집하는 것은 단지 형식적인 일치를 향해 나아가도록 부추긴다. 라인홀드 니버는 이러한 접근 방식을 "성례전적 고통"(sacramental agony)이라고 주장한다. 세례를 통하여 형제와 자매가 되었지만 함께 주님의 식탁으로 나아갈 수 없는 사람들과 함께 무리를 이루어 예배하는 것은 깊은 영적인 고통을 경험하게 하는데, 여기에서 우리는 개혁의 필요성을 깨닫는다.

첫 번째 방향을 따르는 것이 가장 효과적인 것이 될 것인지, 아니면 두 번째나 이 두 가지를 함께 묶어 따르는 것이 효과적일지는 분명하지 않다. 그러나 한 주님, 하나의 믿음, 하나의 세례를 주장하는 사람들은 같은 성찬상에서 그리스도의 몸을 통해 영적 자양분을 함께 얻기까지는 어떤 방식에도 만족할 수 없다. 어떤 교단에 소속되어 있느냐에 기초하여 성찬상에 참여하는 것을 배제하는 것은 항구적으로 용납

할 수 없는 것이라는 이해는 기본적으로 세례에 대한 바른 이해이다.

세례 받은 모든 사람들이 성찬상에 참여하는 일에 있어 세 번째 장벽은 신체적, 정신적으로 발달 장애를 가진 사람들에 대한 판단과 관련되어 있다. 최근 몇 년 동안에 로마 가톨릭과 개신교회는 세례 받은 사람들도 그들이 일정한 연령이 되어 성례를 바로 이해할 수 있는 정신 연령에 이르기까지 성찬식에 참여하는 것을 허락하지 않았다. 발달이 늦은 지적장애인이나 나이가 들어 치매에 걸린 것과 같이 기억력을 상실한 사람들이 성찬을 받는 것에 대해 빗장을 질러 잠그거나, 혹은 성찬을 받는 것을 최소한 권유하지 않는 것을 당연하게 여겼다. 왜냐하면 그들은 인식능력이 떨어지거나 적절한 수준에 이르지 못하는 것으로 여겼기 때문이다. 세례 받은 사람과 성찬상 사이에 존재하는 이러한 장벽은 미묘하면서도 의문점을 갖게 하는 여러 가설을 바탕으로 한다. 그것은 우리가 성찬을 이성적으로 이해해야 한다거나 성찬을 받기 전에 명확한 이해를 가질 수 있도록 설명해 주어야 한다는 주장과 같은 가설이다. 그러한 가설은 중요한 역사적 증언과 목회적 경험에 의해 당연히 다시 검토되고 논의되어야 할 필요가 있다.

유아세례자들에 대한 성찬 배설을 금히는 것은 오래 계속되어 온 것이 아니었고, 모든 지역 교회가 그렇게 하는 것도 아니었다. 동방정교회에서는 유아들이 세례를 받는 순간에 성찬을 받게 했다. 서방교회에서도 여러 세기 동안 유아세례자들에게도 동일하게 성찬을 베풀었다. 6장에서 이것을 좀 더 살펴보겠지만 그러한 전통은 이제 사라졌다. 그것은 어떤 신학적 입장 때문보다는 역사적 정황과 관련되어 있다. 개신교 가운데, 특히 감리교는 주님의 성찬상에서 어린아이들을 배제하는 것에 대해 예외적인 경향을 취하였다. 감리교회에서는 모든 연령대의 가족이 성체를 함께 받는 것이 아주 일상적이었다.25)

더욱이 우리는 고대 교회가 실행한 것과 직면하게 되는데, 만약 인신적 이해(cognitive understanding)의 관점에서 성찬을 보게 된다면 그것은 우리에게 아주 생소하게 여겨질 것이다. 초기 몇 세기 동안에는 믿음을 갖기로 작정하고 회심한 성인들은 단일 예전 예식의 자리에서 세례와 성찬을 받았다. 그러나 그들은 미리 성찬에 대해서 그렇게 많이 듣거나 교육을 받지 않았다. 이것은 시간이 부족해서가 아니었다. 왜냐하면 수세 후보자는 거의 3년 이상 계속되었던 세례를 받기 전에 주어졌던 교육 기간을 가졌기 때문이다. 그들이 이러한 입교를 위한 의식을 받은 후에 새로 그리스도인이 된 사람들은 매일 교회에 나아왔으며, 성례전의 의미에 대해서 계속 들어 왔다. 비록 그들은 그 교육에 참여하기 전까지 그것을 분명하게 이해하지 못했다 할지라도 성례전은 하나님의 신비(divine mystery)라는 사실을 당연하게 받아들였던 것이 분명하다. 성례전은 교리나 설명이기 전에 경험(experiences)이었다(이러한 추정은 적어도 2세기 후반, 혹은 3세기 초에 히폴리투스 시대 이전에 아이들이 세례를 받고 성찬에 참여하였다는 사실에서 강조되고 있고, 비록 그들이 이러한 사건에 대해서 설명할 수 없다 할지라도 아이들은 그것을 경험할 수 있었고, 그들이 성례전을 경험해야 하는 것은 당연한 것으로 인정되었다).

오늘날 목회적인 경험은 정신 능력에 기초하여 어떤 사람들은 성찬에 나오는 것을 배제하는 것에 대해 이의를 제기한다. 많은 목회자들은 회중 가운데 어린이들이 성찬을 받을 수 있을 만큼 이미 모든 것을 갖추었다고 전하고 있다. 왜냐하면 그들은 삶의 아주 초기에 음식이 제공될 때에 배제되고 포함된다는 것이 무엇을 의미하는지를 잘 알고 있기 때문이다. 세례가 하나님의 가족으로 포함되었다는 사실을 의미하기 때문에 이것은 결코 사소한 문제가 아니다. 나는 최근에 정신적 장애를 가지고 있는 수십 명의 학생들이 포함된 회중을 위해 성령강림절에 성찬 집례를 해달라는 초청을 받은 적이 있다. 거기에서 성찬에 참여한 많은 성인 회중은 성찬이 가지는 의미에 대해 잘 숙지하고 있는 것으로 보였는데, 그들은 침착한 자세와 다소 경직된 모습으로 성찬을 받기 위해 앞으로 나아왔다. 그러나 지적장애를 가지고 있는 아이들은 얼굴에 미소를 가득 담은 채 성찬상으로 나아왔고, 주님의 선물을 받기 위해 기쁨으로 손을 내밀었다. 그들은 "보다 유능한" 많은 어른들이 하지 못한 것을 이해하고 있는 것처럼 나에게는 느껴졌다. 그리고 나는 성령님께서 그 아이들에게 독특하게 성례전적 언어를 통해 말씀하셔서 그들이 자신의 언어로 각자가 진심으로 듣고 있다는 확신을 지울 수가 없었다.

목회 현장에서 경험하는 바를 생각하면 연로하신 분들이 성찬을 받을 때 보여주었던 것도 아주 좋은 예가 될 수 있다. 제자 목회자가 부목사로 사역할 때 있었던 일에 대해 들려준 이야기이다. 담임목사는 그에게 나이가 많아 양로원(nursing home)에서 생활하고 있는 한 신실한 교우에게 성체를 가지고 가서 전달할 것을 부탁했다. 양로원을 방문한 그는 안내 데스크에서 이런 말을 들었다. "그래요. 안에 들어가서 그분을 만나셔도 됩니다. 그러나 그분에게 성체를 전달한다고 해도 아무 소용이 없을 것입니다. 왜냐하면 그분은 몇 달째 아무 것도 알지 못한 채 누워 있기 때문입니다. 그는 무슨 말을 하지만 전혀 알아들을 수 없구

요. 심지어는 자녀들이 와도 전혀 알아보지 못합니다." 그러나 중요한 사역을 위해서 온 만큼 그는 포기할 수 없었고 담임목사가 부탁한 일을 수행하지 않을 수 없었다. 속으로 그러한 일을 수행할 때 지혜를 주시도록 구하면서 안으로 들어갔다. 기도하고 있을 때 그 환자는 괴로운 표정으로 창밖을 응시하고 있었다. 그리고 그녀는 분명히 이해한 것 같지 않은 표정으로 빵과 포도주를 받았다. 그러나 그렇게 하면서 갑자기 그 목사님을 바라보더니 그렇게 말했다. "하나님은 정말로 우리를 사랑하시지요? 그렇지요?" 내가 어느 목회자 세미나에서 이 이야기를 했을 때 수많은 목회자들이 비슷한 경험들을 전해주었다. 하나님께서는 우리가 정신적으로 문제가 있어 제대로 이해할 능력이 없다고 생각하는 사람들에게도 말씀하신다는 사실을 깨우쳐 주었다.

    하나님께서는 성례전을 통하여 정신적으로 장애를 가지고 있는 사람들과 커뮤니케이션을 하신다는 사실을 깨닫게 되는 경험은 성례전과 다른 형태의 복음의 커뮤니케이션의 관계성을 명료하게 이해할 수 있도록 도와준다. 설교를 듣고 교리교육을 이해하는 데 어느 정도의 지적 발달이 분명 필요하다고 우리는 추정할 수 있다. 그러나 성례전은 보다 개념 이해에 치중하는 이러한 행위와 같지 않게 이것에 대해 보완적인 특성을 가진다. 복음은 어떤 수준에서 정신적인 능력이 온전한 사람을 위해서도 주어질 뿐만 아니라 그렇지 못한 사람까지 포함하여 모든 사람을 위해 주어진다. 성례전을 통해 하나님께서는 기독교 공동체 안에 있는 사람들과 아주 특별한 방식으로 소통하신다는 것은 이치에 맞는 주장이다. 그것은 지적으로 이해 능력이 떨어지는 사람이나 자신의 의사를 명확히 표현할 수 없는 사람들도 함께 포함된다.

구소련에서 서방세계로 망명해 나오기 전 알렉산더 솔제니친은 교회의 자유를 위해 모스크바 총대주교에게 감동적인 탄원을 보낸 적이 있다. 거기에는 아이들이 예전에 참여할 수 있도록 해줄 것을 요청하는 간청도 함께 포함되어 있는데, 비록 정부에서 그 점에 대해 정치적 압력을 가하고 있다 할지라도 허락되어야 한다고 탄원한다. 솔제니친은 여기에서 우리가 제시하는 것처럼 성숙한 믿음은 나중에 차츰 형성되어 간다는 초기 교회의 가르침은 분명 도움이 되는 기초가 되지만 그 부분을 논쟁하지는 않는다. 보다 근본적인 중요성을 언급하면서 그는 어린이들이 나중에는 이해할 수 없을지도 모르는 예전의 차원을 인식할 능력이 있다고 주장한다. 그러면서 그는 다음과 같이 주장한다.

전에 저는 교회의 많은 예배에 참석하면서 보냈던 어릴 적 시간들을 떠올리며 놀랍도록 신선하고 순수했던 초기의 인상들을 기억합니다. 그것들은 나중에도 어떤 분쇄기나 정신 이론으로도 지워질 수가 없었습니다. … (러시아에서) 유아세례를 받은 후에 교회의 아이들은 전체적으로 성찬을 받는 것이 중지되었고(이것은 교회가 예전에서 아이들을 배제하도록 정부에서 입력을 행사하면서부터 시작되었습니다), 신앙석 양육의 문은 그들에 대해서 견고하게 닫히고 말았습니다. 그들은 예배에 참석하고 성찬을 받는 것도 금지되었으며, 아마도 교회에 참석하는 것조차도 금지가 되었습니다. 우리는 아이들이 교회의 예배에서 반복할 수도 없고 순수한 천사와 같은 인식을 가질 수 있는 기회를 빼앗아 버렸습니다. 그 예배는 성인의 삶에서는 다시 경험할 수도 없고 잃어버린 것에 대해서 이해도 할 수 없는 그런 소중한 것입니다.[26]

솔제니친은 (우리가 흔히 그렇게 부르는) 이성적으로 인식할 수 있는 나이에 도달하는 것은 우리의 영적 인식에의 방식에 있어서 실제로는 많은 장애물을 두는 것과 같은데 그때는 주님의 성찬이나 다른 성례전 경험에 참석할 수 있게 허락하는 적절한 연령이라고 생각하지만 실제로는 더 멀어지게 하는 것이라고 주장한다. 이것이 반지성주의의 주장으로 들릴지 모르지만 우리는 계몽주의 사고가 최근 몇 세기 동안 성례전 실행에 얼마나 비참한 영향력을 미쳤는지 기억할 필요가 있다. 그 모든 사항을 여기에서 다 언급할 수는 없지만 그 몇 가지 예를 들어볼 수 있다.

18세기에 산소를 발견한 조셉 프리스틀리(Joseph Priestley)를 포함하여 영국의 지성들은 『예배서』(Book of Common Prayer)를 개정하였는데, 과학적으로 논증할 수 없는 것은 다 제거하려고 했다. 가령 삼위일체 교리나 예수 그리스도의 신성, 종말 등에 대해 전혀 언급하지 않는 성례전적 강조만을 포함시켰다. 1789년 개혁을 따르면서 다른 많은 곳 가운데서도 특히 파리의 노트르담 성당에는 십자가도 제단에서 떼어내고 그 자리에 이성의 여신을 올려놓으려고 하는 등 세속화하였다. 1800년에는 6명의 수찬자들이 부활주일에 런던의 성바울 대성당(St. Paul's Cathedral)에 나갔다. 당시 부활주일은 성찬을 받는 것이 아마도 의무였던 날 가운데 하루였던 것 같다. 계몽주의 개혁의 빈약함은 기도서가 오늘날 신학적으로 상처를 입지 않고(오늘날 과감한 개정이 이루어졌지만) 여전히 사용되고 있으며, 십자가가 노트르담 성당의 강단에 다시 부착되었으며, 성바울 대성당에 적어도 성찬을 받기 위해 존경심을 가지고 부활주일에 함께 모여들고 있다는 사실만으로도 입증이 된 셈이다.

이것은 이성이 영적 이해에 서로 용납되지 않는 정반대의 진영이라는 점을 말하려는 것이 아니라 오히려 이성 그 자체만으로는 충분치 않다는 점을 말하려는 것이다. 이성은 인식과 평가의 다른 양식에 의해서 선행되어야 하고 동반되어야 할 필요가 있다. 인간을 전인적으로 창조하신 하나님께서는 우리 존재 전체를 향해 말씀하신다. 우리를 향한 하나님의 접근 방식을 걸러내려고 할 때 하나님의 역사를 방해하게 된다. 이것이 주님의 성찬상에 세례 받은 사람인 데도 특정인을 배제하는 것이 왜 심각한 문제인지에 대한 설명이다. 그것이 일정한 신앙의 훈련, 교단주의, 이성주의에 기초하여 이루어졌든지 간에 성찬상에서 특정인을 배제하는 것은 마땅히 논의되어야 할 사항이다.

세례, 교인됨, 훈련

세례, 갱신, 그리고 성찬을 받는 것과 관련하여 설문조사한 내용에 의하면, 우리는 두 가지의 관련된 사항에 대해 논의를 해야 할 것 같다. 언제 우리는 교회의 정식 일원이 될 수 있는가? 그리스도인은 누구인가?

첫 번째 질문에 대한 답은 두 가지 측면을 가지는데, 하나는 신학적이고 또 다른 하나는 행정적인 측면이다. 이 둘 사이에는 종종 갈등이 발생한다. 신학적 대답은 직선적인데, 우리가 세례를 받을 때 우리는 주님의 교회의 일원이 된다. 그러나 어떤 교단에서는 그것이 일반적이든, 아니면 법규화되어 있든 어떤 사람이 "교회에 들어오게 되면" 그 나이가 십대 사춘기 때이든, 아니면 그 이후이든 지각 있는 헌신(conscious commitment) 행위와 연결하여 세례를 주고 있다. 심지어는 그가 세례를 훨씬 이전에 받은 경우에도 그렇다. 이것은 세례 받은 사람이 언제나 교회의 일원이 아니라는 사실을 선명하게 반영한다.

그러한 접근 방식이 수반하는 문제가 무엇인지를 인식하면서 다른 교단들은 세례를 받았으나 아직 견신례를 하지 않은 교인과 견신례를 한 교인으로 교인을 나누는 방식을 취함으로 이 문제에 대해 선명하게 하려고 한다. 이것은 교회의 교인이 되는 것은 두 가지의 분명한 단계를 밟아야 한다는 사실을 함축적으로 보여주며, 세례 그 자체만으로는 완벽하지 못하다는 안타까운 논증을 강화시키는 결과를 야기한다. 다른 교회들은 예비교인(신자)과 정식교인 등의 범주로 분류하기도 하는데, 이것은 부가적으로 세례가 온전한 성례전이 아니라는 사실을 함축하고 있다. 그러한 단정은 교회가 온전한 신앙인으로 받아들이는 기초와 관련하여 신앙의 성숙이라는 가정에 대해 우리가 지금까지 논의해 온 사항들을 제기함에 있어 이것은 우리를 당혹하게 만드는 이슈이다.

인간적 차원에서 생각하면 우리의 아들과 딸들이 일정한 나이가 되기까지 온전한 가족의 일원이 되지 못하고 단지 예비 가족의 차원에 머물도록 해야 하는가? 그들이 성장해 가면서 각 단계에서 각기 다른 모습을 보게 될 것임을 기대할 수 있음에도 불구하고 출생하면서부터 온전한 가족의 일원으로 그들을 받아들일 수는 없는 것인가? 태생적인 가족에게 있어서 온전성이란 열 살이나, 혹은 열다섯이 되어 성취하게 될 것으로 기대하는 성품을 얼마큼 얻었느냐의 정도와 수준에 따라서가 아니라 전적으로 가족들 가운데 함께 존재하는 바로 그 순간에 따라서 모든 것은 결정된다. 이러한 점에서 우리 아이들은 가족으로서 그들의 자리를 차지하기 위하여 무엇을 성취해야 하는 것이 아니고, 우리가 그들을 태어나게 했고 사랑하기 때문에 그들은 우리 가족의 일원이 되었다. 비록 부모가 아이들에 대해서 어떤 기대를 가지고 있을 수는 있지만 모든 상황에서 그 사랑은 무조건적이다. 그와 마찬가지로 하나님께서도 우리의 헌신과 성장을 찾으시고 기대하실 수도 있다. 그러나 우리가 교회의 일원이 되게 하신 것은 하나님의 무조건적인 사랑 때문이다. 세례 가운데서 하나님은 불충분하게 반 토막으로 역사하시지 않는다.

교회의 일원이 되는 행정적 범주가 필요하다는 것은 부인할 수 없다. 그러나 이것은 세례와 관련하여 신학적 진리와 갈등을 빚는 것은 아니다. 합법적인 목적을 위해 우리가 교회 모임에서 투표하여 결정한 사람과 그렇지 않은 사람을 구분한다면 그때 그 범주는 "투표하여 결정한 사람"과 "투표하지 않고 결정한 사람"으로 나눠지게 될 것이다. 투표자의 범주에 들어갈 수 있는 것은 신앙 연륜이나 사회적 지위에 기초하여 규정한다면, 세례는 받았는데 그 나이가 넘은 사람은 비활동성 때문에 투표할 수 없게 될 가능성이 제거된다. 이러한 사실은 어떤 다른 행정적 분리의 가능성을 나타낼 수도 있게 되는데 활동, 혹은 비활동 교인의 지위를 나눠 놓을 수 있다. 여기에서 그러한 지위를 얻게 되는 기준의 토대와 판단 절차가 교묘하다. 종종 헌금을 얼마나 많이 했는지와 함께 예배 참석 빈도수와 성찬 참여 여부가 그러한 행위를 판단하는 데 이용되었다. 그러나 이런 것들은 세상 가운데서 기독교의 사역에 깊게 헌신했는지 여부를 정확하게 판단하는 데 필수적인 요소는 아니다.

활동교인의 지위를 결정하는 것은 결코 쉽지 않지만 '활동'과 '비활동'의 범주를 사용하는 것은 두 가지의 이점을 가진다. 첫째, 나이는 중요한 사항이 아니다. 어린이들은 활동교인이 되기 위해 훌륭한 방식으로 그리스도께 대한 헌신을 수행하면서 그들의 생을 살게 될 것이다. 연대기적으로 성인에 이르는 것은 확언적인 판단을 보증할 수 없기도 한다. 둘째, 모든 세례 받은 사람은 교인이라고 칭해야 한다. 이처럼 우리는 하나님의 행동과 기대에 강조점을 둔다. 하나님께서는 언약의 일부를 깨뜨리고 지키지 않을 때조차도 우리를 포기하지 않으시고 오히려 우리가 신실한 믿음의 상태로 돌아오기를 기다리신다. 세례의 약속과 회개에 대해 온전히 응답하지 않는 사람은 교회에 다시 가입하는 것이 아니라 그들은 단지 파기한 언약의 부분을 다시 재확증하는 것이고 갱신하는 것이다. 그들은 지금 결코 빼앗길 수 없는 교인직에 대해 긍정적으로 행동하고 있는 것이다.

이제 우리는 보다 곤란한 질문인 두 번째로 넘어가야 할 것 같다. 그러면 누가 그리스도인이라고 칭함을 받을 수 있을까? 세례 약속을 잘 지키지 않는 데도 교회의 모든 일원은 다 그리스도인인가? 그 질문에 대해서는 '그리스도인'이라는 용어가 가지는 다양한 의미를 온전히 살펴보기 전까지는 완벽하게 답을 할 수 없다.

'그리스도인'이라는 말의 하나의 가능한 정의는 사회학적 측면을 담고 있다. 여론 조사원이 방문하여 대문 앞에서 그렇게 묻는다. "당신은 그리스도인이십니까? 아니면 유대인이나 모슬렘, 혹은 다른 종교를 신봉하고 있습니까?" 대부분의 서구 국가에서는 유대교나 이슬람의 신봉자가 아닌 사람이라면 누구나 "그리스도인"이라고 대답할 것이다. 그러한 대답은 현재의 헌신 수준이나 세례를 받았는지의 여부를 나타내는 것이 아니다. 그러한 정체성은 "이곳은 기독교 국가입니다"라는 가정을 전제로 한다. 그러므로 다른 옵션을 선택하지 않은 사람은 그 소속(혹은 기정값)이 어디인지를 밝히는 내용이다. 그리스도의 제자직에 대해 신중하게 생각하는 사람에게는 이 사회학적 정의의 약점은 자명하며 역사적으로 소위 기독교 사회에서는 많은 어려움의 원천으로 작용한다.

'그리스도인'이라는 용어가 가지는 다른 정의는 교리와 관련이 있다. 이것은 예수 그리스도의 신성과 주님 되심에, 그리고 삼위일체 등에 관해 분명한 고백을 가진 사람을 그리스도인이라고 한다는 의미가 있다. 이 접근은 오늘날에 가지는 의미보다 과거에는 보다 공식적인 중요성을 가지고 있었다. 그것은 어떤 시기에 표면적으로는 교회의 특정 분리 운동(break-away church movements)이나 신학적 이단을 규정하는 일에 사용되기도 했다. 다시금 이것이 지니는 약점은 분명해진다. 지적인 동의는 세상 가운데서 자동적으로 활동적인 기독교 증인이 되게 한다는 생각과 마찬가지로 진리를 가지고 몸부림을 할 때 인간의 유한성을 받아들이는 데 실패하고 지나친 지적 엄격함의 가능성, 자비의 부족이라는 문제점을 낳게 된다.

'그리스도인'이라는 세 번째 가능한 정의는 정위력(orientation)의 관점에서 본 윤리적 특성에서 설명할 수 있다. 앞의 두 정의가 가지는 약점에 대해 부분적으로 보완하는 특성이 있는데, 그리스도인은 사회적 가치, 혹은 라이프 스타일이라는 관점에서 규정할 수 있다. 낙태, 핵무기 폐지, 인종 차별에 대한 투쟁과 같은 관점 때문에 그리스도인과 비그리스도인으로 간주되는 경우이다. 혹은 어떤 사람은 그렇게 말할 수 있다. "나는 그리스도인이 되려고 한다. 나는 주일에는 일을 하지 않고, 물건도 사지 않는다. 나는 도박을 하지 않으며, 하나님의 이름을 망령되게 사용하지 않는다"(혹은 어떤 특정 신학적 관점을 취하여서 그렇게 말할 수도 있다. "나는 춤을 추지 않고, 장신구를 착용하지 않으며, 영화관에 가지 않는다"). 혹은 사회 의식적 기준이나 개인적 도덕 기준을 따라 지리적으로든 삶의 자세에서든 일반적인 경향과는 180도 다른 모습으로 살아가는 세상과 분리된 삶을 살기도 한다. 판단의 다양성은 "열매로 그들을 알지니"라고 한 성경구절과 연결된다. 그러나 열매는 성령님의 역사로 맺혀지는 것이며, 우리가 구원을 얻고 영성을 얻는 수단이 아니라는 중요한 성경적 통찰력과 진지하게 일치되지 않는다. 더욱이 그렇게 '그리스도인'이라는 용어를 규정하는 것은 위험하다(심지어는 불경스러운 것이 될 수도 있다). 특히 그러한 자격은 판단하는 사람에 의해 결정될 수 있다.

'그리스도인'의 네 번째 정의는 경험적인 차원과 관련이 있다. 그러한 사람은 어떤 종교적 경험을 가진(분명하게 설명할 수 있는) 그리스도인이라 할 수 있다. 그는 소위 '구원을 받은' 사람이라고 생각하지만 십자가에서 죽으신 그리스도의 대속적 사역과 객관적인 관련성을 가지고 있지 않으며, 그의 객관적 사역에 대한 응답인 제자도에 대해서 개인적 헌신이 있는 것도 아니다. 단지 특별한 감정적 경험에만 충실하려는 그런 관점을 가질 수 있다. 그리스도의 사역은 자신이 경험하는 주관적 차원에서만 적절하게 이해될 수 있는 것으로 생각한다. 이런 사람들은 그리스도인들을 '중생한' 사람으로 이해하기도 한다. 여기에서는 자주 그 초점이 그리스도의 구속에 맞추어지지 않는 문제점을 보인다. 여기에서 경험은 보다 산만한 방식으로 해석되지만 그 강조점은 많은 부분에서 동일하다. 어떤 점에서 이중의 경험이 주어지길 기대하게 된다. 그리스도인은 구원받아 거룩하게 된 사람이며, 거듭나 성령으로 세례를 받은 사람이다. 그래서 그는 성령의 치유하는 능력의 카리스마를 입었으며, 방언으로 말하는 능력 등을 갖춘 사람이다. 일반적으로 이 그룹의 정의가 가지는 약점은 하나님의 사랑에 대한 개인적 경험에 그 강조점을 두기보다는 모든 생생한 경험이 그 내용에 있어서 단일화되는데, 그 확실성은 다른 사람에 의해서 정확하게, 혹은 엄격하게 평가될 수 있다는 생각에 그 강조점을 둔다는 데에 있다. 그리스도인에 대한 경험적 정의는 종종 다른 사람의 평가에 의해서 결정된다는 점이 약점으로 작용한다. 즉, "그는 방언을 할 줄 모르기 때문에 그러그러해서 그리스도인이 아니다"라든지, "우리는 목회자를 위해서 기도하는 모임을 가지고 있는데 그 목사님은 진정한 의미에서 아직 그리스도인이 아니기 때문이다"와 같이 말하는 경우를 종종 듣게 된다.

사회학적, 교리적, 윤리적, 그리고 경험적 정의는 서로 배타적이지 않다. 예를 들어, 어떤 경우에 그리스도인은 특별한 경험을 가지고 있으며, 그러므로 자동적으로 어떤 교리를 믿는 사람이며, 어떤 방식으로 행동하는 사람이라고 주장한다. 그 교리는 예컨대 "중생한 그리스도인은 예수님의 동정녀 탄생을 믿으며, 그는 예수님의 재림에 있어서 전천년설의 입장을 받아들이고, 그 사람은 담배를 피우지 않고 술을 마시지 않으며 사교춤을 추지 않는다"와 같은 것이다.

이러한 정의들과 방식들이 가지고 있는 근원적인 어려움이 무엇인지를 생각해 보면 이것들은 둘, 혹은 그 이상이 함께 연합될 때 행동의 이상적 방향이 "누가 그리스도인인가?"라는 질문에 답을 주지 못하며 그 답변을 제공하는 일을 중단하게 된다는 점이다. 그러나 그 질문은 사라지지는 않는다. 그러므로 다섯 번째 정의를 생각하게 되는데, 앞서 논의에서 분명하게 함축되었던 것처럼 "그리스도인은 세례를 받은 사람이다"라는 정의이다.

다섯 번째 정의는 그 의미를 적절하게 이해하면 앞서 제시된 네 가지의 정의에 비해서 별다른 어려움이 없게 된다. 또한 다른 것들에 비해 보다 명확한 객관성과 통전성을 지닌다. 그러나 이 정의에 대한 적절한 이해는 세례 언약이 가지는 양면성에 대해 응당 주어져야 할 중요성을 강화시켜 준다. 그리스도인은 그리스도에 의해 성례전적으로 권한을 가진 존재이며 정체성이 부여된 존재요, 주님의 교회에 연합된 자이며 새로운 피조세계의 일원이 된 존재이다. 그리스도인은 일생을 통하여 하나님의 자녀처럼 살 수도 있고, 사탄의 자녀처럼 살 수도 있는 존재이다. 지울 수 없는 정체성이 주어졌음에도 불구하고 그리스도인들은 그 정체성의 의미를 무시하고 살 수도 있다. 이와 같이 그리스도인이라는 것에 대한 어떤 진짜 의미를 이해하기 위해서는 언약이 가지는 인간적 측면으로부터 말할 때 수식어구를 필요로 한다. 그리스도인은 주님의 뜻을 따라 충실하게 삶을 사는 헌신된 그리스도인일 수도 있고, 그 뜻을 무시하거나 거부하면서 살아가는 아직 헌신되지 않은 그리스도인일 수도 있다. 혹은 좋은 의도를 가지고 이따금 헌신된 그리스도인이 되기도 하지만 삶의 실천은 언제나 미비한 사람일 수도 있다.

그것이 다소 이상하게 들릴지 모르지만 이러한 이중의 방식 – 우리는 하나님의 관점에서 그리스도인이 된 존재들이며, 하나님께서 우리를 위해 행하신 일에 응답을 통해 형성된 존재이다 – 으로 그리스도인에 대해 말하는 것보다 좋은 방식은 없다. 이러한 이중적 이해 방식은 "그리스도인은 누구인가?"라는 질문을 삼쌍둥이처럼 언제나 연결되어 나오는 질문, "누가 구원을 받게 되는가?"라는 질문과 분리할 수 없다는 사실을 깨닫게 한다. 언약에 대해 하나님 편에서 생각하게 되면 우리는 첫 번째 질문에 대해 객관적으로 대답할 수 있다. 그리고 인간 편에서 생각하게 되면 이러한 방식은 임시적이고 인식할 수 있을 만큼 완벽하지 못함에도 불구하고 우리는 응답과 헌신을 주장할 수 있는 방식을 발견하게 될 것이다. 그러나 오직 하나님만이 "누가 구원을 받게 될 것인가?"라는 질문에 대답하실 수 있다. 이러한 질문에 대해 명확한 대답을 갖기 원하는 우리의 바람과, 눈에 보이는 것으로가 아니라 믿음으로, 눈에 보이는 증거로가 아니라 신뢰하는 자세로 살 것을 바라는 성경적 바람 사이에는 기본적인 갈등이 있을 수 있다. 하나님께서는 모두를 구원하기를 바라시며 또한 그렇게 하실 능력도 있다는 것을 아는 것으로 족한 줄 알아야 한다.

어떤 사람들에게는 이것이 빈약하게 감추어진 보편 구원설(universalism)이나, 적어도 한번 구원받으면 영원한 안전을 보장받는 교리로 보일 수도 있다. 세례를 통해서 주어지는 하나님의 약속이 분명하다면 세례를 받은 사람은 모두가 자동적으로 천국에 들어가게 되는가? 그러나 우리가 언약이 가지는 양면성을 신중하게 고려할 때 그것은 분명해진다. 다시 한 번 인간 가족의 유비를 가지고 설명해 보자. 아내와 나는 십대인 두 딸의 부모이다. 우리는 그들을 완벽한 가족의 일원으로 생각하고 있다. 가족이 되기 위하여 준비하고 있는 예비 가족도 아니고 부분적으로 가족인 사람으로 생각하지 않는다. 여기에서 그들은 이 관계를 확신하고 있다. 그러나 그럴 가능성은 있다. 어느 날 인가 그들이 가족의 방식이나 가치를 부인할 수도 있고, 법적으로 이름을 바꿀 수도 있으며, 그들이 다른 곳으로 떠나서 함께 살지 못할 수도 있다. 우리 아이들은 그들이 원하면 얼마든지 그렇게 할 수 있다. 많은 부모들이 그들의 어려움의 시간에 깨닫게 되는 것처럼 아이들이 성인이 되기 위해 성장 과정에서 필요한 자유를 가지고 살아가는 동안 그러한 일을 막을 수 있는 방법은 없다.

딸아이가 그렇게 말했다고 가정해 보자. "내가 지금까지 관심을 가져온 바이지만 아빠의 잔소리를 듣고 싶지 않아 여기에서 나가서 살 거예요. 나를 딸이라고 생각하지 마세요. 저도 이제 더 이상 아빠를 내 가족으로 생각하지 않을 거예요." 딸의 관점에서는 그것이 가능한 이야기일지 모르지만 부모는 그렇지 않다. 딸이 그렇게 말한다고 해서 그를 딸로 생각하지 않는다거나 설령 딸이 우리를 부모라고 생각하지 않는다고 해서 부모도 이젠 너는 내 딸이 아니라고 생각하는 것과 같은 일이 일어날 수 있을까? 우리 아이들이 보기에 어리석게 행한다고 하더라도 그들은 여전히 우리의 자녀들이다. 우리는 그들의 사랑을 강요할 수 없다. 아이들이 부모를 사랑하는 마음이 부족하여 심적인 고통을 당할 수 있다. 그렇게 떨어져 나가는 것을 막을 수 있는 모든 가능한 방법을 강구할 수 있다. 이것이 인간 가족에게서 일어나는 일이라면 세례를 통해 놀라우신 하나님의 자녀가 되었고 그리스도 안에서 우리가 형제와 자매가 되었다고 선언하셨는데 어떻게 하나님의 사랑에 그런 일이 일어날 수 있을까?

우리가 그리스도의 가족의 일원에서 떨어져 나갈 수 없다는 사실을 주장하기 위하여 세례 가운데서 우리가 하나님으로부터 지워질 수 없는 정체성을 받았다는 사실을 주장하는 것은 어떤 방식으로든 인간의 자유를 침해하는 것이 아니며 그것은 자동적으로 구원을 받게 된다는 교리를 함축하는 것도 아니다. 그것은 교인됨에 대한 교회의 규정이나 용어를 설명하는 것일 뿐이다. 보다 중요한 것은 하나님의 사랑을 전심으로 믿을 수 있다는 사실을 말하는 것이며, 믿음의 공동체 안의 다른 모든 사람들을 위한 그 공동체의 책임에 대해 말하는 것이다. 또한 죽을 때까지 세례의 언약을 지키고 새롭게 할 필요성과 동기에 대해 말하는 것이다. 이렇게 우리가 흔히 '그리스도인'이라고 사용하는 이름 안에는 애매함과 가능성이 함께 존재한다는 사실을 일깨워 준다.

5장

그러나 그것이 과연 성경적인가?

Baptism: Christ's Act in the Church

세례는 입문하는 과정이고 의미이다.
초기 그리스도인들은
세례를
그들의 경험 가운데
가장 중요한 요소로 여겼다.

5장

그러나 그것이
과연 성경적인가?

앞 장에서 인용했던 성경구절이 선명하게 알려주고 있는 데도 불구하고 이미 제시된 세례에 대한 이해에 대해 여기에서 "그러나 그것이 과연 성경적인가?"라는 질문을 제기하는 것은 조금 이상하게 보일 수 있다. 그러나 성경 기자들이 당연한 것으로 여겼던 주장을 어떻게 이해해야 할지를 잊고 있기 때문에 이 질문은 합당하면서도 필요한 것으로 느껴진다. 우리는 성경적으로 생각할 수 있는 능력을 많이 상실했다. 이것이 다소 과장된 주장처럼 느껴질 수 있지만 그것은 일반적으로 세례와 관련된 주요 성경구절을 보다 깊이 있게 볼 수 있도록 해 준다. 그리고 초기 세례 예전이 반영하고 있는 것과 같은 성경적 관점을 다시금 살펴보도록 만들어 준다.

주요 성경구절에서 새로운 의미 발견하기

세례와 관련된 신약의 모든 구절을 점검하는 것은 또 한 권의 책을 쓰거나 몇 권의 분량의 책을 집필해야 할 내용이 될 것이다. 그러나 좀 더 깊이 바라볼 때 성경구절에서 우리는 일련의 새로운 의미들을 발견할 수 있다. 여기에서 우리는 예수님이 세례 받으시는 장면을 보여주는 말씀을 먼저 살펴본 후 베드로전서에 나오는 주요 단편적인 내용을 살펴보고자 한다. 그때 우리는 세례에 대한 일반적인 성경의 관점을 간략히 살펴볼 수 있을 것이다.

복음서에서 예수님의 세례에 대한 기사를 읽다 보면 우리는 주님의 사역 초기에 대한 흥미 있는 설명을 볼 수 있다. 예수님께서 세례 요한에게 나아가셔서 세례를 받으시고 성령의 능력으로 유혹을 물리치셨으며, 그의 거룩한 사역을 시작하셨다는 내용이다. 그러나 신약성경의 기자들은 역사적 사실을 전하는 데에 관심을 두었던 것이 아니다. 그들은 예수님이 메시아이심을 그의 독자들에게 확신시키기를 원하였다. 그러므로 그들은 주로 예수님의 정체성에 관심을 가지고 있었으며, 그가 어떻게 구약성경이 제시하는 희망을 성취해 가시는가에 관심을 가지고 있었다. 이와 같이 세례에 대한 기록은 예수님을 선지자들이 말한 바를 성취하시고 완성하시며 하나님께서 사랑하시는 분으로 묘사한다.

세례를 묘사하는 내러티브를 주의하여 읽어보면 세례 요한은 선지자들 중의 첫째인 엘리야를 엄청나게 닮았다는 사실을 발견할 수 있다. 그들은 털옷을 입었으며 가죽신을 신고 있었다. 그러므로 독자들은 세례 요한을 선지자 시대의 마지막 사람으로 보게 된다. 이러한 사실은 마태복음 14장 5절, 누가복음 1장 17절, 76절 등과 같은 구절에 함축되어 있으며, 마태복음 11장 1~15절과 누가복음 16장 16절에 명료하게 제시되고 있다. 지금 세례 요한에게 세례를 받으신 분은 새로운 시대를 열고 있으며 새 언약을 수립하신다. 그러나 옛 것과 새 것은 정반대의 것으로 대조를 이루지 않는다. 새 것은 옛 것으로부터 발전되어 나오고 있으며 구약성경의 독자들에게 익숙한 용어로 기술되고 있다.

신약성경을 읽을 때 그 기자들이 신실한 유대인으로 자신을 간주하고 있으며 우리가 구약성경이라고 부르는 자료들을 그들 모두는 유일한 성경으로 받아들이고 있었다는 사실을 정기적으로 상기할 필요가 있다. 특히 첫 5권의 책(토라)은 중심을 이루면서 중요성을 가지는데, 경건한 유대인들은 이 자료를 암기하려고 했다. 새로 들어온 개종자들은 집중적인 연구를 통해서 이 성경을 자신의 것으로 만들려고 했다. 이와 같이 초기 신약성경의 기자들은 독자들이 구약성경을 모든 것의 원천으로 인식하게 하려고 했고, 필요한 연결과 해석을 제시하려는 마음으로 구약성경 구절들을 언급하고 있음을 알 수 있다. 우리는 구약성경 연구를 등한히 하기 때문에 많은 부분에서 그 능력을 상실하고 있음을 알 수 있다.

예수님의 세례에 대한 기사를 읽으면서 우리는 물, 성령, 음성에 대한 언급을 내러티브의 일부 항목으로 간주해 버린다. 그러나 성경 기자들은 우리가 생각하는 것보다 훨씬 더 많은 것을 거기에 담고 있다. 창세기 1장 1~3절은 창조와 연결하여 물, 하나님의 영, 하나님의 음성이 언급된다. 복음서에 이러한 세 가지가 특별하게 언급되고 있는 것은 그리스도 새 창조를 시작하신다는 사실을 강조하려는 의도가 있다.[27] 바울이 고린도후서 5장 17절과 갈라디아서 6장 15절에서 "새로운 피조물"이라고 명료하게 제시한 것을 복음서 기자들은 보다 섬세하게, 그러면서도 강렬한 방식으로 제시한다.

주님의 세례에서 성령이 비둘기와 같이 나타났다는 것을 주목해 보는 것도 중요하다. 복음서 기자가 일시적인 생각을 따라서 단지 은유로 그것을 사용하고 있으며, 구약성경에서는 고상한 것으로 독수리를 흔히 사용하는데 그것과 비슷한 관점으로 선택하였다고 추정하기 쉽다. 그러나 비둘기의 사용은 보다 계획적인 것이었다. 왜냐하면 그것은 예수님의 세례를 노아 당시에 있었던 구원의 이야기와 연결시키고 있기 때문이다. 대홍수 후에 새롭게 된 창조세계의 증거를 가지고 되돌아온 것은 비둘기였다. 예수님은 진정 새로운 창조를 시작하셨고, 그 자신이 구원의 새로운 방주였다(홍수와 세례 사이에 존재하는 관계성에 대해서는 베드로전서 연구에서 보다 분명하게 보게 될 것이다).

우리가 예수님의 모티프를 새로운 모세로 탐구할 때 예수님의 세례 기사에서 새로운 의미를 찾을 수 있게 된다. 마태는 예수님의 탄생 기사에서 이러한 연결점을 보다 선명하게 제시한다. 애굽으로부터의 민족 해방을 주도할 지도자와 같이 예수님께서도 태어난 지 얼마 되지 않아 유아기를 하나님을 섬기지 않는 왕의 진노를 피해 이집트에서 숨어 지내야 했다. 이러한 병행구를 통해 의도했던 것은 본래 이스라엘과 출애굽에 적용되었던 사항이었는데, 마태는 이것을 예수님께 적용시키고 있음이 분명하게 드러난다. 마태복음 2장 15절에서 호세아 11장 1절을 인용하고 있는데, "애굽으로부터 내 아들을 불렀다"는 말씀에서도 그러한 특징을 찾을 수 있다. 예수님의 세례 기사 이후에 바로 나타나는 시험 받으신 기사는 공관복음에서 본래 모세와 관련된 것을 주님께 적용시키고 있다. 홍해를 건넌 이후 모세는 그의 백성을 40년 동안 광야로 인도하였다. 그 기간 동안에 그들은 수많은 시험에 직면하게 된다. 세례식의 물을 통과하신 이후 예수님께서는 40일 동안 광야에 나가셔서 이스라엘의 경험을 재현하며 그것의 완성과 성취로 이끌어 가신다. 마태복음에서 구약성경을 완전하게 아는 사람들에게는 강조점이 아주 분명하게 나타나는데, 예수님은 단지 광야에서 40일 동안 있었던 것이 아니라(마가복음 1장 13절과 누가복음 4장 2절에서와 같이) "사십 일을 밤낮으로" 계셨다. 이 구절은 시내산에 있었던 모세에 대한 기록인 출애굽기 24장 18절로부터 나온다. 이와 같이 예수님은 율법을 완성하시고 하나님으로부터 새로운 계시와 언약을 가져오신 새로운 모세로 묘사되고 있다.[28]

일단 새로운 모세로서 예수님의 정체성을 발견하게 되면서 광야에서 유혹자에게 주신 그의 대답 역시 새로운 중요성을 가지고 있다. 예수님은 모세가 하나님의 율법을 전달하면서 사용했던 말씀을 유혹을 물리치시는 데 사용하신다(마태복음 4장 4절과 누가복음 4장 4절은 신명기 8장 3절과 같으며, 마태복음 4장 7절과 누가복음 4장 12절은 신명기 6장 16절과 동일하다. 마태복음 4장 10절과 누가복음 4장 8절은 신명기 6장 13절과 같다). 분명하게 그의 세례를 통해 예수님은 새로운 출애굽의 지도자와 하나님의 토라의 구현으로 드러나고 있다.

그것을 볼 수 있는 사람들에게는 예수님의 세례 기사는 앞서 1장에서 논의한 바 있는 복음서의 다섯 가지 단면 모두를 그 안에 담고 있다. 예수님은 새로운 언약과 그 공동체를 새로 시작한 하나님이 보내신 메시아(그리스도)이시다. 그는 새로운 창조, 즉 다가오는 하나님 나라를 시작하셨다. 단지 역사적 사실을 전하기 위해서가 아니라 예수님의 세례에 대한 복음서의 기록은 그의 온전성에 있어서 바로 복음의 선포에 그 목적이 있었다. 그것은 그 형식에 있어서 놀라운 정도로 압축해서 전해 주는 복음의 선포이다.

이제 우리는 베드로전서 1장의 중요한 구절들을 살펴보게 될 것인데 거기에는 우리가 종종 간과하고 넘어가는 중요한 의미를 담고 있다. 베드로전서는 흔히 일반 서신으로 알려져 있다. 약 25년 전까지 이 서신서와 관련된 성경 주석은 세례에 대한 기대로서 노아의 홍수에 대해 언급하는 구절인 3장 21절 주석 부분을 제외하고 세례에 대해서는 전혀 언급하지 않았다.

보다 최근에는 베드로전서가 세례에 초점이 맞추어지고 있다는 사실이 강조되고 있으며, 아마도 이 서신서는 새롭게 세례 받는 사람들에게 전해진 설교, 혹은 소논문이었을 것으로 추정한다. 이것은 당시 주교로서의 역량을 갖추고 있었던 베드로가 기록한 것이며, 세례식이 진행될 때 개인적으로 그곳에 참석할 수 없었던 회중에게 보내진 것으로 알려지고 있다. 이러한 가정은 널리 받아들여지고 있지는 않지만 마음속에 그 사실을 간직하고 서신서를 읽는 사람들에게는 보다 많은 새로운 의미를 발견할 수 있도록 해주는데 특히 처음 세 장에서 그것들을 발견하게 한다.

베드로전서가 새롭게 세례를 받은 사람들에게 전해진 말씀이라면 처음 시작 부분이 지니는 의미는 더욱 분명해진다. 새롭게 그리스도인이 된 사람들은 "하나님 아버지의 미리 아심을 따라 성령이 거룩하게 하심으로 순종함과 예수 그리스도의 피 뿌림을 얻기 위하여 택하심을 받은 자들"이다(1:2). 그들은 "예수 그리스도를 죽은 자 가운데서 부활하게 하심으로 말미암아 우리를 거듭나게 하사" 새롭게 된 자들이다(1:3). 비록 그들이 지금 고난 가운데 있고, 그것이 더욱 분명하게 나타나고 있는 상황이지만(1:6~9) 기쁨은 새로운 생명에 있어서 가장 중심 되는 단어이다. 새롭게 세례를 받은 사람들은 선지자들의 소망의 성취를 받은 자들인데 그들은 순종하는 자녀들이며 하나님의 은혜로우신 본성과 행동에 의해 거룩한 삶을 살도록 세움 받은 존재들이다(1:13~17). 그들의 구원은 하나님의 흠 없는 어린양이신 그리스도의 구원의 역사를 통해서 안전하게 주어졌다. 이 부분의 언어는 세례에 대한 깊은 관심을 보여주고 있는 신약성경의 구절들과 쉽게 비교된다(예를 들어, 마태복음 28장 19절에서 삼위 하나님의 이름을 통해서 세례를 베풀 것을 요청하는 표현이나 요한복음 1장 29~36절의 하나님의 어린양 모티프에서 사용되는 언어가 그것이다).

베드로는 그 서신서의 수신자들은 살아 있고 항상 있는 하나님의 말씀을 통하여 새롭게 태어난 존재들이라고 선언한다(1:23~25). 순결하게 되어 그들은 마음으로 우러나오는 진지함을 가지고 서로 사랑하는 사람들이다(1:22). 갓 태어난 신생아와 같이 그들은 과거의 옛 삶의 모든 자취에서 완전히 벗어난 자들이며 온전한 구원을 향해 자라가고 있는 사람들이다(2:1~3). 이러한 진술은 세례의 본질과 그것을 통해 주어지는 실질적 삶의 열매에 대한 깊은 통찰을 제공해 준다.

말씀에서 독자들은 두 차례나 자신들을 제사장으로 지칭하는 내용을 읽게 된다(2:5, 9). 두 번째에서 베드로전서 기자는 출애굽기 19장 5~6절의 말씀을 인용하여 그 의미를 확대하고 있는데, 그 말씀은 사람들이 언약을 통하여 제사장의 왕국과 거룩한 나라를 이루게 되었던 모세의 말을 인용한 것이다. 여기에서 베드로는 창세기 1장 3절에 빗대어서 "어두운 데서 불러내어 그의 기이한 빛에 들어가게 하신 이의 아름다운 덕"이라고 기록한다. 그리고 호세아의 말씀을 생각나게 하는 내용을 담아내는데 베드로는 세례 가운데서 중요한 것이 무엇인지를 확증한다. "너희가 전에는 백성이 아니더니 이제는 하나님의 백성이요, 전에는 긍휼을 얻지 못하더니 이제는 긍휼을 얻는 자니라"(2:10).

그리스도 안에서 허락된 새로운 삶의 본질에 대해서 설명하면서 베드로는 중요한 윤리적 함축 의미에 대해 관심을 돌린다(이것은 아마도 전체 회중에게 전한 메시지였고 새로 세례를 받은 사람들에게만 전한 것은 아니었다). 그러나 권고의 과정에서 사도는 믿음의 원천, 즉 예수 그리스도 안에서 하나님께서 시작하신 행동에 대해서 언급한다(4, 5장에서 간략한 참조가 주어지지만 2:21~25, 3:18~4:1a 참조).

베드로전서 3장 20~21절에 대해 특별한 주의를 기울일 필요가 있다. "그들은 전에 노아의 날 방주를 준비할 동안 하나님이 오래 참고 기다리실 때에 복종하지 아니하던 자들이라. 방주에서 물로 말미암아 구원을 얻은 자가 몇 명뿐이니 겨우 여덟 명이라. 물은 예수 그리스도께서 부활하심으로 말미암아 이제 너희를 구원하는 표니 곧 세례라. 이는 육체의 더러운 것을 제하여 버림이 아니요, 하나님을 향한 선한 양심의 간구니라." 여기에 세 가지 사항이 특별히 우리의 관심을 불러일으킨다.

(1) 세례는 명확한 방식으로 노아의 홍수와 관련이 있다. 우리는 예수님이 세례를 받으시는 내러티브에서 비둘기가 언급되고 있는 것과 관련하여 이것의 중요성을 이미 살펴보았다.

(2) 세례는 주님의 부활과 밀접하게 연결되어 있는데 그가 다스리시는 새로운 시대 가운데로 그리스도께서 들어가신 것과 연결된다. RSV(영어 개정 표준번역)에서 "선한 양심을 하나님께 간구하는 것"으로 표현한 구절에 나타나는 대로 여기에는 특별한 의미가 있다. 보 레이케(Bo Reicke)는 이 구절을 다음과 같이 해석한다. 세례는 "하나님을 향한 선한 의지를 갖기로 서약하는 것이다. 예수 그리스도의 부활을 통하여 [세례는 우리를 구원한다]"(괄호로 묶은 것은 레이케가 한 것이다). 레이케는 여기에서 헬라어 표현을 강조하는 것은 묻고 답하는 거룩한 절차를 통해 확증되는 계약의 일종이라고 하였다.[29] 만약 그가 옳다면 베드로전서에서 확정적으로 응답하는 부활을 통하여 우리는 그리스도께서 완성하신 언약의 성례전 신학을 가진다. 정확히 말하면 그러한 종류의 신학은 이 책의 첫 두 장에서 다루었다.

(3) 구원받은 사람은 8명이었다. 이 세 번째 사항에서 우리는 노아 스토리의 부차적인 내용인 것처럼 별다른 의미가 없는 것이 부착되어 있는 것으로 생각하기 쉽다. 그러나 수비학(數秘學)을 사랑하는 히브리 사람들의 전통이 나타나는데 그 8이라는 숫자는 상징적으로 완전수, 혹은 충족수라는 것이 왠지 순진하게 느껴진다. 초기 그리스도인들은 주님의 부활의 날(주의 첫날)을 창조의 여덟 번째 날이라고 칭하였다. 일곱째 날에 하나님께서 쉬셨다. 여덟 번째 날에 그리스도의 부활을 통하여 하나님께서는 새로운 창조, 즉 성취의 시대를 새로 시작하신다. 세례를 받은 사람은 이제 이 여덟 번째 날을 사는 것이다. 더욱이 숫자 8은 그리스도 안에 있는 모든 사람에게는 구원의 확신을 의미한다. 여덟 사람이 노아의 방주에 들어갔고 그들 모두는 파괴로부터 구

원을 받았다. 그리스도는 구원의 새 방주가 되시며 그리스도 안에 있는 모든 사람은 안전하다. 고대 이래로 세례당(baptismal pools), 혹은 세례반(baptismal fonts)은 종종 팔각형으로 만들어졌는데 그것은 우연이 아니다. 그 전통은 많은 경우 오늘날도 따르고 있다.

 서신서의 마지막 두 장에서 베드로는 세례 받은 사람들이 들어가게 될 다가오는 하나님 나라에 대해 강조한다. 그는 심판에 대해 언급하고(4:5~6), "만물의 마지막이 가까이 왔으니"(4:7)라고 선언한다. 그는 다가올 불 시험에 대해서도 언급하고(4:12), 하나님의 집에서의 내적 심판에 대해서도 언급한다(4:17). 그는 교회에 대해 깨어 있을 것을 권면하며 믿는 자들에 대한 변호를 약속한다(5:6~11).

 예수님의 세례 기사에서와 같이 베드로전서에서 우리는 그리스도와 교회는 연결되어 있음을 발견할 수 있다. 특별히 창조, 언약, 다가오는 하나님의 나라가 연합의 성례(sacrament of incorporation)와 관련하여 제시되고 있음을 알 수 있다. 새로운 시각으로 신약성경을 살펴보면 우리는 거기에서 전에 간과했던 많은 것을 발견하게 된다. 우리가 세례에 대해 취하는 접근 방식은 성경적이다. 그러나 그것은 우리가 저자의 가정을 인지했을 때 가능한 것이며, 우리가 쉽게 간과할 수 있는 암시에 대해서 신중하게 살펴볼 때 가능한 일이다. 특히 구약에 대한 우리의 지식이 미진할 때는 더욱 더 놓칠 수 있는 가능성이 높다.

 가끔 신약성경에 대해 피상적인 읽기를 할 경우 아주 초기 그리스도인들에게는 세례가 그렇게 중요한 것으로 여겨지지 않았다는 논증에 이를 수 있다. 예를 들어, 고린도인들에게 보낸 서신서에서 바울은 많은 사람에게 세례를 주지 않은 것에 대해 감사한다고 적고 있다. 그러나 고린도전서 1장 13~18절을 주의하여 읽어보면 그것을 얕보아서 한 이야기가 아니라 세례의 의미를 아주 중요하게 생각하였기 때문이었음을 알 수 있다. 세례의 중요성을 간과하고 있던 고린도 사람들은 성례가 의미하는 연합(unity)에 대해서보다는 세례를 누가 집례했느냐에 더 중요성을 부여하고 있었다. 그는 아주 적은 사람들에게만 세례를 준 것에 대해 감사하고 있다. 왜냐하면 만약 그가 그렇게 하지 않았다면 많은 사람들이 그리스도의 새로운 피조물이 되는 것보다는 바울의 제자가 되는 일에 더 관심을 기울였을 것이기 때문이다. 고린도전서 1장에서 바울이 세례에 대해서 낮은 관심을 기울이는 것 같은 태도는 로마서 6장 1~11절과 갈라디아서 3장 27~29절에서 제시되는 그의 진술의 관점에서 재평가되어야 한다. 로마서의 구절은 세례가 새로운 생명을 부여해 주시는 그리스도의 사역 가운데 성례전적으로 연합하는 것이라는 관점을 지지한다. 갈라디아서의 진술은 하나님의 백성들이 세례를 통한 연합(baptismal incorporation)을 통하여 공유하게 되는 동등함과 일치를 놓칠 수 없음을 강조한다.

요한복음 4장 2절은 예수님 자신이 세례를 베풀지 않았다는 것을 언급하기 때문에 그가(혹은 적어도 그 기사를 전하는 복음서의 기자가) 세례 예식을 별로 중요하게 생각하지 않았다는 것을 암시하는 것으로 이해한다. 어떤 학자들은 그래서 요한복음을 비성례전적, 혹은 반성례전적 말씀으로 이해하는 반면, 다른 학자들은 복음서 가운데서 가장 성례전적인 말씀으로 이해하기도 한다. 고린도전서 1장 14~15절과 같이 요한복음 4장 2절은 분명히 성례전 그 자체가 아니라 성례전의 집례자에게 지나치게 관심을 기울이는 것을 방지하려는 의도가 보인다.

예수님께서 어떤 제자들에게 세례를 베푸셨고, 그 사람들은 다른 사람들에게 세례를 베풀었으며, 여러 세기를 통해 그러한 일이 반복되었다고 가정해 보자. 세례 집례자로 세움 받은 사람의 직접적인 사도권의 승계를 주장하는 사람들에 의해서 수많은 문제가 일어났을 뿐만 아니라 이것은 세례를 통해서 주어지는 연합과 일치를 파괴하는 요인이 되었을 것이다. 요한복음을 주의해서 읽어보면 예수님의 제자들이 세례를 베풀었던 사실이 나타난다. 그것은 분명코 주님의 재가를 얻어 그리했음을 알 수 있다.

설령 요한복음이 분명한 어떤 논의 없이 반성례전적 복음서로 밝혀진다 해도 교회는 여전히 누가복음 24장 27절의 진술과 마가복음의 긴 결론(끝) 부분과 관련하여 마태복음 28장 10절에서 세례를 주라는 위임 명령을 간직하고 있다. 이러한 모든 성경구절은 요한복음에서 세례에 대해 낮게 평가를 한다고 하더라도 그것과 반대되는 방향을 제시한다. 역사적 예수에 대한 사고를 반영하는 복음서 구절을 규명하는 것은 전혀 불가능하지는 않지만 쉬운 일은 아니다. 그러나 그것은 분명하게 초기 교회의 신학과 교회 안에서 세례가 감당했던 역할을 분명하게 반영하고 있다. 유사하게 사도행전에 기록된 세례와 관련한 수많은 보고들은 기독교 신앙의 초기 기간에 있어 입교 예식(initiation rites)의 중요성을 입증해 준다.

종종 신약성경의 기자들은 왜 초대교회에서 세례가 어떻게 수행되었는지를 상세하게 알려 주지 않는 것인가를 묻게 된다. 만약 그렇게 했다면 사도 시대의 지침을 따라 후대 교회가 세례 사역을 수행할 수 있었을 텐데 말이다. 그것에 대한 대답은 성경 기자들이 처했던 상황과 그것을 기록했던 목적에서 찾을 수 있다. 신약성경의 기자들은 연대기 사가들이 아니라 복음을 전하기 위해 그것을 기록한 복음 전도자들이었다. 사도행전 역시 교회의 역사보다는 믿음의 선포를 주로 담고 있다. 그래서 그 대부분의 내용에서 신약성경의 기자들은 상세한 어떤 실행이나 후대를 위해 무엇인가를 기록할 필요를 느끼지 않았다. 그들은 주님의 급박한 재림을 기다리고 있었으며, 교회가 2천 년 동안 계속 지속되게 될 것은 전혀 눈치 채지 못했다. 다만 우리만 세례의 절차에 대해서 관심을 가지고 있으며 모호하지 않은 명령을 바라는 것은 우리의 바람일 뿐이다. 예전에 대해 상세하게 기록하기 시작한 것은 종말론적 위기 가운데 역사가 갑작스럽게 끝날 것이라는 기대가 무산된 것이 분명해졌을 때부터였다.

    초기 세례의 실행이 상세하게 기록으로 남지 않았던 것은 아마도 하나님의 섭리였던 것 같다. 그렇게 해서 교회는 1세기에 가지고 있던 사고에 율법적으로 사로잡히지 않고 성령님의 인도하심을 따라 자유롭게 자신들의 상황에 맞게 예전을 발전시킬 수 있었다. 예전적 율법주의(liturgical legalism)는 신학적 완고함(rigidity)의 어떤 형태 못지않게 교회에 문제가 된다. 더욱이 성령님의 인도하심을 빚는 역동적인 신학은 사도 시대에 주어진 것이 그 시대에 유용했던 것처럼 우리 시대에도 유용하고 가치 있는 것이 된다. 이와 같이 교회에 입문하는 예식의 역사적 발전은 하나님께서 교회에 주신 선물이 될 수 있다. 물론 그것이 반드시 필수적으로 그런 것은 아니다. 그러한 발전은 너무 멀리 나갈 수도 있고 우리가 보는 것처럼 여러 시대에서 그런 특징을 갖기도 했다. 그러나 이런 예전 실행이 점진적으로 발전한 것은 그 자체로 잘못된 것이 아니다. 중요한 것은 이렇게 점진적으로 발전해 온 교회의 의식이 복음에 대한 성경적 이해와 상치되는 것은 아닌지 지속적으로 점검해야 한다. 특히 신약성경에서 분명하게 입증해 주는 예전 실행에 제한되지 않고 명백하게 발전해 가고 있는지를 살펴보아야 한다.

초기 세례 실행에 있어서 성경적 의미에 대한 숙고

교회에 입문하는 의식의 실행에 대한 기록을 둘러싸고 교회가 보다 상세하게 살펴보려고 할 때 그 교회의 의식에 대한 성경의 영향은 분명하다. 어떤 점에서 우리는 2세기 이후 출현하게 된 신약성경이 보여주는 함축적인 이해를 살펴보는 방식으로 연구를 진행할 수도 있다. 문서 자료는 동방과 서방이라는 큰 두 진영으로 나눠질 수 있다. 동방교회는 예루살렘, 안디옥, 알렉산드리아, 콘스탄티노플 등지에서 중심을 이루며, 오늘날 우리가 동방정교회라고 부르는 교회로 형성되게 된다. 서방교회는 북아프리카와 이탈리아를 포함하여 로마에서 중심을 이룬다. 샤를레망 시대에 서방교회는 프랑스와 스페인 지역을 중심으로 다른 지역 교회와 결합되면서 발전해 간다. 결과적으로 로마-프랑스를 중심으로 한 예전(Roman-Frankish rite)은 다른 아류들과 함께 오늘날 로마가톨릭교회와 종교개혁 이후 등장한 개신교 예전의 기초를 이룬다.

예전의 실행은 시대와 장소에 따라 각 전통 안에서, 특히 동방교회에서부터 서방교회에 이르기까지 다양하게 행해져 왔다. 그 차이는 우리가 생각하는 것보다 미미했다. 그러나 거리와 언어, 문화, 그리고 신학적 전망에 따라서 그 다양성이 나타났다. 여기에서 세례와 관련한 교회의 의식이 역사적으로 어떻게 발전해 왔는지 역사 전반을 상세하게 살펴볼 수는 없다. 대신에 우리는 고대 교회에서의 실행에 기반을 두고 종합적인 스케치만 하려고 하는데 주로 서방교회 전통에 중점을 두면서 살펴보려고 한다.

세례에 대해서 처음 기록하고 있는 사람으로는 서방교회 전통에서 저스틴 마터(Justin Martyr)를 들 수 있다. 그는 기독교의 예전 실행이 그 자체로 국가에 위험한 것이 아니라는 사실을 황제에게 탄원하기 위하여 AD 160년경에 믿음의 변증을 위해 『변증록』을 기록하였다. 예배 가운데 한 부분인 성찬 예전은 중보기도로 시작하여 성찬 참여(sacramental celebration)를 포함하였는데, 그 시대에는 세례 받은 사람만 그 부분에 참여할 수 있었기 때문에 비그리스도인들은 그 비밀 예배 의식 가운데 무엇이 행해지는지에 의문을 가졌다. 그러면서 좋지 않은 소문들이 무성했다. 저스틴은 바로 기록을 남겨서 잘못된 정보를 기초로 국가가 교회를 핍박하지 않도록 변증하였다. 기록으로 남은 저스틴의 설명은 빈약했지만 우리가 서방교회 전통에서 가지고 있는 일련의 증거들과 일치하였다. 우리는 그것을 AD 200년경 펜을 들어 기록하기 시작한 로마의 히폴리투스에게서 그러한 것을 발견하게 된다.

히폴리투스의 저작인 『사도전승』(The Apostolic Tradition)은 사도들의 실제적 실행을 나타내는 것이라고 단정하기는 어렵다. 자신을 로마의 감독으로 간주하였고 그의 순교 후에 그것은 그렇게 인정되었지만 로마교회는 히폴리투스를 교황을 반대한 인물로 분류한다. 그 당시 일종의 대주교(Bishop Lefebvre)였던 히폴리투스는 매우 보수적인 인물(arch-conservative)이었다. 그는 정치적 힘과 새로운 교리, 그리고 실제적인 실행을 통해 저항하였던 인물이었다. 그러므로 그가 보고하고 있는 예전은 실제적으로 보다 초기 시대의 실행을 보여준 것으로 추정된다. 그는 그것을 혁신적 관점에서 보존하려는 의도를 가지고 있었던 것으로 보인다. 분명히 그것은 종파 분리주의자의 새로운 것으로 간주되지 않았다. 왜냐하면 그는 급진적인 사람이 아니라 과거를 보존하려는 보수적인 지도자였기 때문이다.

고대 교회에서의 세례의 과정에 대한 다음의 묘사는 히폴리투스에게서 나온 것이지만 역시 다른 자료에서부터 가져온 것이기도 하다. 여기에서 시작하는 것은 그것이 어느 시대 누가 제시한 실행이라고 정확하게 확정할 수는 없음에도 불구하고 초기 시대의 일반적인 특징이었다.[30]

우리가 살펴보고 있는 그 기간 동안에 믿음을 가지려고 작정한 사람은 먼저 그의 후원자와 함께 교회의 지도자에게 나아가야 했는데, 그 후원자는 그의 선한 삶과 신중한 의도를 보증해야 했다. 당시에 어떤 그룹들은 교회로부터 자동적으로 배제되기도 했는데, 예컨대 창기나 남창, 배우, 검투사, 서커스 공연자 등과 같은 그룹이나(그들은 당시에 여흥이 가지는 불미스러운 명성 때문이었다) 군인, 정부의 어떤 관료들도 포함되었다(그들은 이교도 국가의 충복이었기 때문이었으며, 그들의 임무를 수행함에 있어서 전쟁터에서나 국가에 대한 죄를 범한 범죄자를 처벌함에 있어서 인간의 생명을 취하는 존재들이었기 때문이다). 교회에 들어오기를 원하는 사람은 철저한 조사를 받아야 했다. 부분적으로 보안사항은 받아쓰는 훈련을 시키기도 했다. 박해시기에 교회는 그 비밀을 누군가에게 내보임으로 위험에 내맡길 수는 없었다. 교회를 무너뜨리기 위하여 침투한 사람들도 있었기 때문이다. 정밀한 조사와 비밀 보장 훈련은 교회의 신앙이 신중하게 받아들여져야 한다는 확신으로부터 기인하기도 했다. 세례를 받는 것은 하나님께 대한 감사와 복종과 섬김의 삶으로 부름을 받는 것이었다.

예비신자는 3년 동안 집중적인 지도를 받으며 공부한다. 그 기간 동안 예배 참석도 해야 했는데, 아직 세례를 받지 않은 사람은 성경봉독에서 설교까지 참여하는 것이 허락되었고 그 이후에는 해산해야 했다. 그들은 회중과 함께 기도할 수도 없었다. 왜냐하면 그들은 그리스도에 의해 아직 회중 가운데 들어오지 못했기 때문이다. 그들은 주님의 성찬상에 참여할 수 없었는데, 그들이 그의 몸의 일원이 되지 못했기 때문이다. 이 긴 준비의 시간에 우리는 그들을 예비신자(catechumenate)라고 불렀다('가르침'[instruction]의 의미를 가진 교리문답[catechism]이라는 말과 이것은 관련이 있다).

3년이 지나고 끝부분에서 예비신자들은 회중의 투표에 의해서 세례를 위한 준비 마지막 단계로 나아가는 것이 허락되었다. 이것은 사순절로 알려진 절기 동안에 이루어졌다. 이 기간 동안에 그들은 집중적인 기도와 금식의 시간을 가졌으며 신조와 주님의 기도 등을 배웠다. 이때까지 그들은 교회에 속한 사람이었을 뿐 이것들을 직접 행할 수 없었다. 수세 후보자들은 축귀 예식(rites of exorcism)을 반복하여 수행하였는데, 그들을 지배해 왔던 모든 악마의 권세를 쫓아내기 위해 행해졌다. 이러한 예식은 후보자의 얼굴에 숨을 불어넣는 것과 향유를 붓는 것, 그들 위에 십자가 성호를 긋는 것과 같은 의식이 행해졌다.

세례식의 주요한 의식은 부활주일 새벽에 시작되었다. 전날 밤에는 회중과 후보자들이 함께 모여 부활주일 전날 철야기도회(vigil service)를 드렸는데 거기에 구약성경에 나오는 구원의 이야기 독서를 포함하였다. 새벽 동이 틀 무렵에 후보자, 후원자, 그리고 목회자는 강가에(나중에는 세례당에) 함께 모였다. 물로 세례가 베풀어지기 전에 구원의 역사에서 하나님께서 파괴적으로, 창조적으로 물을 사용하신 것을 자세하게 이야기하면서 기도가 드려졌고, 성령님의 역사를 간구하였다.

어떤 곳에서는 후보자가 거친 옷을 입고(아마도 동물의 털가죽) 맨발로 나아오기도 했다. 그러나 곧이어 그 옷은 벗겨졌다. 그들은 세 번 명백하게 사탄을 거부하는 고백을 하였으며, 축귀를 위한 기름 부음이 행해졌다. 이러한 절차를 가지면서 그들은 종종 서쪽으로 얼굴을 향하였다가 얼굴을 동쪽으로 돌리면서 그러한 고백을 하였다. 그리고 그들은 물속으로 들어가 그리스도께 충실하게 붙어 있을 것을 서약하는 시간을 가졌다. 세 가지의 질문으로 구성된 질문 시간이 뒤따라오고, 각자는 "나는 믿습니다"라는 말로 대답을 했다. 『사도전승』에 나오는 질문들은 사도신조에 선행하는 내용들이었음을 알 수 있다.

- 당신은 전능하신 하나님 아버지를 믿습니까?
- 당신은 예수 그리스도께서 하나님의 아들이시며, 성령으로 잉태되어 동정녀 마리아에게 나셨고, 본디오 빌라도가 다스리던 시대에 십자가에 못 박혀 돌아가셨으며, 사흘 만에 죽은 자들 가운데서 다시 살아나셨고, 하늘에 오르사 하나님 우편에 앉아 계시고 산 자와 죽은 자를 심판하러 오신다는 사실을 믿습니까?
- 당신은 성령을 믿으며 거룩한 교회와 몸의 부활을 믿습니까?

각 질문에 대답이 주어진 다음에 물이 부어졌다. 히폴리투스는 유아와 어린이가 먼저 세례를 받았다고 밝히고 있다. 문답을 할 때 아이들이 너무 어린 경우에는 부모나 다른 가족들이 대신하여 대답하기도 했다. 그리고 성인들이 세례를 받았다. 일반적으로는 감독이나 장로들이 세례의 집례자였으며, 집사들이 집례를 도왔다. 후보자가 벗었기 때문에 여자 집사들이 종종 여성 후보자들을 위해서 동반하기도 했으며, 남성 성직자는 문답을 하기 위하여 분별력 있게 거리를 두고 서 있었다.

새로운 그리스도인은 물에서 나와 다시 머리에 기름이 부어졌으며 흰옷이 입혀졌고 아마도 새 신발도 신겨졌다. 또한 그들에게 촛불도 들려졌다. 이렇게 모든 것을 갖춘 다음에 그들은 예배 공동체에 다시 가입하기 위하여 행진한다. 예배 공동체 가운데서 감독이 세례를 받은 머리에 손을 얹고 그들을 위해 기도했다. 그리고 그들을 위해 성유(聖油)로 알려진 특별히 준비된 향유를 바르고 그들의 머리 위에 손을 얹고 다른 손 엄지손가락으로 이마에 십자가 성호를 그었다. 그리고 감독은 전통적으로 사용된 화해와 사랑의 몸짓인 평화의 인사(kiss of peace)를 교환하며 교회의 일원이 된 새 교인을 환영한다. 평화의 인사를 교환한 다음에 전체 회중은 주님의 성찬상에 나아온 새 그리스도인을 환영한다. 성찬식에서 빵과 포도주 이외에도 부가적으로 그 새로운 교인에게는 우유와 꿀이 주어지기도 했다. 그리고 예배는 큰 기쁨과 감사로 마치게 된다.

세례식 이후 이어지는 주간에 새로 그리스도인이 된 사람은 매일 교회에 나와 그들이 경험한 예배 의식의 의미에 대해 배우게 된다.[31] 이 주간 동안에 새로운 개종자는 그들의 흰색 옷을 입고 그 문화권에서는 일반적이었던 매일의 목욕을 삼갔다.

초기 그리스도인들은 이렇게 세례를 받았다. 우리는 세례를 단지 간략한 예전을 통해 물을 붓는 것(administration of water) 정도로 생각하지만 초기 교회에서 세례는 깊이 숙고하는 시간을 갖는 과정이었다. 이것에 대한 한 가지 증거는 물에 들어가기 전에 죽었던 예비신자는 기독교 장례 예식에 들어갈 자격이 주어진다는 사실이다. 몇 세기가 지난 다음에야 세례는 오늘 우리 시대에 일반적으로 받아들여지는 제한적 관점을 갖게 되었다.

현대 그리스도인들, 특히 개신교도들은 그 과정이 우리들에게 아주 복잡하고 어떤 면에서는 비성경적인 것처럼 보이는 그 과정에 대해 당황하면서 물러나고야 말 것이다. 청교도 시대부터 우리는 예배에 있어서 '극단적 단순성'을 물려받았는데, 특히 무엇을 경축하는 부분에 있어서는 더욱 그렇다. 우리는 부흥기 설교자들로부터 예배에 있어서 '자발성'이라는 유산을 물려받았다. 우리는 이 두 가지를 예전에 대한 신약성경의 접근 방식으로부터 물러나 그것을 읽으려는 경향을 가진다. 유대교와 이방 종교로부터 개종하여 기독교 신앙을 갖게 되었는데, 그 종교의 제의는 전통과 상징으로 가득 찬 복잡한 예배 의식을 받아들였다. 그리스도인이 된 그 사람들은 갑자기 아이 때부터 그들이 가치 있게 여겨 왔던 다양한 종교적 실행들을 거부해야만 했다. 반대쪽에 대한 우리의 가설은 인간 본성의 비현실적 관점을 저버리는 것이다.

더욱이 우리가 가지고 있는 주장들, 단순성과 자발성 대신에 상징적 행동(symbolic action)으로 채워져 있고, 그것을 통해 정교하게 수행되는 예전보다 훨씬 더 성경적인 믿음을 반영하고 있다고 생각하는 주장들을 다시 점검할 필요가 있다. 우리는 3세기경에 행해졌던 예전적 실행의 어떤 부분이 사도 시대에 행해졌던 것으로부터 온 것인지에 대해서 확인할 수 없다. 그러나 우리가 그것을 깊이 살펴보게 되면 어떤 것이 사도 시대의 아이디어와 이미지 등을 반영하고 있는지 발견하게 된다. 최소한 어느 정도까지 예전은 그 정신에 있어서 성경적이다. 그러므로 우리는 초대교회 그리스도인들이 그들의 세례 실행에 도입하였던 성경으로부터 나온 의미를 깊이 살펴보는 것에 시선을 돌려야 한다.

축귀(exorcisms)에 대해서 우리는 처음부터 고대 예배 의식으로부터 많이 유리되어 있음을 발견하게 된다. 소설이나 영화를 통해서 축귀에 대해 받은 정보가 전부이던 세대에게는 잘 알려진 단어가 아니다. 그 실행은 우리들에게 이해하기 어려운 것으로 다가오며, 그 배후에 있는 억측은 아주 공격적이다. 더욱이 우리가 사탄을 간직하고 산다는 주장은 받아들이기 어려운 내용으로 생각하기 쉽다. 그러나 성경은 그러한 주장을 수용하고 있음을 알 수 있다. 예수님의 축귀하시는 기록에 대해 우리가 불편해 하는 문제가 무엇이든지 간에 그것을 현대 심리학적 용어로 설명하려는 우리의 시도는 우리가 그 기록 자체를 있는 그대로 생각하는 것보다 훨씬 더 순진한 행위가 될 수도 있다. 적어도 신약성경은 죄악이 얼마나 널리 퍼져 있으며 심각한지에 대해 진지하게 언급한다. 성경은 심화된 교육이나 경제적으로 풍성해져서 더 많이 지출하면서 산다 해서 결코 해결될 수 없는 악이 세상 가운데에는 존재한다는 사실을 알려 준다. 초기 그리스도인들은 계몽주의 이후 이성주의자들이 간과했던 것, 즉 아주 많이 배우고 부자인 사람들이 종종 악의 굴레에 가장 견고하게 묶여 있으며 죄는 너무 확고하게 자리를 잡고 있어서 하나님의 능력이 아니면 쫓아낼 수 없다는 사실을 잘 알고 있었다.

예비신자들에게 숨을 불어넣는 실행(나중에는 세례식을 거행할 물에 숨을 불어넣는 동작을 하고는 했다)은 혼동을 향해 역사하시는 하나님의 구원 행동을 상기시켜 준다. 창세기 1장 2절에서 하나님의 영(바람)이 수면 위에 운행하셨다. 숨을 불어넣는 의식(기술적으로는 악마를 쫓기 위해 수세자에게 입김을 불어넣는 예식)은 아담을 창조하신 하나님의 창조를 나타내며, 예수님께서 제자들에게 "성령을 받으라"고 말씀하시며 숨을 불어넣으시면서 그들을 새롭게 세우시는 새 창조의 시작을 나타낸다(창 2:7; 요 20:22).

악의 세력을 인지하고 있는 신약성경의 사실주의(삼지창을 들고 있으며 뿔이 달리고 꼬리가 달린 붉은 악마는 아니지만)는 수세 후보자들이 세례를 받기 위해서 나아오는 방식에 있어서 분명하게 드러난다. 고대 문화에서 노예는 신발을 신는 것이 허락되지 않았다. 이와 같이 벗은 발로 나아온다는 것은 수세 후보자들이 자신들이 죄의 노예였다는 사실을 인식하는 것이다(요 8:34~35). 그들은 세례 요한이 입었던 것처럼 회개의 거친 옷을 입고 있었다. 하나님께서는 아담과 이브에게 동물 가죽으로 만든 옷을 입혀 주셨으며 수세 후보자들은 생명을 주시는 새로운 아담의 사역을 기다리며 옛 창조의 자녀들로 나아왔다(창 3:21; 고전 15:45).

초기 그리스도인들은 사탄의 길은 경험적으로, 반복적으로 거부되어야 한다는 사실을 알고 있었다. 이와 같이 후보자들은 세 차례 거부하는 행동을 하였는데, 그것은 사탄에게 저항한다는 표시로 침을 뱉는 행동을 함께 수행했다. 세 번 거부하는 것은 성부, 성자, 성령 하나님께 대한 믿음을 삼중으로 확증하는 것이기도 했다. 3이라는 숫자는 함축된 거룩한 의미를 담고 있다. 후보자는 거부하는 행동을 위해 서쪽을 향하고, 세 번의 믿음의 확증과 그리스도 안에 머무를 것을 진술할 때 동쪽을 향하였다. 이것은 어둠에서 빛으로의 상징적 전환의 의미를 담고 있었다. 해가 지는 방향인 서쪽은 악의 세력과 연합되어 있다고 생각했다. 그러나 그리스도는 새벽이며(눅 1:78~79) 치료하는 광선을 발하시는 의의 태양이고(말 4:2) 세상의 빛이셨다(요 8:12). 예수님 탄생 내러티브는 동쪽에서 별이 떠올랐다고 밝히고 있다(마 2:2). 초기 그리스도인들은 예수님의 재림 시 그리스도는 동쪽에서 나타나실 것이며, 그의 통치는 서쪽으로 확대될 것(마 24:27)으로 기대하고 있었다. 초기 그리스도인들이 기도할 때 동쪽을 향하였던 것은 아주 일반적인 것이었다. 그것은 성지를 향하여 고개를 든 것으로 추정할 수 있는데(유대인들이 예루살렘을 향하여 기도하고 모슬렘들이 메카를 향하여 기도하듯이) 반드시 그렇지만은 않았다. 그것은 세상의 빛이 되시는 주님을 인식하기 위하여, 그리고 영광 가운데 나타나시는 주님 오심을 바라보기 위하였던 것으로 보인다.

고대 세례 의식의 시간은 유월절 동이 트기 시작할 때 행하고는 했는데 그 시간 역시 중요했다. 주님은 영광 가운데 밤에 오실 것이며 사탄이 다스리는 어둠의 권세를 물리치시고 승리의 개가를 부르시며 오실 것이라고 초대교회 성도들은 생각했다. 또한 주님은 죽음으로부터 부활하셨던 때와 같은 시간에 다시 오실 것이라고 생각했다. 그러므로 그리스도인들은 부활주일 전날 철야기도회를 지키기 위하여 매년 함께 모였으며 유월절 절기 가운데 주님이 다시 오실 것이라고 생각했다. 그러나 그 기대대로 재림이 일어나지 않았을 때 그들은 다음해를 기다려야 한다고 생각했으며, 신실한 믿음의 사람들은 당혹감과 실망 가운데서 흩어지지 않았다. 대신에 함께 모여 오시는 왕국을 기대하며 성찬을 나누었는데, 그들은 이미 그 왕국의 일원이라는 사실을 잘 알고 있었다. 수세 후보자들은 세례를 통해 종말론적 실재 안으로 연합해 들어갔으며, 거기에 함께 모인 그리스도인들은 빛의 도성인 천국에서 맛보게 될 왕국의 놀라운 향연을 성찬을 통해 미리 맛보는 감격을 함께 나누었다.

어떤 세례 의식에서는 촛불을 후보자들에게 주었는데 이 모든 것을 통해 그리스도인은 "깨어 있는 빛을 받은 사람"(히 6:4, 10:32; 엡 1:18)으로 명명했던 신약성경의 구절과 제자들에게 너희는 세상의 빛이라고 하셨던(마 5:14~16) 예수님의 말씀을 상기시켜 준다. 저스틴 마터와 그의 제자들은 세례 자체를 계몽(enlightenment)으로 이해했다.

교회는 옷을 벗고 벗은 몸으로 물속으로 들어갔던 행위를 통해 거부와 믿음의 확증과 연결되었던 여러 의미를 이해하고 있었다. 이것은 옛 본성을 벗어버리는 것을 나타냈으며, 에덴동산의 아담과 이브가 가지고 있었던 본래의 순진무구함으로 돌아가는 것을 의미했다. 그것은 성육신 사건과 동일시하였다. 왜냐하면 예수님께서 마리아의 자궁의 양수로부터 맨발로 세상에 나오셨기 때문이다. 물에 들어간 사람에게 그곳에서 나올 때 새로운 옷을 입혔던 것은 세례를 통해 그리스도로 새로 옷 입는 것을 나타내었다(갈 3:27; 골 3:9~14).

아마도 우리에게 자연스럽고 친숙하게 느끼게 만들어 주는 고대의 세례 의식 부분은 물로 씻는 것이었다. 분명하게 그것은 죄를 씻는 것을 의미했다(행 2:38; 고전 6:11; 엡 5:26, 그리고 레 16:4의 유형론적 성취를 보여주는 히 10:22). 그러나 씻는 것에는 정결하지 못한 것을 제거한다는 부정적 관점에서의 행위보다 더한 의미를 가지고 있었다.

씻음은 역시 신약성경에서는 아주 긍정적 의미를 가지고 있다. 그 언어 사용에 있어서 의심할 것 없이 세례와 관련이 있는 디도서는 "중생의 씻음과 성령의 새롭게 하심으로 하셨나니 우리 구주 예수 그리스도로 말미암아 우리에게 그 성령을 풍성히 부어 주사 우리로 그의 은혜를 힘입어 의롭다 하심을 얻어 영생의 소망을 따라 상속자가 되게 하려 하심이라"(3:5~7)고 전하고 있다. '중생의 씻음'이라는 표현은 물과 생명의 고대의 상관성을 반영하고 있다. 인간 태아는 양수로 채워진 자궁으로부터 나아온다는 사실은 원시 시대의 사람들에게는 인간이 물과 깊은 연관성을 가지고 있다고 생각했고, 그것은 피할 수 없는 사실이었다. 창세기 1장 20절에서 처음 동물들은 물에 가득 차 있었다. 물고기의 의미를 가진 익수스의 철자는 "예수 그리스도, 하나님의 아들, 구원자"라는 주장을 이합체(離合體)의 형식(acrostic)으로 전하는 것을 배워 왔다. 우리가 듣지 못한 것을 물고기 표지는 세례의 물을 통하여 그리스도인들은 새로운 창조의 첫 번째 살아 있는 피조물이 되었다는 사실을 상기시켜 준다. 노아 당시에 지구는 죄로부터 깨끗히게 되었을 뿐만 아니라 물로 씻음을 통해 새롭게 되었다.

깨우침의 세례 이미지와 요한계시록 7장 14절에서 구속함을 입은 수많은 무리들에 대한 생소한 언급은 씻음과 결합되어 나온다. "이는 큰 환난에서 나오는 자들인데 어린양의 피에 그 옷을 씻어 희게 하였느니라." 어린양의 피로 씻음을 받았다는 언급은 설교나 찬송 가사에 자주 언급되기 때문에 우리에게는 아주 익숙한 내용이다. 그러나 더러운 옷이 피에 적셔짐으로 깨끗하게 된다는 것은 얼마나 생소한 이야기 인지를 인식하지 못하고 있다. 아마도 요한계시록 기자는 그것과는 아주 다르면서 중요한 무엇을 의미하고 있었던 것 같다. 첫째, 피는 생명을 나타낸다. 그리스도의 피가 뿌려졌다는 것은 원래 죗값을 지불하는 방식(부정적인 행동)이 아니었고 세상에 부어진 하나님의 생명이 주입되는 수단이었다. 십자가 밑에 놓여진 아담의 해골과 뼈를 그려 넣었던 고전 예술가들은 이것을 잘 이해했던 것으로 보인다. 그 아래에서 죄를 범한 인류는 그리스도의 속죄하시는 사역을 통해 새롭게 된다. 둘째, '흰색'이라는 말로 번역된 단어가 그 이상의 의미를 담고 있다는 것은 분명하다. 특히 종말론적 상황에서 그것이 사용될 때 이 단어는 "빛을 받아 빛이 나는"이라는 뜻을 가진다. 이것은 변화산에서 예수님의 변형된 모습과 관련하여 사용되었을 때나 빈 무덤에서 천사와 관련하여 사용되었을 때, 그리고 요한계시록 1장 14절에서 그리스도의 광채와 관련하여 사용된 단어와 동일하다.[32] 마지막으로 종말론적 문헌에 사용된 코드 언어(cord language)에서 옷은 단지 의복을 의미할 뿐만 아니라 그것을 입은 사람에게 강조를 두기 위하여 사용되었다. 이렇게 보다 깊은 방식으로 요한계시록 7장 14절을 이해하는 사람에게 세례의 자리에서 흰옷을 주었다는 것은 성례전의 물로 씻겨진 사람은 그리스도의 생명을 받았으며 새로운 시대에서 그의 영광의 광채를 덧입었다는 것을 의미한다.

　　초기에는 세례와 관련하여 수많은 기름 부음이 있었다는 사실이 우리를 당황하게 한다. 고대 시대에서 기름 부음은 목욕의 행동으로 받아들여졌으며 기름, 혹은 향유(oil)는 우리가 비누나 스킨로션을 사용하는 것과 같았다는 사실이 이것을 더 잘 이해할 수 있도록 만들어 준다. 매일 갖는 목욕에서 사용되는 물이 세례에서 새로운 의미를 갖는 것처럼 일상에서 친숙하게 사용되었던 향유 역시 그런 의미를 가지고 있었다. 성경은 향유를 그리스도와 성령님과 연결시키고 있다. '메시아'와 '그리스도'라는 단어는 히브리어와 헬라어에서 온 것으로 "기름 부음을 받은 자"라는 의미를 나타낸다. 이 이미지 배후에는 왕과 제사장의 서임식에서 그들을 세우는 히브리 전통이 놓여 있다. 메시아이신 그리스도는 만왕의 왕이시며 대제사장이 되신다. 세례를 통하여 주님은 우리와 연합되시며 우리는 그의 왕국의 일원이 되며 그의 제사장적 백성이 된다(벧전 2:5, 9; 계 1:5~6).

기름은 특히 성령님과 연관이 있다. 예수님께서 세례 받으시는 내러티브에 나오는 비둘기는 노아 방주의 비둘기를 생각나게 한다. 노아 당시의 비둘기는 고대 사회에서는 평화의 상징이었던 올리브 가지를 물고 와 땅이 새롭게 되기 시작했다는 사실을 드러낸다. 이사야 61장 3절과 시편 45편 7절은 희락의 기름에 대해 언급한다. 이사야 61장을 여는 말씀("주 여호와의 영이 내게 내리셨으니 이는 여호와께서 내게 기름을 부으사…")은 이것과 짝을 이루는데, 이것이 성령님의 기쁨을 상징하며 새로운 사명을 위해 보냄 받은 자에게 주어진 성령님의 권능을 상징하고 있다는 것을 이해할 수 있게 해준다(예수님께서 나사렛 회당에서 그의 사역을 시작하실 때 읽었던 말씀이 이사야 61장이었다). 이 점에서 보면 기름 부음의 중요성에서 어떤 모호함이 필요하다는 방식으로 메시아(기름 부음을 받은 이)와 성령님(기름을 부으시는 이)의 관계성을 세워가고 있음을 알 수 있다.

이와 같이 기름 부음은 그리스도인의 삶에서 그리스도와 연합하는 것, 성령님과 연합하는 것을 독특하고도 쉽게 상기시켜 준다. 세례를 통해 한 분과 결합되는 것은 두 분과 결합되는 것이며, 두 분이 주시는 복을 받는 것이다. 이것은 특별히 요한의 기록에서 선명하게 나타난다. 요한일서 2장 27절에서 요한은 그렇게 언급한다. "너희는 주께 받은 바 기름 부음이 너희 안에 거하나니 아무도 너희를 가르칠 필요가 없고 오직 그의 기름 부음이 모든 것을 너희에게 가르치며…." 요한복음 14, 15장에서는 성령님과 관련된 말씀을 주고 있는데, 우리 안에 거하시며 가르쳐 주시는 분은 성령님이신 줄을 우리가 알고 있다. 기름 부음은 그리스도와의 연합, 성령님과의 연합을 확증해 주는데, 그분들의 사역은 하나이다.

이마에 십자가 성호를 긋는 것은 초기 의식에서는 감독이 기름 붓는 것과 연관이 있었다. 이 행동은 여러 기술적인 용어를 통해서 알려지고 있는데, 표식(signation), 위탁(consignation), 인침(sealing), 스프라기스(인침의 의미인 헬라어) 등이 그것이다. 끝의 두 단어는 그러한 행동의 깊은 은유적 의미를 드러낸다.

인침은 진정성을 나타내는 표식이다. 중요한 문서는 인을 친다. 우리는 미국의 국새(國璽, Great Seal)나 대통령의 인장(seal)에 익숙하다. 공증 직인도 그 합법성을 입증하는 인장이다. 고대에는 편지나 유언서(wills)는 따뜻한 색의 왁스로 도장을 찍는 방식으로 기장하여 인을 쳤다. 이러한 목적을 위해 반지에 새겨진 인장(signet ring)이 사용되었고, 그것을 손가락에 착용함으로써 아주 가까이에 보관하려고 했다. 그렇게 하여 그에 대한 권한이 없는 자가 그것을 사용하지 못하도록 했다.

에베소서 1장 13~14절과 고린도후서 1장 22절에 인장이 언급되는데, 우리가 받은 유산을 보증하기 위하여 인치는 것으로 표현하고 있다. 에베소서 4장 20절에서는 성령 안에서 인치심에 대해서 언급하며, 디모데후서 2장 19절은 그 인치심이 그 정체성을 바로 알려 주고 소유권과 관련되어 보호하심과 관련된 의미로 사용한다. 세례의 일부로서 인치심의 함축적 의미는 실로 풍성함을 알 수 있다.

하나님의 돌보심과 관련하여 신분을 명확히 드러내기 위한 표식에 대한 성경적 기초는 구약성경의 초기부터 잘 드러나고 있다. 가인에게 그러한 표식이 주어졌다(창 4:15). 이집트에 있던 이스라엘은 죽음의 천사가 그들의 집을 넘어가도록 유월절 어린 양의 피로 집 문설주에 표식을 하였다(출 12:7, 12~13). 에스겔 9장 4~6절에서 선지자는 파괴로부터 자신을 보호하기 위하여 의인들의 이마에 표식을 하도록 권고하고 있다. 양을 잃어버리거나 도둑을 맞지 않기 위하여 양들에게 인을 쳐 구별하듯이 하나님의 백성들에게 인을 치는 것은 목자 되시는 하나님의 아이디어였다.

세례식에서 이마에 십자가 성호를 그어 인을 치는 것은 수세자와 그리스도와의 관계를 드러낸다. '그리스도'는 '기름 부음을 받은 자'를 의미하기 때문일 뿐만 아니라 기름을 통해서 만들어진 표식은 이중의 기독론적 의미를 가진다. 그리스 형태의 십자가 표식이 여기에서 도입되는데, 이것은 예수 그리스도의 죽음에 우리가 연합하는 것의 중요성을 나타낸다. 헬라 십자가는 네 기둥이 동일한 십자가로 X자와 동일한 형태이다. 이것은 헬라어로 '그리스도'를 뜻하는 *XRISTOS*의 첫 자를 딴 것이다. 이러한 십자 표식은 새로 세례 받은 사람이 그리스도의 죽음과 연합되었다는 사실과 그리스도의 이름이 그에게 주어졌다는 사실을 깨우쳐 준다.

단일 행동을 위한 상징적인 부요함을 충분히 나타내지 못한다는 생각이 든다면 세례를 통해 그리스도의 이름이 그의 이마에 부여됨으로써 그리스도인들은 새로운 이름을 갖게 되었다는 사실과 관련이 있다. 이방 종교로부터 개종해 온 사람들은 특히 그들의 이름을 바꿀 것을 권고했는데 성경의 이름이나 앞선 그리스도인들의 이름을 사용하도록 했다.

이 모든 것은 요한계시록에 나타난 세례와 관련된 함축적 의미를 이해할 수 있도록 만들어 준다. 요한계시록 기자는 이마에 인이 쳐진 사람들에 대해 언급한다(7:3, 9:4). 그들의 이마에는 그리스도의 이름(14:1)이, 그리고 새로운 이름이 인쳐졌다(2:17, 3:12). 계시록의 기자는 에스겔 9장 4~6절로부터 이마에 그들의 정체성을 분별하는 표식에 대한 것을 가져온 것으로 보인다. 에스겔에서 흔히 '표식'(mark)으로 번역된 용어는 히브리어 알파벳의 마지막 글자의 이름인 타우(tau, ת)의 이름과 동일하다. 철자론에서 어떤 변화들이 십자가 모양을 하고 있는 X나 +와 전혀 비슷하지 않은 tau를 사용하도록 했는데, 막카비 시대의 동전에도 그것이 나타난다. 이와 같이 에스겔은 의인의 이마에 십자가 표시를 하도록 명하고 있다(예루살렘 성경은 이 히브리어를 이렇게 번역한다). 물론 그 글씨는 로마 제국 시대에 사형 집행 수단과는 별 연관이 없다. 그러나 그것은 (지금도 문맹인들 가운데서 통용되고 있는 것처럼) 인증을 통한 지위를 확인해 주는 신분을 알려 주는 표시였다. 에스겔이 의인들의 이마에 두었던 것은 하나님의 신비한 이름이었다. 왜냐하면 히브리어 알파벳의 마지막 글자는 신약성경에서 헬라어 알파벳 오메가(omega)를 사용하여 표시하였던 것과 같은 초월성과 영원성의 의미를 나타냈다. 요한계시록의 저자는 에스겔 본문에서 심오한 유형론적 함축 의미를 보았으며 그 의미의 대부분을 활용하여 말씀을 전하고 있다. 탈무드에 의하면 그 표지 가운데서 그는 제사장적 중요성을 보았던 것으로 보인다. 이스라엘의 제사장은 '타우'의 표식과 함께 기름 부음을 받았다. 요한계시록의 저자가 세례의 표식으로 그 의미를 읽었는지, 혹은 십자가 성호 가운데 함축된 의미를 그리스도인 공동체가 이미 이해하고 있는지를 아는 것은 어려운 일이다. 다만 후대 세대가 표식을 하는 시간에 십자가 표식을 도입했다는 것은 분명하며, 그들은 성경이 가지고 있는 이런 복합적 의미를 담아 그것을 그렸을 수 있다. 이러한 그리스도인들에게 있어 십자가(✝) 형태를 이마에 분명하게 그리는 행위는 성령님의 능력으로 그리스도의 영원한 왕국에 참여하게 된다는 표지로서 아주 중요한 의미를 담고 있었다.

손을 얹는 안수의 동작도 역시 풍성한 의미를 가지고 있다. 구약성경에서 안수하는 행동은 지도자를 세우거나 제사장을 세우는 것과 관련이 있었을 뿐만 아니라(민 27:18, 8:10) 축복하고 희생 제물을 봉헌하는 것과도 관련이 있었디(창 48:14; 출 29:10). 신약성경에서 안수는 치유와 화해의 의미와 연관이 있었을 뿐만 아니라 성직 수임과도 관련이 있었다. 이러한 모든 의미는 세례에서도 중요하다. 성례를 통하여 그리스도께서는 죄의 질병으로부터 그의 백성을 치유하시며 하나님과 사람 사이에, 사람과 사람 사이에 화해케 하시는 역사를 일으키신다. 또한 그의 백성들에게 영원한 생명의 복을 허락해 주신다. 세례 받은 사람은 그리스도 왕국의 제사장으로서, 그리고 하나님께 순종과 찬양의 제사를 드리는 살아 있는 성체(living oblation)로서 섬기도록 안수를 받아 세움 받고 보냄을 받는다.

종종 새로 세례를 받은 사람에게 주어졌던 달콤한 우유 한 잔은 가나안을 지칭할 때 사용되었던 젖과 꿀이 흐르는 땅이라는 명칭과 연관이 있다. 또한 우유는 신생아의 양식이었던 것과 관련하여 상징적 용어로 사용되었다고 보는 것도 자연스러운 이해였다. 이러한 의미가 베드로전서 2장 2~3절에 잘 나타나 있다. 고린도전서 3장 2절과 히브리서 5장 12~13절에서도 우유는 영적인 유아들과 관련하여 언급되고 있다(물론 이 두 경우에서 모두 부정적으로 사용되는데, 서신서 저자는 성숙을 위하여 그리스도인들은 보다 딱딱한 음식을 구하여야 한다고 권고한다). 우유(젖)와 꿀은 출애굽기에서는 특별히 비유적인 표현으로 사용되는데, 가나안은 출애굽한 난민들이 들어가야 할 목표였다. 우리는 이것을 고대 교회에서 세례와 관련하여 주로 사용하였던 의미와 연결을 시켜 보아야 한다.

세례의 가장 정례적인 시기는 부활 절기였다. 가장 선호하는 때는 그 절기를 시작하는 부활주일 전날 철야기도회(vigil)였으며, 이 날은 원래 영광 가운데 다시 오실 우리 주님의 재림에 대한 기대와 관련되어 있었다는 것을 이미 살펴본 바 있다. 그러나 부활 절기는 50일 동안 지키던 절기로, 유대인들의 시간 관찰과 관련하여 유월절부터 오순절까지 계속 되었던 절기였다. 교회에서는 이 기간이 끝나는 절기가 세례를 받는 날로 두 번째로 가장 선호하던 날이었다. 이때는 부활주일 전날 철야기도회에서 세례를 받지 못한 사람들을 위해 마련해 두었다(4세기까지는 성령강림주일은 성령님께서 권능으로 강림하신 것을 경축하는 날로 발전되지 않았다. 이때 새로운 예전을 위한 절기를 시작한 것으로 보기도 한다. 초기 몇 세기 동안에는 완벽하게 50일을 그리스도의 고난과 죽음, 부활, 그리고 성령님의 권능으로 교회를 세우신 것과 관련하여 그리스도 한분만의 단일 행동을 기념하며 경축하였다. "기쁨의 50일 절기"[Great Fifty]의 첫날과 마지막 날은 특별한 중요성을 가진 기쁨의 절기를 위한 예전적 부류[liturgical brackets]였다).

특별히 부활 절기의 시작과 끝나는 날에 세례를 베풀었던 것은 그리스도의 파스카(유월절)를 경축하기 위한 것이었다. "새로운 모세"를 통해 죄와 죽음의 속박으로부터 벗어나는 것이었으며, 하나님의 새로운 이스라엘인 교회로서 새롭게 형성되는 것이었다. 그러한 축전 덕분에 그리스도인들은 "우리가 그의 죽으심과 합하여 세례를 받음으로 그와 함께 장사되었나니 이는 아버지의 영광으로 말미암아 그리스도를 죽은 자 가운데서 살리심과 같이 우리로 또한 새 생명 가운데서 행하게 하려 함이라"(롬 6:3~4)고 고백할 수 있게 되었다. 필요에 따라 다른 시간에 세례식을 위한 준비가 이뤄지고 있는데, 고대 교회는 수세 후보자들의 편리한 시간에 세례식을 거행하는 날을 정하는 현대 교회의 관행에 대한 어떤 것도 알지 못했다. 세례에 대해 사도행전이 회중이 참여하지 않고 한 지점에서 세례를 주었다고 전하는 바는(에티오피아 내시, 빌립보 감옥의 간수, 다소의 사울과 다른 이들) 독특한 선교적 상황에서 이루어진 것과 누가의 신학적 목적을 반영하고 있다. 그것들은 고대 교회의 정상적인 세례 의식을 나타내는 것이 아니었으며, 그것은 오늘날 교회가 그렇게 행해야 한다는 어떤 당위성을 제시하는 것이 아니다. 초기 그리스도인들에게 시간은 중요했는데, 세례를 통한 입문이 가지는 상징적 측면을 보충해 주는 것이다.

세례를 받은 직후 한 주간 동안 예배에 나올 때 새로 주어진 흰옷을 입고 교회 예배에 참석하는 것과 이 기간 동안에는 목욕을 하지 않는 것과 같은 고대 교회의 세례를 통한 입문 실행에 대해 현대인의 관점에서 질문이 제기될 수 있다. 먼저 목욕에 대한 것을 살펴보자. 목욕을 금하는 것은 청결함을 거부하는 것이 아니며, 세례식 때 받았던 물과 기름이 가능하면 오랫동안 피부에 남아 있어야 한다는 미신적인 신앙에 기인한 것도 아니다. 오히려 그것은 매일 목욕 그 자체와 관련이 있는 요소로부터 나왔다. 그러한 목욕은 휴양과 즐거움의 원천이었으며, 공동체에 속한 다른 사람들과 공중목욕탕에서 정기적으로 가졌던 것이었다. 일주일 동안 목욕을 하지 않는다는 것은 진정한 기쁨이 그리스도의 왕국과 순결함과 그의 영의 부요함에서 발견된다는 사실을 상기하기 위한 것이었다. 진정한 그리스도인 공동체는 교회이며, 세상 가운데 있지만 교회는 결코 세상의 것이 아니었다.

부활절 이후의 주간은 특별히 중요했다. 유대인들에게 유월절 준수는 엄숙함의 특별한 기간인 무교병을 먹는 7일간을 시작하는 시간이었다. 이와 같이 초기 그리스도인에게는 부활을 축하하는 부활절이 지난 이후 7일 동안 고양된 의미를 발견하는 것은 자연스러운 일이었다. 숫자의 중요성은 간과할 수 없다. 부활절에 경축했던 주님의 구원의 행동은 그리스도의 새로운 시대인 창조의 제 8일을 시작하는 것이다. 그래서 부활절은 그 자체로 특별히 중요한 8일의 시간(옥타브)을 시작하는 것이며, 그 기간 동안에 그리스도인들은 새로운 창조에 그들이 참여하고 있다는 표징으로 새 옷을 입었다.

새로 세례를 받은 사람들이 드린 매일의 예배는 세례가 요구하는 갱신의 계속이라는 차원을 지향하는 것이었다. 물로 씻음을 받고 기름 부음과 십자 표식, 우유와 꿀, 그리고 빵과 잔을 받으면서 새로 그리스도인이 된 사람은 3년 전부터 세례를 받기 위하여 준비해 왔던 여정이 완성되었다고 생각하지 않는다. 오히려 그들은 매일의 경건생활과 연구, 그리스도께서 심어 주신 새로운 생명의 삶을 살아가도록 하는 요청 앞에서 지속적인 헌신을 요구하는 믿음의 여정을 바로 시작한 것이다. 세례 가운데서 새로운 그리스도인들은 십자가를 지고 감동의 성례전적 길을 걸어가는 것이며, 이제 아주 실질적인 방식으로 매일 자기의 십자가를 지고 가야 한다. 그것은 죽는 날까지 그들의 세례를 지키는 것이고 새롭게 하는 방식이다.

이것이 고대 그리스도인들이 세례를 통해 입문하는 과정이었고 의미였다. 초기 교회에서 실행하였던 것들 중에 실제로 사도 시대의 실행에서 온 것이 얼마인지는 분명하지 않지만 우리는 예전적 실행의 관점에서 초기 시대의 원래의 형태와 상관없이 그러한 실행들이 성경적 사고와 심상을 반영하고 있다고 볼 수 있다. 초기의 실행들이 비성경적인 고안이나 이방 종교로부터 도입한 것이라고 생각하도록 만드는 것은 상상력을 가지고 성경을 읽는 능력이 우리에게 부족하다는 것을 반증하는 것이다.

우리는 새로운 방식으로 성경을 읽는 법을 배워야 한다. 우리는 다음의 질문에 직면하게 된다. "만약 있다고 한다면 어떤 고대의 실행이 우리 시대에 성경적인 믿음을 선포하는 방식을 어떻게 재구축할 수 있을 것인가?" 그 질문이 흥미로운 것은 그 질문에 대답하려는 시도 자체가 성숙하지 못했다는 점이다. 보다 타당한 질문이 우리의 즉각적인 주의를 요구한다. "초기 그리스도인이 되는 입문 의식의 풍성함과 복합성을 염두에 두면서 주일 아침 설교 중심의 예배 가운데 누군가에게 단지 피상적으로 물 몇 방울을 뿌리는 입문 의식이나 어떤 특정인을 위해 개별적으로 드리는 입문 의식에서 우리는 무엇을 얻을 수 있을 것인가?" 다른 방식을 더하기 위해 초기 그리스도인들은 세례를 그들의 경험 가운데 가장 중요한 요소로 간주하였다는 점이다. 오늘 세례는 종종 실제 세상, 혹은 믿음의 삶과 관련성이 없으며 별로 중요하지 않은 행위로 간주되고 있다. 그래서 무엇이 잘못되었는가?

6장
무엇이 잘못되었는가?

Baptism: Christ's Act in the Church

초대교회 이후 성례전과 관련하여
무엇인가가 잘못되어 왔다는 것은 분명하다.
그리스도인 공동체는 성경적 믿음의 깊이를 찾기 위해
고심해야 하며
오늘의 세대가 그것을 잘 이해할 수 있도록 하기 위해
고심해야 한다.

6장
무엇이 잘못되었는가?

교회의 초기 시대 이후에 무엇인가가 잘못되어 왔다는 것은 분명하다. 어려움은 교회가 다른 방식으로 세례를 해석한 것뿐만 아니라 각 시대마다 그리스도인 공동체는 성경적 믿음의 깊은 의미를 찾기 위해서 고심해야 하며 오늘의 세대가 그것을 이해할 수 있고 사유할 수 있는 용어를 통해 그것을 커뮤니케이션할 수 있기 위하여 고심해야 한다는 점이다. 이것은 어느 정도의 변화를 포함한다. 여기에서 우리는 보다 복합적인 무엇에 직면하게 된다. 신약성경과 초기 교회에서 발견하게 되는 세례의 풍성한 의미는 실제적으로는 많은 부분을 상실했으며 세례를 통해 믿음을 전달하려는 시도는 이미 포기한 상태이다. 왜 그럴까?

변화에 대한 배경

그 나중 시대에 일어났던 변화들을 이해하기 위하여 예배의 초기 이해와 목회자의 역할을 요약하는 것은 도움이 된다. 왜냐하면 이것은 그 다음 시대에서 주어진 발전과 중요한 대조를 제공해 줄 수도 있다.

초기 기독교 사상에서 예배는 온 기독교 공동체가 감당하는 거룩한 사역이다. 또한 예전 가운데서 일어나는 것은 시간의 역동적 관점에서 상황을 보아야 한다. 역사 가운데서 이 성취된 하나님의 역사하심을 회중은 예배 가운데서 다시 경험하게 되며 약속된 하나님의 역사하심은 예배 가운데서 성도들이 기대할 수 있는 방식으로 이미 누리고 있다는 확신을 교회는 유대교로부터 물려받았다. 이와 같이 과거, 현재, 미래는 융합되지는 않지만 피할 수 없이 함께 연결되어 있다.

보다 넓은 영역에서 심지어는 주님의 만찬에서조차 이러한 이해를 갖지 못하는 동안 적어도 성찬이 유익한 예증으로 역할을 하는 것을 넉넉히 보류하게 만들고 있다. 우리가 주님의 성찬상으로 나아올 때 세상의 역사 가운데서 특별한 시간에 지리적으로 특별한 지점에 함께 모인다. 그렇다고 우리가 시간과 공간의 노예는 아니다. 이 성찬상에서 우리가 주님과 연합할 때 우리의 현재의 경험 가운데 주님께서 제자들과 어느 언덕에서 함께 나누셨던 그 식탁으로 우리를 부르셨다. 또한 배반을 당하시고 붙잡히시던 그 밤에 다락방에서 함께 나누셨던 그 성만찬과 부활하신 날 저녁에 엠마오에서 그의 제자들과 함께 나누셨던 그 만찬, 그리고 시대를 넘어 성도들과 함께 나누셨던 수없이 많은 성찬으로 우리를 부르고 계신다. 더욱이 우리가 빵과 잔을 나눌 때 우리는 주님의 구속의 역사를 성취하시는 놀라운 하늘의 연회를 기대하게 된다. 우리는 이미 큰 은혜의 축제에서 성찬상에 함께 모인 성도들의 기쁨에 참여하는 것이다.

이러한 관점에서 볼 때 예전적 시간(liturgical time)은 풍부한 의미를 가지고 있으며 유동적이다. 예전 가운데서 딱 '이것'이라고 하나의 특별한 행동을 지적하는 것은 불가능하다. 전체 예배는 전 믿음의 공동체를 과거, 현재, 미래라는 모든 실재(reality)를 만질 수 있도록 해준다. 이것이 어떤 본질에 대한 초기의 이해였다. "당신이 드리는 예배의 어떤 지점에서 하나님께서는 독특한 여정으로 들어가게 하시는가?"라는 것은 첫 세기 그리스도인들에게는 대답해야 했던 질문이었지만 그것은 공허하면서도 완전히 파악할 수 없는 것이었다. 후대의 이해와는 대조적으로 세례는 시간의 기간을 넘어서는 과정이었다. 그것은 전체 기독교 신앙과 관련되어 있으며 그 안에서 통일성을 간직한다. 세례는 그리스도인 삶의 모든 것과 연결되어 있었다.

예배 회중 역시 생생한 연합을 간직하게 된다. 그들 중의 한 사람은 예배를 인도하는 목회자(감독)로 세워지며, 집사는 그것을 돕는다. 모든 회중도 역시 예전적 행동(liturgical action)에 참여하게 된다. 지역 교회 회중의 수장으로서 감독은 사도들이 전해준 교회를 가르치고 지켜 낼 책임을 가진다. 또한 공동체와 그 예배를 감독할 책임을 가진다. 그러나 감독들이 믿음의 공동체의 특별한 보증 없이 하나님으로부터 받은 특별한 권세를 당연한 것으로 받아들였던 생각은 초기 기독교 사고에 아주 낯선 것이어서 이해할 수 없었다. 회중은 감독이 없이는 기능할 수 없었던 것처럼 감독도 회중 없이는 기능을 할 수가 없었다. 그러나 이러한 등가식의 마지막 부분은 세기가 지나가면 갈수록 점점 불분명해졌다. 결국 그것은 전혀 중요성을 갖지 못한 것처럼 보였다.

세례에 대한 후대의 이해에 일어난 변화를 이해하기 위하여 우리는 역시 죄와 은혜에 대한 초기 그리스도인의 이해에 주목할 필요가 있다. 여기에서 그 관점은 유동적이고 역동적이다. 죄의 실재는 세상에서 악의 지배와 연결되어 있었다. 죄인이 되는 것은 악의 지배하에 놓여 있고 그 권세에 복종하게 된다는 말이다. 그러나 그 구원의 역사 가운데서 그리스도는 악의 궁극적 권세를 소멸하시고 우리들 가운데 은혜의 통치를 시작하시면서 우리 가운데 의의 왕국을 진수시키신다. 세례를 통하여 우리는 옛 질서에 대한 충성을 부인하게 되는데, 우리는 그것이 권세를 가지고 있는 것처럼 보여도 결국 무너지게 될 것임을 잘 알고 있다. 우리는 그리스도께 충성할 것임을 선언하고 하나님의 선(은혜)으로 주님의 왕국에 연합하게 된다.

이것은 이제는 더 이상 죄악 된 삶을 살지 않으며 잘못된 욕망을 갖지 않을 것임을 의미한다. 그러나 우리는 더 이상 그것에 궁극적 충성을 하지 않을 것이며 그것이 우리의 우상이 되지 않을 것이다. 우리가 죄를 지었을 때 그것은 우리의 진실한 충성심에 반대되는 것이다. 그 위반은 그리스도의 구속하시는 역사에 의해서 덮어진다. 은혜로부터 완전한 타락은 가능하지만 그것은 그리스도와 그의 왕국의 포기(renunciation)이며, 그것이 망하게 될 것임을 알면서도 고의로 옛질서를 끌어안는 것이 된다. 우리의 약함을 통해 은혜로부터 단지 떨어지는 것이 아니다. 한편 바로 행할 모든 기회를 놓쳐 버린 것에 대한 변명으로 우리의 약함을 이유로 들 수는 없다. 은혜는 그리스도의 통치와 그의 거룩하게 하시는 권능 안에 놓여 있다는 차원까지 포함한다. 구원은 중립 지대로 옮겨간다는 것보다 더한 의미를 가지고 있다. 우리는 우리의 선한 행위로 구원을 받은 것은 아니지만 선한 일을 하도록 구원을 받았다.

이렇게 초대 그리스도인들은 시간과 같이 은혜를 고정된 방식으로 이해하지 않았다. 죄와 구원의 본질에 대한 후대의 해석이 보다 정적인 것으로 바뀌었는데, 그것은 정확히 말해서 이러한 초기의 이해를 벗어난 것이었다. 이것은 또한 세례에 대한 교회의 이해를 중요한 부분에서 바꾸어 놓았다.

　여러 세기를 지나쳐 오면서 세례에 대한 이해와 관련하여 무엇이 잘못되었는가를 이해하기 위하여 잘못된 해석의 문제를 야기한 두 가지 현상을 살펴보는 것이 도움이 될 것이다. 첫째, 한 가지 이유 때문에 시작하게 된 실행은 아주 다른 이유 때문에 지속된다. 둘째, 뜨거운 논쟁의 중심에는 강한 확증을 만들 필요가 있었다. 전쟁에서 이기고 나서는 아주 다른 방식으로 보게 되는데 본래의 상황에서는 예견할 수 없었던 결과가 주어진다. 이러한 두 경향은 언제나 작용하였고 많은 시간 옛날의 실행을 지속하게 되는 새로운 이유들을 사람들은 그 논쟁점으로부터 찾아내게 되는데, 그 논쟁점 자체가 잠잠하게 된 것을 다르게 이해하게 된다. 이러한 상관관계의 영향은 아주 파괴적이 될 수도 있는데, 우리가 관찰할 수 있는 충분한 기회를 갖게 될 수도 있다.

개혁 전의 악화 과정

　신약성경에는 이 주제에 대해 분명한 증거가 있는 것은 아니지만 2세기 말경에 유아와 어린이가 세례를 받았다는 것은 분명하다. 그것은 히폴리투스의 기록에서도 찾을 수 있다. 아마도 이러한 실행은 강한 공동체 의식과 그 공동체 안에서의 양육에 대한 강한 필요성에서부터 나온 것으로 추정된다. 언약의 가족 안에서 어린이는 그 일원이었으며 외부인이 아니었다. 그들은 언약의 참여자인 것을 그들 스스로 인지하였을 때 그들은 하나님의 은혜에 더 잘 응답할 수 있었고, 사탄의 그럴듯하게 지배하려고 드는 유혹에 대해 저항할 수 있었다. 그러므로 궁극적으로 세례는 죄와 그것의 사면과 연결되어 있었다. 그러나 죄에 대한 세례의 효능은 성례가 집례되는 바로 그 순간에 정확하게 주어지는 것은 아니다.

그러나 점점 그리스도인들은 그들이 간직하고 있던 유대교적 유산을 상실하게 되었는데 그것이 가지고 있는 예전적, 신학적 모호함에 대한 건강한 관용의 마음과 함께 그리하게 되었다. 특히 서방에서 교회는 로마 제국의 적법한 전통을 상속받게 되었고, 언어와 행동의 정확성을 부수적으로 사랑하게 되었다. 믿음의 상승은 제국의 쇠퇴와 동시에 일어났다. 흔히 붕괴 위협을 느꼈던 문명화는 보다 정확하고 엄정해지는 것을 통해 그 염려를 경감시키는 방법을 추구하게 된다(죽어가는 기관이 행하는 마지막 일은 보잘것없는 규정들이 가지는 많은 코드를 이슈화하는 것이라고 누군가 관찰한 적이 있다). 제국과 문화의 붕괴에 직면한 사람들은 그들의 신념을 안정적으로 규정화하는 것을 필요로 한다.

이와 같이 신학과 예배 안에 공공성과 개방성이 기울어져 가면서 유아세례는 어떤 타당한 논리적 이유를 정당화하게 되었는데, 유아는 죄의 저주 가운데 태어나며 세례는 죄와 그것의 사면과 관계가 있다는 논리의 정당화이다. 그러므로 교회는 유아들을 죄의 저주의 처절한 결과가 미치지 않게 하기 위하여 유아들에게 세례를 주어야 했다. 일련의 타당한 이유를 근거로(믿음의 공동체의 공적 본직에 관한 주장) 시작된 유아세례 실행은 아주 다른 일련의 주장을 계속해서 만들어 내게 된다

(죄와 그것의 사면에 대한 주장).

여전히 통용되는 첫 번째 경향성의 예는 5세기 펠라기안 이단 때문에 더해진 두 번째 경향성으로 인해 더욱 복잡해졌다. 펠라기우스는 죄는 하나님의 율법을 의식적이고 고의적으로 위반한 것이라는 인간 본성에 대한 매우 관대한 관점을 가지고 있었다. 그것이 오직 의식적인 행동을 포함하고 있기 때문에 죄성(罪性)은 유아의 특성이 아니라는 것이다. 더욱이 어떤 사람은 함께 죄를 피할 수 있다고 주장한다. 그에 대한 반동으로 그 시대의 가장 뛰어난 신학자였던 어거스틴은 마땅히 주장되어야 할 것을 주장하였다. 죄는 모두에게 널리 퍼져 있으며 전적으로 유혹하는 특성을 가진다. 우리는 우리가 죄인이 되고자 원하기 때문이나 그런 마음을 갖기 때문이라기보다는 우리 자신을 도울 수 없기 때문에 죄인이라고 주장한다. 우리는 죄의 지배 가운데서 태어났으며 우리 가운데 있는 그 권세에 대해 우리는 전적으로 보는 눈이 없는 존재이다. 어거스틴은 우리 각자는 아담의 오점(stain)을 가지고 태어났으며 죄 없는 삶의 가능성과 능력이 없는 그 오점은 우리를 망하게 한다고 주장한다. 그러므로 구원은 오직 하나님으로부터만 나온다.

어거스틴은 다른 논쟁도 갖게 되는데 그것은 나중에 세례의 이해에도 역시 영향을 미쳤다. 그것은 도나티스트들과의 논쟁이었다. 그들은 성례는 그것을 집례하는 목회자가 도덕적으로 순수할 때만 적절하게 집례될 수 있다고 주장하였다. 도나티스트의 입장에는 본래부터 여러 위험성을 가지고 있었다. 누가 그것을 규정할 것이며, 판단하게 할 것이며, 무엇이 도덕적 순결을 보증해 줄 것인가? 모든 사람이 죄인이기 때문에 고소를 당한 사람이나 고소자가 같은 죄의 질병에 의해 오

염되어 있고 지금 어떤 성장의 과정 가운데 있든지 간에 그것은 동일하다. 주관적 선호도로부터 어떻게 도덕적 판단을 내릴 것인가? 성례를 받을 수 있는 자격을 갖춘 사람이 그 집례자가 살인을 범했다는 선입견 때문에 그것을 거부할 수 있다. 그러나 다른 가능한 사람은 그 사람의 머리카락 색깔 때문에 다른 목회자가 집례하는 것을 거부할 수도 있다. 혹은 전에 목회자가 집례하는 방식을 더 좋아해서 다른 목회자가 집례하는 것을 거부할 수도 있다. '도덕적'이라는 수식어와 관련하여 그들의 주관적인 싫어함을 덮어 줄 모든 노력을 어떻게 경주할 것인가? 무엇보다도 하나님께서 목회자의 인격에 의해 묶여 있다면 성례가 하나님의 행위라고 어떻게 말할 수 있는가? 이 논쟁에서 어거스틴은 마땅히 주장되어야 할 것을 제시한다. 어떤 목회자의 도덕적 특성에 의해서 결정되는 것이 아니라 교회가 권한을 부여한 사람에 의해서 집례될 때 그 예배 의식은 진정한 성례이다.[33]

펠라기안주의자들과 도나티스트주의자와 관련하여 교회는 어거스틴의 입장을 바른 신학적 주장으로 받아들였다. 그러나 일단 그 논쟁이 진정되자 이러한 입장은 다르게 이해되게 되었다. 어거스틴 이후 몇 세기가 지나면서 죄와 세례는 점점 기계적으로 해석되기 시작했다. 그것은 중세 후기까지 초대교회의 관점에서 점점 멀어진 이해로 부상하기까지 그렇게 되었다. 죄는 두 가지 범주로 나누어지게 되었는데, 원죄(모든 인간은 출생 때부터 아담으로부터 유전되어 온 죄)와 실제적 죄(각 사람이 청소년기와 장년기에 범한 죄)가 그것이다. 세례는 원죄를 제거하며 실제적으로 자신이 범한 죄까지도 제거한다. 그러므로 기다렸다가 가능한 대로 세례를 늦게 받는 것이 덜 위험하게 된다 (이러한 신학적 이해가 출현하였을 때 그러나 그것이 엄밀한 마지막 형태로 나오기 전에는 어떤 사람들은 가능한 대로 연기했다가 죽음이 임박한 임종의 자리에서 받으려는 사람도 있었다). 장년기에 예기치 못한 죽음을 당할 수도 있다는 위협과 유아는 상대적으로 도덕성이 높다는 생각은 보장되지 않은 위험을 갖는 것을 방지하려는 움직임을 만들어 냈다. 세례는 출생 후 가능하면 빨리 받는 것이 좋다는 이해가 그것이었다. 그러나 유아기에 세례를 받아 죄에 대한 해독제를 갖게 되었지만 그 후에 범하게 되는 실제적인 죄에 대해서는 어떻게 해야 하는가? 이러한 이유 때문에 성인기를 보내는 사람들을 위해 고해성사(penance) 제도가 나오게 된다.[34]

이와 같이 이러한 이유 때문에 유아들에게 세례를 베풀게 되었는데, 그것은 기독교 초기 세기에 가지고 있던 특성들과 아주 달라진 것이었다. 그리고 죄의 보편성과 성례의 객관성에 대한 어거스틴의 주장은 필연적으로 주어졌던 논쟁이 잠잠해지면서 새로운 방식으로 이해하게 되었다. 세례와 그 실행에 대한 초기의 생각들은 여러 세기가 지나면서 그 가치가 저하되게 되었다.

그러한 가치 저하를 더 악화시킨 것과 관련된 문제들이 있었다. 고대 교회에서는 세례의 의식에서 사용된 물을 위해 드렸던 기도는 하나님께 드리는 감사의 행위였다. 그러나 그것은 물에 특별한 축복을 증여하는 수단으로 간주하게 되었다. 그리고 성례전의 객관성 때문에 일단 축성된 물은 거룩한 것으로 여겨졌다. 이와 같은 부활절 전날 철야기도회(Easter Vigil)에서 축성된 물은 예전이 끝난 다음에도 버리지 않고 부활 절기 끝에서 (다른 축성기도 없이) 다시 사용하기 위하여 세례반에 보관되었다. 그러한 실행은 미신적인 요소를 조장하게 되었다. 어떤 사람들은 치료제나 최음제로 사용하기 위하여, 혹은 고기 국물이나 소스로 사용하려고 '거룩한' 물을 조금 훔치기 위해 교회에 오는 사람도 있었다. 결국 완전하게 그것을 지키기 위해 뚜껑에 자물쇠가 달린 세례반을 고안하게 되었다(중세 시대의 이러한 기이한 행동과 같이 미신을 단지 조롱만 하지 말고 20세기 후반에 미국의 개신교에서 일어났던 한 사건을 생각해 보는 것이 좋겠다. 어린아이가 세례를 받은 후 부모들은 세례반의 물을 집으로 가져갈 수 있게 해달라고 요청하였다. 당황한 목회자가 그 이유를 물었을 때 그들은 대답했다. "우리는 병에 담아 인봉한 다음에 잘 보관하고 싶어요. 우리 아이가 심하게 아플 때 우리는 그것으로 아이 몸을 문질러 닦아줄 거예요." 이것은 우리가 생각하는 것보다 훨씬 더 목회 현장에서 흔히 대할 수 있는 전형적인 사건이다).

실질적인 문제 역시 세례의 의미에 있어서 변화된 인식을 가져왔다. 그 중의 하나가 감독의 권한 하에 세례 집례를 할 수 있게 되었다는 점이다. 모든 도시에는 예배를 집례할 감독이 있었고, 결과적으로 감독 관할권(episcopal jurisdiction)이 큰 영토나 종족을 포함하는 것으로 크게 확대되었다. 그때 감독은 모든 세례식에 참석할 수 없었고 세례를 줄 수 있는 권한을 교구의 성직자들에게 위임해 주게 되었다. 그런데 세례를 주는 과정에서 하나의 독특한 행동이 특이한 문제를 만들어 내게 되었다. 감독이 예전에서 수행할 수 있는 기능이 예배 집례자에게 주어진다고 간주하는 대신에 성유와 함께하는 십자 표식을 그리는 것은 특별한 은혜가 수여되는 것으로 이해하게 되었다. 이제 더 이상 목회자들은 하나님의 이름으로 회중을 대표하여 행동하고 있는 것이 아니라 회중을 떠나서 하나님으로부터 온 직접적인 권위를 따라 행동하게 되었다. 그래서 중요한 관점은 바뀌게 되었다. 성유도식에 있어서 이 권위를 누가 가지고 있는가?

동방교회에는 세례식에서 감독이 축성한 기름을 사용하여 성유도식(聖油塗式)을 수행할 수 있도록 사제들에게 허락함으로 이 딜레마를 해결하고 있다. 그러나 서방교회에서는 사제들에게 이러한 허락이 확대되지 못한다. 그러므로 많은 경우에 사제가 물로 세례를 베푼 후 오랜 기간 동안 감독에 의한 성유도식은 지연되게 되었다. 고대 교회의 전통을 존속하려는 시도가 만들어지기도 했다. 아이의 죽음이 임박한 경우를 제외하고 유아세례는 동방교회와 오순절교회 등에서 행해졌다. 주요 축제에는 관구의 중심 되는 한 교회에서 감독이 집례할 수 있었다. 모든 교구의 교회에서 세례가 행해졌던 것이 아니라 성례 몇 가지만 제한적으로 수행되었고, 그래서 세례자들은 공통의 세례반을 사용함으로 공동체 의식을 함양할 수 있었다. 각 교회에서 세례반을 갖는 것이 점점 일반화되기 시작했다. 그러나 전통을 계속해서 지켜가려는 시도도 긴 견인을 이길 수 없었다. 그리고 세례는 어떤 의식과 교회에서만 집례되어야 한다고 생각하기에 이른다. 비록 감독과 회중이 없는 경우에서도 집례할 수 있게 된다. 출생 후 부모들로 허여금 특별한 날 안에 아이들에게 세례를 받도록 시키는 법이 제정되었다. 그래서 세례 의식을 위해서 부활주일과 성령강림주일이 가장 좋은 날짜로 받아들여지던 것이 이지러지기 시작했다. 세례와 파스카 신비와의 연합 사이에 의식적인 연결도 역시 쇠퇴하게 되었던 것은 놀라운 일이 아니다.

세례를 받은 후 감독이 방문하기까지 간격이 많은 경우에 아주 길었기 때문에 부모들은 성유도식에 아이를 데려오는 것에 대해서 냉담해지기 시작했다. 그러므로 신학자들은 결과적으로 성유도식을 받아야할 이유를 찾게 되었고 세례와 감독의 방문이라는 두 사건 사이의 간격을 규정하기까지에 이른다. 이렇게 세례식 과정에 주어지는 필수적인 부분이었던 성유도식은 세례 의식의 완성으로 이해했다. 그러나 감독이 안타깝게도 늦게 도착하는 경우가 있어서 세례식에서 분리된 것이 아니었다. 그것은 견신례로 알려진 독립적 성례로 간주되게 되었다.

독립된 예식으로 견신례에 대해 일반적으로 3가지로 규정하는 내용이 제기되었다. (1) 세례는 그 자체로서는 불완전하다. 그것은 견신례를 통해서만 완성될 수 있으며 성령님의 인치심은 앞서 행한 것에 완성을 가져온다. (2) 그리스도인들이 세례식에서 성령을 받게 되면 죄와의 전쟁을 수행하기 위하여 그들은 견신례를 통해서 주어지는 성령의 강하게 하시는 능력을 받아야 한다. (3) 그리스도인들이 세례식에서 성령을 받게 되면 견신례에서 세례를 온전케 하는 성령의 특별한 은사가 있게 되는데, 그것을 통해 수세자는 교회의 일원으로 그들의 사역을 완성할 수 있게 하기 위함이다. 첫 번째 원리가 가장 분명하게 세례의 가치를 절하하고 있지만 이 세 가지 모두 다른 성례의 필요성을 주장함으로 그 위신을 떨어뜨리고 있다. 이러한 세례의 의미의 축소는 세례를 원죄를 위한 해결 수단 이상이 아닌 것으로 그 가치를 떨어뜨리고 있다. 세례에 대한 이런 축소된 해석은 거대하면서 불행한 영향을 가져오게 되었다.

세례식 이후에 지연되는 감독의 성유도식에 대해 부모는 견신례의 자리에 아이를 데리고 나와야 한다는 의무 조항을 만들면서 거기에 대한 신학적 중요성을 부여했다. 그러나 그러한 명령에 대한 준수가 어떻게 보장될 수 있을까? 1281년 영국에서 열린 람베스 공의회(the Council of Lambeth)에서는 이제 이후로부터 견신례를 받지 않는 사람은 성찬을 받을 수 없다고 명령을 내린다. 공의회의 의도는 사람들로 하여금 성찬을 받지 못하게 하려는 것이 목적이 아니라 견신례를 보증하려는 것이었는데, 그것을 등한히 했을 때 엄청난 규모의 벌칙을 부여한 것이다. 감독이 유아세례를 집례하고, 바로 거기에서 성유도식을 수행하면, 즉시 유아에게 성찬을 집례할 수 있는 가능성은 열려 있었다. 영국에서 이것은 헨리 8세의 자녀인 엘리자베스(1533년)와 에드워드(1537년)의 출생 시기 이후에 지켜졌는데, 이것은 왕실에 대한 충성심을 나타내기 위한 목적도 있었다. 그러나 대부분의 지역에서 이 규정은 어린이 출교에 영향을 미쳤는데 그것이 시행되었던 본래의 규정을 많이 벗어난 것이었다.

다른 곳에서 어린이 출교는 다른 경로에서 도입되게 되었다. 유아세례자에게 베푼 성찬은 사제가 성작에서 손가락으로 포도주를 찍어 아이의 입에 한 방울 넣어 주었는데 유아에게는 성찬의 빵은 주어지지 않았다. 그것은 아이가 딱딱한 음식을 소화하기도 어렵고 목에 걸릴 수도 있기 때문이었다. 화체설 교리를 받아들이면서 포도주를 나누는 것은 성인을 위한 성찬에서도 점점 주요한 문제가 되었다. 사제가 그것을 직접 수찬자의 입에 넣는 것이 빵을 떨어뜨리거나 훼손하는 것을 방지할 수 있다고 생각했다. 또한 보조하는 부제는 턱 밑에 성찬 그릇을 바쳐서 혹시 사제가 실수로 빵을 떨어뜨리거나 수찬자가 무심코 떨어뜨리는 것을 방지하려고 했다. 그러나 성작을 들어 그렇게 할 때 포도주를 쏟을 수 있는 위험도 있고 수염에 닿을 수도 있는 위험이 존재하였다. 그러므로 집례하는 사제만 포도주 잔을 받는 것이 지혜로운 것으로 간주되었다. 회중이 오직 빵만 받는 것에 대해 신학적으로 논증이 필요했는데, 소위 빵과 포도주와 같은 성체의 각 요소에는 그리스도의 몸과 피가 온전히 함께 존재한다는 병존설(the doctrine of concomitance)을 주창하기에 이른다.

여기에서 우리는 한 세트의 이유를 들어 그 실행을 시작하려고 하는 현상을 보게 된다. 그렇게 하면서 전혀 다른 이유를 만들어 영속시키고 있음을 볼 수 있다. (빵을 받을 수 있었던) 성인을 위해 고안된 이 실행은 역시 유아들에게도 적용된다. 성작을 직접 들게 하는 것도 아니고 사제가 직접 손가락에 포도주를 찍어 아이 입에 넣어 주기 때문에 성체를 잘못 다뤄 훼손할 위험이 없음에도 불구하고 아이들에게도 그대로 적용된다. 유아들은 실제적인 이유로 빵이 주어지지 않았기 때문에 그들에게 포도주 주는 것을 철회한 것은 결과적으로 그들을 성찬식으로부터 출교시키는 결과를 가져왔다. 최소한 그들이 견신례를 받고 빵을 받아먹을 수 있는 연령이 되기까지 이제 성찬을 받을 수 없게 되었다. 궁극적으로는 그들이 첫 고해성사를 할 수 있을 때까지 성찬을 받을 수 없게 되었다. 고해성사는 이제 성례가 되었고 그것이 없이는 성찬도 받을 수 없었다(이상적으로는 견신례가 고해성사와 성찬에 참여하기 위해서 먼저 선행되어야 했지만 실제 실행에 있어서는 고해성사와 첫 성찬이 견신례 전에 종종 주어졌으며 최소한 일반적으로 최고의 지위를 차지하게 되었다).

이와 같이 우리는 단일의 예전 실행으로 물, 기름, 성찬을 함께 집례하였던 고대 세례 의식 실행이 완전히 분해되고 있는 것을 살펴보았다. 중세 후기에 이르러서 교회의 입례 의식 과정의 원래적인 형태는 불분명해지고 말았으며, 기독교 입례 의식이 가지는 의미의 본래적 이해는 완전히 달라졌다. 12세기경 이러한 발전의 결과는 네 가지 범주로 요약해 볼 수 있다.

(1) 세례는 공적인 차원보다는 개인주의적 차원으로 이해되게 되었다. 회중이 참여했을 때 사람들은 주로 단순한 관찰자로 서 있게 된다. 성직자는 함께 모인 회중에게 더 이상 말하고 있지 않게 되었으며, 회중을 대표하여 수행하지 않게 되었다. 대신에 성직자는 회중을 대신하여 행동하게 되었다.

(2) 세례는 기계적이 되었고 그 효과는 어떤 시간 가운데서 일어난다고 이해했다. 예배와 은혜로 특성화되었던 성례에 대한 초기의 이해가 가지는 다의성과 역동적 광대성은 사라지게 되었다. 신학자들은 성례전적 행동이 효력을 가지는 예전에서 그것이 일어나는 정확한 순간을 규명하여 설명하려고 했다. 과정(process)으로 간주하는 대신에 세례는 물이 집례되는 순간(moment)으로 규정하게 되었다. 전체 과정에 스며들게 하는 것보다는 성령님의 역사는 특별한 행동과 연관하여 이해하게 되었다. 특히 견신례에서 감독의 행동과 연관하여 이해하게 되었다.

(3) 예배 의식은 예전적(liturgical)이기보다는 적법한가를 따지는 법적(legal)인 특성을 갖게 되었다. 특별 세례가 정당한 것으로 간주할 수 있는가 없는가의 질문은 중요하게 되었다. 정당성은 인식할 수 있는 기준에 기초하여 결정될 수 있다. 물은 "성부와 성자와 성령의 이름으로…"라는 말과 함께 주어지며, 교회가 수행하는 것을 행하려는 의도와 함께 행해진다. 이와 같이 한 사람이 세례 후보자가 적절하게 세례를 받았는가의 판단을 내릴 수 있다. 보다 중요한 것은 그 사람이 영원

한 생명을 얻기 위하여 세례를 받아야만 하는가라는 사실이다.

(4) 아마도 가장 안타까운 것은 세례가 주로 원죄를 제거해 주는 부정적인 무엇으로 간주되게 되었다는 점이다. 주님을 섬기도록 부름 받았고 자신의 사역을 수행하도록 은혜를 받았다는 긍정적인 측면은 나중에 받게 될 견신례 의식과 연결되었다. 예전적 형식(liturgical formulation)에서 여전히 발견되는 바이지만 초기 교회에서 세례와 관련되었던 성경적 심상(imagery)의 풍부함은 아주 불투명해졌는데 그것은 성경에 대한 사람들의 무지 때문이기도 하고 대부분의 예배자들이 라틴어로 진행되는 예배서의 내용을 이해하지 못하기 때문이기도 했다.

이것들이 종교개혁 전야에 당시 교회들에 우세하던 이해였다.

진행될 종교개혁으로부터 야기된 분규와 혼동

종교개혁자들은 무엇인가 적합하지 않다는 사실을 인지하고 있었다. 그러나 그들은 고대 교회의 문헌들을 직접 연구할 수가 없었고 오랜 세기 동안 무엇이 어떻게 잘못되어 왔는지를 정확하게 평가할 수가 없었다. 그들이 가지고 있었던 정보들도 중세교회가 가지고 있는 해석의 렌즈를 통해서 읽어야 했다. 예를 들어, 개혁자들은 세례가 극단적인 필요성 때문에 실행하는 것을 제외하고는 회중 앞에서 집례되어야 한다고 주장했다. 그러나 (이러한 예외 경우가 보여주는 대로) 세례와 원죄 사이의 관계성을 수정하여 이해했지만 그들은 계속해서 성례전적 세례를 원죄와 관련된 엄중한 교리와 연결하여 이해했다(루터와 칼뱅이 그랬던 것처럼 천국과 지옥 사이의 중간 지대로서 지옥 외곽인 림보와 연옥설을 거부하면서도 그 이해는 동일하게 가지고 있었다). 또 어떤 경우에는 세례를 성례로 부르는 것을 거부하거나 너무 지나치게 반응하는 경우도 있었다. 또한 그것을 신자의 성숙을 위한 안수 정도로 생각하는 경향도 있었다(그것은 재세례파가 그렇게 이해했다).

특히 루터는 세례의 효과를 물의 집례의 순간에 일어난다고 보았던 중세교회의 약점을 간파하고 있었다. 그는 세례가 그리스도인의 삶 가운데서 계속적인 효과를 가지고 있으며, "나는 세례를 받았다"라는 단언보다 더 큰 위로는 이 땅에는 없으며 그것은 위대한 힘의 근원이라고 주장한다. 칼뱅은 세례가 가지는 언약의 특성을 강조함으로써, 그리고 유아세례를 공적으로 해석하면서 세례 안에 활력을 불어넣는다. 그러나 안타깝게도 이러한 강조를 하면서 그는 할례와 세례의 상관성에 크게 의존하고 있다. 그것을 함께 관련시킨 것은 다소 문제의 소지가 있었다. 츠빙글리는 일시적으로 유아들에게는 세례를 주어서는 안 된다고 주장한 재세례파의 견해에 동의하였는데 기본적으로는 세례의 전통적 실행을 지지하였다. 세례는 믿음의 고백을 전제하는 오직 의식(ordinance)이라는 입장을 견지한다. 유아들이 세례를 받을 때 그들이 속한 전체 회중의 믿음의 힘으로 받는 것이라고 주장한다.

종교개혁의 급진적 진영은 유아세례를 거부하면서 유아기에 세례를 받은 모든 사람들은 진정으로 세례를 받은 것이 아니라고 주장하면서 그들의 관심은 물이 어떻게 집례되느냐보다는 수세자의 연령이 어떻게 되느냐에 관심을 기울인다. 나중에 등장하는 침례교도들과는 다르게(그들은 오직 성인 신자 세례만 가능하다는 견해를 보인다) 재세례파는 일반적으로 물에 잠기는 방식이 아니라 물을 붓는 방식으로 세례를 받았다.[35]

모든 종교개혁자들은 성인들의 헌신과 그 예전적 표현의 타당성이 필요하다고 이해하였다. 그러나 그들은 각기 다른 방식으로 거기에 이르고 있음을 알 수 있다. 모두는 견신례 없이는 세례가 불완전하며 적절한 것이 되지 못한다는 주장에 반대한다. 그들은 견신례 예전의 많은 순서를 거부하였다. 특히 기름을 사용하는 것을 거부하였는데 (어떤 경우에는 조소적인 의미로 기름을 동물성 수지로 간주하기도 했다), 그것이 미신적인 경향이 강하다고 보았기 때문이다. 루터는 젊은이들을 위한 교리문답 교육의 형식을 고안하여 제시하는데, 첫 번 성례전에 참석함으로 그것을 완성하는 구조였다. 루터 자신은 손을 얹어 안수하는 것을 포함시키지 않았지만 나중에 루터교에서는 그렇게 시행했다. 감독이 있는 자리에서도 루터교의 견신례는 감독제보다는 목회적이었다. 칼뱅 역시 주님의 성찬을 받기 위하여 교육과 믿음의 확증을 요구했다. 그는 손을 얹어 안수하는 것을 중요하게 생각했는데 그것이 성령을 불어넣거나 그 은사를 나눠주는 것이어서가 아니라 축복의 행위로 그것을 해석했다. 그는 이러한 실행을 제네바에서는 도입하지 않았다. 영국 교회는 감독이 손을 얹어 안수하는 제도를 도입하는데, 그것은 교리문답 교육을 마친 다음에 성찬상에 나아가기 위해서 필요한 것이었다. 그러나 성례전적 특성이나 기름의 사용을 받아들이지 않았다. 견신례에서 성령님의 강하게 하시는 역사에 강조를 두었는데, "성령님의 인침"이 세례에서 주어지는가, 아니면 견신례에서 주어지는가에 대한 나중 논쟁의 빌미를 제공한다.[36]

이와 같이 한 가지 방식으로든 다른 방식이로든 개혁자들은 유아세례 받은 사람이라 할지라도 견신례를 갖지 않았다면 성찬에 참여할 수 없다는 1281년에 있었던 람베스 회의의 결정을 영속화한다. 여기에 다시금 아주 다른 이유로 영속화되고 있는 한 가지 이유 때문에 제도화된 실행에 대해 살펴볼 필요가 있다. 람베스 회의는 어린 나이에 성찬을 받는 것에 대해서 반대하지 않았다. 그러나 단지 사제에 의해 세례를 받은 사람은 감독에 의해 그것을 확증받아야 한다는 사실을 명확히 하려고 했다. 성찬 전에 교리문답 교육을 받는 것을 강조하면서 개혁자들은 부지중에 성찬에 대해 보다 인식적인(cognitive) 접근에 문을 활짝 열어놓고 있다는 점이다. 그들의 관심은 그리스도인들이 나이가 들어서 제자로서 헌신하기 위하여 반드시 교육을 받아야 한다는 것이었다. 그들은 주님의 성찬을 보다 경축의 경험을 극대화하려는 의도를 가지고 있지 않았다. 오히려 성찬을 미신적이고 의미 없는 사건으로 만드는 것을 방지하려는 의도를 가지고 있었다. 예를 들어, 칼뱅은 성령님의 능력을 통하여 성찬에서 주님의 임재의 측량할 수 없는 신비에 대해 기뻐하였다. 그 당시에 성찬에서 사람들은 거의 도외시되었던 경향이 넓게 퍼져 있었는데 종교개혁자들은 평신도들의 교육이 강조되어야 한다고 주장한다. 그러나 그들의 이런 주장은 성찬 그 자체는 주로 인식적인 차원(cognitive level)에서 인지되어야 하는 것으로 전락하고 말았다. 이와 같이 주님의 성찬에 참여하는 것은 그것을 이해할 것으로 보이는 사람들에게는 특권이 되고, 그것을 이해하지 못한 사람은 이성주의자들에 의해 과학적이지 못하다는 이유로 거절당한다. 어떤 경우에든지 성찬에서 세례 받을 사람들의 전체 공동체에 주어지는 은혜의 신비는 희미해진다.

그들이 물려받은 세례 실행에 대한 개혁자들의 평가는 그것이 완전하지는 않지만 인간의 지각과 관련이 있었다. 그러나 개혁자들이 자신이 더욱 복잡한 문제에 관여하기도 했고, 보다 큰 혼동을 야기하기도 했다. 종교개혁의 입장에서 물려받은 문제는 후대 시대에 더욱 확대되었다. 세례와 견신례 사이의 분리는 당연한 것으로 선언된 셈이다. 루터교는 고대 교회의 교리문답 과정과 동일하게 같은 기간의 집중적인 견신례 프로그램을 개발하였다. 청교도들은 유아기에 언약에 대한 믿음을 통해 세례를 받았던 사람들이 공적으로 믿음의 고백을 하는 것에 강조를 두었다. 그러나 너무 강하게 강조를 했기 때문에 성례전 그 자체의 중요성은 크게 줄어드는 결과를 가져왔다. 유럽에서의 이성주의와 경건주의의 발원으로 상대적으로 과학의 시대 이전의 미신으로 성례전을 배척하는 결과를 가져왔다. 내적이고 개인적인 경험보다 분명히 열등한 것으로 여기면서 성례전의 가치를 하락시키는 결과를 가져왔다. 19, 20세기에 특히 미국에서 그 양상은 더욱 복잡하게 되었는데 한편으로는 부흥주의와 오순절 운동 때문이었고, 다른 한편으로는 자유주의 때문이었다.

부흥주의는 헌신에 더 강조를 두게 되었다. 그러나 개혁자들과는 다르게(재세례파의 주장과는 벗어나서) 교리문답보다는 개인적 경험에 더 강조점을 두게 되었다. 이것이 종교개혁 이후 학문적 경향에 대해 필요한 개선책이 되면서 교리의 정교한 부분은 보잘것없는 것처럼 여겨지면서 분별없는 개인주의와 반지성주의를 양산하게 되었다. 믿음생활의 기초인 지식에 근거한 믿음이 필요하다는 종교개혁의 이상을 강화하는 것으로부터는 점점 멀어지고 부흥주의는 지식과 살아 있는 경건을 묶는 것이 불가능하다는 것에 대해 자주 논의를 하게 되었다. 한 개인이 갖게 되는 개인적인 경험은 그리스도인의 중요한 표식이 되었으며, "책을 공부하는 것"(book larnin)은 (적어도 신학에 관해) 두 번째 요소였고, 그것은 믿음에 있어서 해로운 것으로 여겨지게 되었다.[37] 대화에 완전히 관련되어 있지 않다면 세례와 견신례는 적어도 그것에 중요한 것이 아니다.

침례교도들에게 물의 집행은 오직 개인적 종교 경험을 따를 수 있었으며 그것을 증언한다. 개인적 경험은 자랄 수 있으며 세례에서 선포되는 은혜에 의해 촉진될 수 있었고, 언약 공동체에 의해서 세례 받은 사람은 성숙될 수 있다고 보았다. 침례교도가 아닌 사람들에게는 성인의 신앙 경험은 세례를 받은 후에 따라올 수 있지만 그러나 이 둘 사이의 어떤 분명한 관련성이 없이는 불가능하다. 실로 개종은 공식적인 세례 이후의 어떤 사건이 주어지기까지 일어난 것이 아니다(예를 들어, 견신례, 교리문답 클래스, 혹은 단지 "교회 참석하는 것" 등). 공식적인 견신례를 갖지 않은 비침례교도들 가운데는 교회에 가입한다는 것은 의식적으로 개종한 사람들이다. 그러나 다른 비침례교도들에게는 그 연속성은 쉽게 뒤집어진다. 실로 새롭게 개종한 사람들이 진정한 그리스도인이 되기 전에 여러 해 동안 어느 교회의 교인이었다고 자랑하듯 말하는 것을 종종 듣게 된다. 이는 성례전, 공공성, 교리문답을 강조하는 교회를 거절한 것임을 그들은 알아야 한다.

이와 같이 부흥운동 진영에서 성찬은 내적이고 영적인 은혜의 외적이고 가시적인 표징으로 이해한 어거스틴의 진술을, 성례전은 중요하지 않고 가끔 아주 공허한 의식이라는 암묵적 억측으로 변형시킨 것이다. 은혜에 대한 내적이고 보이지 않는 주관적 경험 정도로 전락시켜 버린 것이다.

다소 나중에 성찬을 그렇게 동일하게 낮은 관점으로 보았던 견해는 오순절 진영이 그 본산지였음을 알 수 있다. 그러나 거기에서 세례는 사닥다리의 가장 밑자리와 같은 위치가 주어진다. 세례는 회개에 종속적인(subsidiary) 것이며, 이 두 가지 요소는 은사 경험에서 성령의 은사를 받는 것에 부차적(secondary)인 것이다. 더욱이 성령의 '세례'라는 말은 물로 받는 세례와 신중하게 대조되는 용어로 사용되는데 물세례를 함축적 얕봄의 의미가 담긴 단어로 사용하였다. 그것을 알지 못하고서는 (그것을 발견한 것은 그들에게 충격적이었을 것이다) 오순절주의자에게는 단지 견신례의 초고도의 신학(ultra-high theology)의 변형물을 받은 것이 된다. 이 두 경우에서 세례는 미완성의 것이며 그것이 유효한 것이 되게 하기 위해서는 하나님으로부터 부수적인 어떤 행동을 필요로 한다. 공식적인 예배 의식에서 감독의 행동을 통해 주어지든지, 아니면 비공식적인 은사 경험을 통해서든지 성령의 은사는 세례 그 자체로부터 분리되었다.

이렇게 세례를 낮게 여기는 현대 개신교도들은 부분적으로는 부흥운동과 오순절주의자 유산으로부터 그 이해를 물려받았다고 볼 때, 부분적으로 그 토대는 이성주의에 대해 상상력을 잃어버린 자유주의적 반응(liberal reaction)에 있다고 할 수 있다. 과학적 객관주의의 변장 아래 이성주의자들은 실제적으로 성례전의 해체를 완성한 것이며, 신학적 자유주의는 특히 세례의 의미에 관해 혼동 안으로 던져 넣은 것이다.

지나간 한 세기 반 동안 원죄 교리에 대한 두 가지의 강력한 공격이 시작되었는데 그 원죄 교리는 하나의 형태 혹은 다른 형태로 세례와 연결되었다. 그것은 하나의 성례로 그것을 존속시켰던 종교개혁자들에 의한 것이었다. 첫째, 찰스 다윈은 아담과 이브로 명명되는 역사적 첫 부모는 있지 않다고 주장한다. 그 주장은 '본래'(original)라는 말을 다루고 있다. 그리고 지그문트 프로이드는 다른 이들과 함께 하나님은 유아기적 의존성의 투사이며 죄책감은 신경과민의 명시이다. 그 주장은 '죄'라는 말을 다루고 있다. 세례를 성례로 존속하기를 원하는 사람(특히 유아를 위한 세례)과 과학적으로 존경받기를 원하는 사람은 그 자신이 꼼짝할 수 없는 곤경 가운데 있음을 발견하게 된다.

자유주의 진영에서 갖게 되는 이러한 당혹감에 대한 예전적 증거는 20세기 미국 감리교에서 세례 의식을 개발하는 데에서 보다 더 분명하게 드러나는 것은 없을 것 같다. 유아세례를 위한 전통적 감리교 예배는 영국 성공회에서 빌려왔으며, "모든 사람은 죄 가운데서 형성되어 태어난 까닭에…"라고 말하면서 시작하였다. 1910년에 남감리교회(Methodist Episcopal Church South)[38]는 이것을 다음과 같이 바꾸어서 말하기 시작했다. "아담으로 인해 타락한 모든 인간은 구세주 그리스도 가운데서 이 세상에 태어났으며 영원한 생명의 상속자와 성령의 구원하시는 은혜의 주체로 태어난 까닭에…." 1916년 북쪽의 교난이었던 북감리교회(Methodist Episcopal Church)는 옛 예문에 불편했던 것은 마찬가지였고 아담의 존재에 대해 분명히 덜 확실하게 그 문구를 바꾸어 공중 앞에서 읽었다. "하나님의 크신 은총 가운데서 사람과 맺으신 언약 가운데 들어온 까닭에…." 1932년경에 북감리교는 이 의식의 예문을 다시 바꾸었다. 예배의 시간에 따라 세례 의식을 두 가지로 나누어서 드리게 되었는데 다음과 같이 소개하고 있다.

- 긴 세례 의식(Longer Rite)

  "모든 어린이들은 하나님 나라의 일원이며 감사하게도 세례를 받게 된 까닭에…."

- 짧은 세례 의식(Shorter Rite)

  "이 아이는 기독교 세례를 받기 위하여 주님 앞에 나아온 까닭에…."

지난 사반세기 동안에 일어난 변화를 분명하게 볼 수 있는데 원죄 신학에서 함축된 보편주의(implied universalism)로, 그리고 더욱 명시적인 보편주의로, 아주 빤한 휴머니즘으로의 변화가 일어난다. 세례 가운데서 하나님께서 행하신 일은 마지막 단계에 이르러서는 오히려 전 의식에 걸쳐 지나칠 정도로 드러나지 않고 있다(단지 일반적인 인사말에서만이 아니라). 세례는 그것이 유전된 것이든 실제로 범한 것이든지 간에 죄와 관련하여 아무런 역할을 할 것이 없다는 것이 보다 분명해진다. 1932년에는 북감리교에서 행해지던 유아세례를 위한 짧은 세례 의식은 이제 죄에 대해서 언급을 하지 않고 있으며 주님의 기도를 제외하고는 그것에 대해 암시했던 것도 사라진다. 주기도문에서도 그 용어를 편리하게 'sin'이라는 단어 대신에 'trespass'(도덕상의 죄)라는 단어를 사용하면서 변장해 버린다.

20세기 초의 미국 감리교가 다른 교단이 그러했던 것처럼 그들의 예전을 서투르게 수선하면서 단지 그들만 혼동과 당혹감 가운데 빠져든 것이 아니었다. 여러 개신교 교단에서(감리교를 포함하여) 유아세례는 '헌아식'을 좋아하는 어떤 사람들은 그것을 거부하기에 이른다. 성숙을 위한 성례전적 입례 의식으로 세례를 보았던 잘 정비된 견해에 바탕을 둔 것이 아니라 성례로서의 세례가 가지는 옹호할 수 있는 어떤 의미를 발견하지 못한 무능력에서 비롯되었다. 부흥 운동과 오순절 운동, 그리고 자유주의의 흐름은 재난과 같은 결과를 가져오는 데 한데로 모아지게 된다.

이제 우리는 초기 3, 4세기에 존재했던 세례에 대한 관점이 오늘날 많은 그리스도인에게 아주 유리되어 있다는 것에 놀랄 필요는 없다. 지난 600년 동안 모순과 혼동의 유산이 너무 커서 우리는 그 상황에 의해 조성된 존재라는 것을 다르게 상상할 수가 없다. '서문'에서 언급된 루시와 같은 사람이 차례로 감리교 예배당에서, 성공회에서, 구세군 성채에서 사춘기에 세례를 받고, 성인이 되어서 물에 침수되는 방식으로 다시 받아야 한다고 해서 세례를 다시 받아야 했던 것이 놀랍지 않은가? 아마도 우리를 놀라게 하는 것은 세례의 실행이 우리 시대에 성령님께서 새로운 통찰력을 주시며 오늘의 교회에서 그 실행을 개혁할 수 있는 힘을 주시도록 허락하며 충분히 완전하게 잔존해 왔다는 사실이다.

그러므로 우리는 다른 질문 앞에 서 있게 된다. 단지 "무엇이 잘못되었는가?" 뿐만 아니라 "우리는 어떻게 세례를 바르게 세울 수 있을 것인가?"라는 질문이다.

7장

우리는 어떻게 세례를 바로 세울 수 있을 것인가?

Baptism: Christ's Act in the Church

세례의 회복에 있어
중요한 것은
하나님의 본성에 대한 강조이다.
기독교 신앙은
은혜로 역사하시는 하나님께
중심을 둔다.

7장

우리는 어떻게 세례를 바로 세울 수 있을 것인가?

세례신학과 실행이 강조되던 시대는 우연히 일어나지 않고 오직 정교한 행동과 함께 나오게 된다. 성례에 대해 새로운 인식을 향해 나아가는 사람은 내용과 전략에 대해 깊은 주의를 기울일 필요가 있다. 왜냐하면 좋은 신학은 그것이 형편없이 제시된다면 받아들여지지 않을 것이기 때문이며, 최고의 커뮤니케이션 기교도 부적절한 내용의 약점을 덮어 주지 못하기 때문이다. 그러므로 우리는 여기에서 두 가지의 관심사를 살펴보고자 한다.

내용(Content)

세례에 대해 새롭게 된 이해에 적합한 내용은 본서의 앞 장의 주제들이었기 때문에 여기에서 그것을 상세하게 반복하여 다룰 필요는 없을 것이다. 그러나 그 내용의 주요 부분은 여기에서 요약할 수 있을 것이다.

세례의 회복에 있어서 중요한 것은 하나님의 본성에 대한 강조이다. 특히 언약을 체결하신 하나님에 대한 강조가 필요하다. 우리의 행동과 우리에 대한 하나님의 명령에 있어서 하나님께서 주도권을 가지고 계신다는 사실은 이러한 강조에 있어서 중요한 국면이다. 기독교의 신앙은 우리를 향해 은혜로 역사하시는 하나님께 중심을 두는데 그분은 우리를 불러내시고 우리의 응답에 권능을 입혀 주시는 분이다.

하나님의 역사하심이 가장 명확하게 보여진 것은 예수 그리스도 안에서이기 때문에 우리가 말하는 '내용'은 기독론을 다루어야만 한다. 세례 받은 사람은 예수님을 닮아 그분처럼 살려고 하는 사람일 뿐만 아니라 예수 그리스도를 통해 구원받은 사람이요, 그와 연합한 사람이다. "우리가 하나님께서 보내신 그리스도라고 부르는 그 예수님은 누구인가?"라는 질문을 가지고 고심하기까지 "그리스도 안에서"라는 말이 의미하는 것을 잘 알 수 없다. 이것은 우리를 우주적인 그리스도에 대한 인식으로 이끌어 가는데, 그분은 되어진 모든 것을 회상하게 하시며 되어질 모든 것을 기대하게 하시는 분이다.

하나님께서 우주적 그리스도를 통해 역사하신다는 확신으로부터 시작되는 성례전 신학은 창조와 종말의 신학으로 우리를 이끌어 갈 것이다. 이것은 직접적으로 성례전적 경험의 바로 그 실재(existence)에 영향을 준다. 세상이 하나님의 창조물이 아니라면 하나님이 물을 통하여 소통하신다는 논증은 이해할 수 없을 것이며, 모순된 것이 될 것이다. 피조물이 하나님의 창조 목적의 성취를 향하여 움직이지 않는다면 성례전이 지향할 수 있는 미래는 있을 수 없을 것이다. 또한 성례전이 나타내 보이는 하나님의 약속은 공허한 것이 되고 말 것이다. 더욱이 창조로부터 종말에 이르기까지 목적을 가지고 행하시는 하나님의 행위의 관점은 우리에게 성례전에 대한 관점을 형성해 준다. 기계적이고 특별히 고립된 순간에 묶여 있게(특히 물이 집행될 때의 순간에) 만들지 않고 성례전은 역동적이고 광대하다는 관점을 갖게 한다. 세례는 과거로부터 나오는데 하나님께서 이미 이루신 모든 것에 우리를 연결해 준다. 세례는 현재와 미래를 위한 것으로, 우리가 이미 하나님 나라에 참여하였고, 기다리고 있는 것과 같이 그 삶을 계속적으로 형성해 준다.

'이미'와 '아직' 사이에 존재하는 하나님 나라의 개념은 새롭게 된 교회론을 필요로 한다는 사실에 우리가 주의를 기울이도록 만들어 준다. 세례는 친밀하게 우리를 교회론에 묶어 준다. 그러므로 세례는 우리의 교회론이 믿음의 공동체 안에서 개인들의 관계성과 그 공동체가 세상과 가지는 관계성에 대해 말해 주는 것을 반영한다. 세례신학의 갱신은 강력한 개인주의에 대항할 우리의 능력과 관련을 갖게 될 것이다. 개인주의는 교회를 하나님께서 그 세상을 향해 원하시는 총체성(wholeness)과 의로움을 세워 가는 선구자로서 세상 가운데 놓여진 유기적인 그리스도의 몸으로보다는 같은 믿음을 가진 개인들의 자발적인 모임으로 이해하게 만들면서 축소해 버린다. 더욱이 그리스도인 정체성은 사람들이 교회 밖에 개인적으로 발견하여 그것을 교회로 가지고 와야 하는 무엇이 아니라 대신에 공동체 안에서 발견되어 그것을 들고 나아가 나눠야 하는 무엇으로 분명하게 볼 수 있어야 한다.

이 모든 것은 성령님의 역사하심에 대한 보다 견고한 신학이 필요하다는 사실을 지적해 준다. 우리는 논박하도록 강요받는 느낌을 갖게 하는 위치에 직면하지 않고 너무 성령론에 대해서 침묵했다. 이와 같이 우리의 성령님에 대한 교리는 너무 애매하고 방어적이거나 이 둘 다인 것으로 인식되고 있다. 성례전은 교회 안에서 부활하신 주님의 성령께서 허락하시는 선물이며, 그 성령님은 객관적인 행동을 통하여 역사하시며, 그러한 행동에 대한 주관적인 전유(appropriation)를 통하여 역사하신다는 확신을 회복하기까지 교회에서의 세례의 갱신에 대한 희망은 거의 있을 수 없다. 하나님께서 언약을 체결하시고 세례를 통하여 우리에게 지울 수 없는 정체성을 부여해 주셨다는 객관적인 사실에 대한 이해가 없이 하나님에 대한 우리의 주관적 경험은 단순한 감상주의에 빠져들 수 있게 된다. 하나님의 은혜에 대한 우리의 경험과 응답의 주관적 실재가 없이는 객관주의는 삶으로부터 유리되고 기계적이거나 미신적인 해석의 희생물로 전락하게 되는 성례주의(sacramentalism)를 양산하게 될 것이다. 우리가 객관성과 주관성 사이에서 중요한 균형을 유지하는 방법을 발견하는 것은 건전한 성령론 가운데서 가능하다.

세례의 적절한 회복을 위해 필요로 하는 '내용'은 기독교신학의 거의 모든 영역을 포함한다. 혹은 그것을 생생한 형태로 간직하기 위하여 예전으로 알려진 작은 손가락을 잡고 있는 사람은 그들이 신학이라는 전제 주먹을 쥐고 있다는 사실을 빠르게 발견할 수 있어야 한다.[39] 우리 앞에 놓여 있는 과제는 적어도 우리 시대의 전적인 신학적 갱신의 작업을 수행하는 것이다. 그 임무는 공교하게 수행되어야 하며 신중하게 계획되어야 한다.

성례전적 행동의 실재와 일들은 믿음을 전하는 데 있어서 말이 모두가 아님을 알게 한다. 그러나 이것은 말이 중요하지 않다는 의미가 결코 아니다. 비언어적인 것과 언어적인 것이 서로를 보완하기도 하지만 때로는 상호 갈등을 야기하기도 한다. 성례전에 대한 교육, 설교, 글쓰기에서 우리는 언어를 신중하게 사용할 필요가 있다. 신학자가 어의에 관해 분열을 조장하는 사람이 된다면 그는 지금 언어가 일상적으로, 혹은 정확하지 않게 사용될 때 어떤 비극적인 결과가 일어날 수 있는지에 대해 중요한 경험을 가르쳐 주는 것이다. 그러므로 언어에 대한 아주 확고한 제시를 하는 것이 중요하다.

성례전 신학을 논의할 때 문장의 주어, 동사 선정, 전치사의 사용 등에 대해 신중하게 고려할 필요가 있다. 예를 들어, 관련된 세 문장이 있는데 첫눈에 보기에는 별로 문제가 없어 보인다. 그러나 여기에는 오해와 왜곡의 가능성을 담고 있다.

(1) 성례전은 은혜를 운반한다, 전달한다, 나른다, 증여한다(convey, transmit, channel, confer).
(2) 세례식에서 당신은 하나님의 선물을 받았다.
(3) 그러므로 세례는 당신을 구원했다.

네 동사를 도입하여 표현된 첫 번째 문장은 아주 고전적인 예문을 나타낸다. 그러나 그러한 언어 표현은 많은 오해를 야기해 왔다.[40] 분명히 성례전은 은혜와 관련되어 있다. 반대로 그런 영향력을 끼칠 수 없다면 그것은 공허한 형식이 되고 말 것이다. 그러나 제시된 어떤 동사들은 기계적인 해석을 내리는 경향을 보인다. 마치 세례는 은혜를 전달하는 컨베이어 벨트와 같이 여겨지고 있고, 은혜는 잘 포장되어 전달될 수 있는 상품처럼 묘사되고 있다. 더욱이 그 문장의 주어는 그 도구를 사용하기로 선택하신 분이 아니라 그 도구에 초점을 두고 있다.

두 번째 문장도 유사한 약점을 제시한다. 전치사 'at'(에서)는 성찬식에서 일어나는 것은 무엇이든지 간에 그것을 세례의 집례의 순간, 즉 그 기간과 묶어 놓는다. 과거 형식으로 사용된 동사도 이것을 강조해 주면서 부가적으로 기계적인 밀접한 관계(mechanical implication)를 다시 투사한다. 마치 선물은 아무것도 기대할 수 없는 사람으로부터 수동적으로 받아들이는 수용자에게 강제로 안기는 것처럼 되어 있다.

세 번째 문장은 특히 문제가 있는데, 그것이 성경적으로 말하는 것처럼 보이기 때문이다. 적어도 RSV(표준개정판 영어성경)는 베드로전서 3장 21절을 정확하게 이러한 방식으로 번역한다. 그러나 그 상황을 고려하면(서신서의 상황을 고려하면 전혀 달라진다) 사용된 주어와 동사는 문제를 야기한다. 그것들은 처음 두 문장이 가지고 있는 약점을 증강시켜 준다. 이와 같이 이 세 문장은 혼동을 야기할 수 있는 가능성을 가지고 있고 성례전적 이단이 되게 할 수 있는 가능성마저 보인다.

이제 그 문장을 그 의미가 신학적으로 보다 적절성을 가질 수 있고 잘못 이해할 수 있는 가능성을 줄이는 방식으로 문장을 다시 써볼 수 있다.

(1) 하나님은 성례전 가운데서 은혜로 역사하신다.
(2) 받은 세례를 통하여 당신은 하나님의 선물들을 받는다.
(3) 이와 같이 죄의 용서를 받기 위해 그리스도 안에서 당신은 세례를 받았다.

재구성된 첫 번째 문장에서 하나님은 주체가 되신다. 또한 세례는 그 자체가 최종 목적이 아니라 하나님의 계시의 수단으로 간주된다. 여기에서 동사 'acts'(역사하신다)는 앞에서 사용되었던 동사보다 훨씬 더 개방적이다. 명사형인 'grace'(은혜)보다는 부사어인 'graciously'(은혜로)를 사용함으로 상품이라는 정적인 이미지보다는 역동적으로 역사하시는 하나님의 선하심과 연결하고 있다. 'in'(가운데서)이라는 전치사의 사용은 상대적으로 개방적이다. 그것은 하나님의 행위와 자유를 제한하지 않는 것 같다('통하여'라는 전치사 'through'는 이러한 목적을 위하여서 사용할 수 있는 더 좋은 전치사일 수 있다. 그러나 다음 문장의 시작 부분에서 사용되고 있고 커뮤니케이션에서 다양한 어휘를 사용하는 것이 효과적이어서 그 단어를 사용하였다).

수정된 두 번째 문장은 세례의 유익을 특별한 순간으로 제한하지 않는다. '통하여'(through)와 '받는다'(receive)라는 단어는 각 개인에게 집례된 세례가 하나님께서 계속해서 우리에게 말씀하실 수 있는 영속적인 성례전이라는 사실을 가리킨다. '선물'(gift)을 복수형으로 사용한 것은 광대한 하나님의 역사로 이해할 수 있도록 증강시켜 준다.

세 번째 문장은 세례를 용서와 연결시키는 방식으로 변경하였다. 그러나 성례 자체가 자동적으로 구원을 형성한다는 것을 제시하지는 않는다. 재구성한 문장은 세례를 통하여 하나님께서는 그리스도의 기름 부으시고 의롭게 하시는 사역 가운데로 우리를 연합시키신다는 신학적 이해를 더욱 선명하게 제시한다. 구원은 그리스도 안에서 발견되며, 우리는 예전 그 자체 안에서보다는 세례 가운데서 그분에게 묶여진다.

언어의 신중한 사용은 우리가 의미했던 것보다 그 의미를 적게 전달하는 약한 언어를 피할 수 있도록 만들어 준다. 예를 들어, 두 번째 문장을 재구성하면서 "세례를 통하여 당신은 하나님의 선물을 제공받았다"고 표현하고 싶은 유혹이 들었다. 이것은 분명히 은혜가 자동적인 전달에 대한 논증을 배제하는 데 도움을 준다. 왜냐하면 제공은 그것이 수용되었을 때에야 의미가 있는 것이 아니기 때문이다. 정확하게 이 이유에 대해서 '제공'(offer)이라는 단어는 세례가 가지는 특성을 충분히 말해 주고 있지 않다. 언약은 '제공'보다 훨씬 더 깊은 의미를 가진다. 그것은 응답을 요구하는 행동이다. 언약은 실제적으로 우리에게 영향을 끼치는 약속이며, 우리가 신실한 순종보다는 무관심과 반역으로 반응한다 할지라도 우리에게 지울 수 없는 정체성을 제공해 주는 약속이다. 더욱이 세례는 믿음의 공동체 안으로 들어갈 수 있게 하는데, 그 공동체는 관심과 도움을 요청하는 사람들을 기다리지 않고 세례 받은 사람들이 앞으로도 믿음으로 굳건하게 서 나갈 수 있도록 돕는 책임을 떠맡는다. 이와 같이 세례를 통하여 하나님께서 단지 우리에게 무엇을 제공한다고 제시하는 것은 문제를 야기할 수 있는 약한 신학을 양산해 낼 수 있다.

여기에서 논의한 이 세 가지 문장은 세례를 잘 이해할 수 있는 신학을 제시하려는 의도를 담고 있지 않았다. 그것들은 몇 마디의 말 속에 우리는 얼마나 많은 의미를 채워 넣을 수 있는가를 예증해 준다. 또한 그것들은 우리가 믿는 바를 적절하게 전달하려고 한다면 이 단어들을 선택할 때 무엇을 고려해야 하는지를 알려 준다.

성례전과 관련하여 관심을 가질 수 있는 또 다른 사항은 '상징'(symbol)이라는 말과 '표징, 혹은 표지'(sign)라는 말을 어떻게 선택하는

가의 문제이다. 이 두 용어를 정확하게 구분한다는 것은 복잡한 일이다. 왜냐하면 이 말들의 함축적 의미가 바뀌어 온 방식 때문이다. 원래 '상징'이라는 말은 아주 강력한 용어였다. 어원학적으로 그 말은 '함께 가져오다'라는 헬라어 어원에서 왔는데 글자 뜻은 '강제로 함께 던지다'라는 뜻을 가지고 있다. 이러한 방식으로 이해하면 성례전적 상징은 물질적 요소와 그 요소가 전하려는 실재가 결합된 것이다. 즉, 그 수단은 그것이 옮기는 진리와 완전히 묶여 있다.

그러나 오늘날 대중적 담론에서 '상징'은 깔보는 듯한 함축적 의미를 가지고 있는 설득력이 없는 용어이다. 이와 같이 우리는 "글쎄요, 그것은 단지 상징이었어요"라고 말하면서 제스처의 중요성을 놓쳐 버릴 수 있다. 제스처는 실재를 나타낼 수도 있고 그렇지 않을 수도 있다는 의미이다. 그러므로 우리가 만약 성례전을 상징이라고 말한다면 회중은 세례와 성찬은 단지 하나님의 은혜를 애매하게 상기시켜 주는 것이라는 의미로 받아들일 수도 있고, 하나님의 선하심의 실재가 거기에 담겨 있다는 의미로도 받아들일 수 있다. 그때 성례전은 쉽게 '단지 상징'이라는 말로 각하시킬 수도 있다(폴 틸리히가 '상징'이라는 용어가 가지고 있는 원래적인 힘을 되찾으려고 했고, '표징'이라는 말보다 너 우위에 두려고 했던 것을 염두에 두어야 한다. 원칙적으로는 이 시도에 있어서는 그가 옳았다. 그러나 실제적으로는 우세한 분위기에 대해 필요 없는 전쟁을 개시하였던 것으로 보인다).

우리 사회에서 '표징'이라는 용어는 우리가 성례전에 대해서 말하기를 원하는 것을 보다 적절하게 전달해 준다. '표징'은 기술적이고도 신학적인 긴 역사를 가지고 있다(관련이 있는 용어인 significance[중요성]

가 그러한 것처럼). 이것이 독이 되기도 하고 축복이 되기도 한다. 독이 되는 이유는 우리가 전문적인 사항에 있어서 혼란될 수 있기 때문이다. 그러나 축복이 되는 것은 우리가 성경에서 표징의 중요성을 포함하여 우리의 유산이 가지고 있는 긍정적인 부분을 끌어올 수 있기 때문이다. 그러나 여기에서 우리가 주로 관심하는 것은 오늘날 대중적인 차원에서 함축이라는 단어가 가지고 있는 것이다.

보다 평범한 보기가 표징에 대한 현대적인 함축 의미를 명확하게 해줄 수 있다. 예술가들이 화염을 그리기 위해 빨간 표식을 그려 넣을 때, 혹은 연기를 표시하기 위해 검은 원을 그려 넣을 때 우리는 이것을 불의 상징이라고 생각한다. 우리는 그 불을 종속적이라고 부르지 않는다. 왜냐하면 그 상징은 직접적으로 실재에 고착되지 않기 때문이다. 상징은 단지 그 실재에 대해 우리에게 일깨워 준다. 그러나 우리가 화염과 빌딩에서 연기가 소용돌이치며 솟구쳐 오르는 것을 관찰할 때 우리는 불의 상징보다 더한 것을 인식하게 된다. 실재로 무엇인가가 타오르고 있고 우리가 신고하기 위하여 가까이에 있는 전화기로 돌진해 가는 것은 표징(sign)이다. 혹은 다른 예를 들어 보자. 보석상 진열대에 진열되어 있는 결혼반지는 결혼의 상징이다. 그것은 일반적인 방식으로 결혼식에 대해 알려 준다. 그러나 누군가의 손가락에 있는 결혼반지는 결혼의 상징 이상이다. 거기에는 어떤 기만도 숨겨져 있지 않다는 것을 당연한 것으로 받아들이면서, 그 반지는 그것을 착용한 사람이 결혼한 사람이라는 믿을 만한 표징이 된다.

'상징'과 '표징'이라는 말의 뉘앙스에 또 다른 차원이 있다. '상징'은 보다 약한 명칭으로 간주되기 때문에 그것은 부수적 성례전 대상이나 행동을 전망하기 위해 사용할 때 유용하다. '표징'은 성례전의 중심적 행위를 나타내는 것에 사용할 수 있다. 이와 같이 세례에서 물과 그것의 적용은 표징과 관련되며 그것을 통해 하나님의 사랑을 드러낸다. 우리가 세례식에서 촛불이나 새 옷, 우유와 꿀이 담긴 성작(chalice) 등을 사용한다면 이것은 물로 씻는 것이 의미하는 바를 가리키는 상징이다. 보조 예배 의식(auxiliary rites)이 가지는 가치와 같이 그것들이 본질적인 요소는 아니다. 이러한 상징은 표징을 보충해 주지만 대체할 수 있는 것은 아니다.

다른 흔한 경험은 여기에서 설명하고 있는 뉘앙스를 분명히 하는 데 도움이 될 수 있다. 지금 자동차를 타고 고속도로를 달리고 있는데 휘발유가 다 되어간다고 가정해 보자. 길가의 나무 위로 어느 정유사의 상징인 로고를 보았다. 이 상징은 그 주변에 주유소가 있다는 것을 가리킨다. 그 상징은 분명 도움이 되는 것이지만 그것은 그 주유소가 문을 닫았는지, 내부 수리를 하기 위해 잠시 문을 열었는지, 휘발유를 팔기 위해 문을 열었는지에 대해서는 어떤 것도 말해 주지 않는다. 당신의 주요한 관심은 "주유소 영업합니다"라는 표징(sign)이다. 그것을 보면 바로 차를 돌려 고속도로를 빠져나가게 될 것이다. 상징은 표징을 보충해 주며 그것으로 향하도록 만들어 준다. 그러나 그 표징을 벗어나서의 상징은 부족하게 되며 당신을 조롱하는 것이 될 수 있다. 세례식에서 사용하는 촛불, 새 옷, 우유와 꿀은 세례가 의미하는 것, 즉 깨우침, 그리스도 안에서 우리가 누리게 되는 삶의 새로움, 약속의 땅으로 들어가는 것 등을 상징한다. 표징은 상징을 효과적으로 작용할 수 있도록 만들어 준다.

만약 우리가 우리 시대의 세례의 회복을 필요로 하는 어떤 신학을 제시하려고 한다면 상징과 표징 사이의 공교한 선택은 중요하다. 설교, 교육, 보다 비공식적인 목회적 대화 등에서 이 두 용어 사이에 존재하는 차이에 대한 담론을 갖기는 쉽지 않다. 작지만 많은 것들로부터 이해할 수 없는 특징까지 인지할 수 있는 부분에 주의를 기울이는 것은 실로 성례전 신학의 가치를 더 떨어뜨릴 수 있다. 함축된 의미에서 단지 차이를 인식하고 덜 적절한 용어를 피하는 것은 예수 그리스도 안으로 들어가는 입례 의식을 그리스도인들로 하여금 온전히 감사할 수 있게 해주는 긴 여정을 갖게 한다.

언어에 대한 이러한 토론은 신중한 표현을 갖도록 우리의 관심을 촉진한다. 또한 모든 가능한 어려움을 밝혀내고 상세히 설명하지 않으면서도 존재하는 문제가 무엇인지에 대해 인식할 수 있도록 만들어 준다. 더욱이 우리가 준비된 진술에서 살펴보았던 것처럼 신중하게 구별할 수 있어야 하며 보다 일반적인 상황에서 언어의 특징을 정확하게 사용하지 않는 부분을 살펴보아야 한다. 대화와 자발적인 프레젠테이션에서 언제나 내용의 정확성을 기한다는 것은 쉽지 않다. 분명히 신중한 표현에 관심을 기울이는 것은 미리 준비된 원고 없이 세례에 대해 말하는 것을 두려워하지 않게 해준다. 글쓰기를 준비할 기회가 있을 때(그것이 설교이든, 교구 뉴스레터를 위한 글이든, 정책을 밝히는 글이든, 세례식에서 사용할 기도문이든) 사용할 단어에 대해서 자세히 살펴보아야 한다. 정한 시간을 넘어 미리 준비된 그 진술에 대한 신중한 주의는 정확성을 가져다줄 것이다. 그것이 비록 즉흥적으로 행하는 짧은 연설이라고 해도 그럴 것이다.

전략

건전한 세례신학과 실행의 회복은 내용뿐만 아니라 방법에도 우리의 주의를 요구한다. 회중에게 너무 빨리, 너무 많은 자료를 소개하는 것은 신학적, 예전적 미숙(indigestion)을 양산할 수 있다. 특히 여러 세대 동안 세례에 대해 그렇게 많은 생각을 갖지 않고 보내온 교구에서 갑자기 행해지는 노력은 단지 최근의 유행을 강요하는 듯한 인상을 전달할 수 있다. 두더지가 파놓은 흙두둑으로 산을 쌓으려는 것처럼 보일 수도 있다. 한편 소심함은 세례는 별로 중요한 것이 아니라고 나타낼 수 있다. 적절한 균형이 이루어진다면 각 상황에 대한 평가는 예배를 위해 책임 있는 사람이 어떻게 효과적으로 진행할 것인가를 요구하게 될 것이다.

그러나 일반적으로 여러 해 동안 시도되었던 접근은 잘 동화되었으며 정기적인 평가와 과정에서의 조정을 위한 기회를 제공해 주는 것 같다. 그러한 성례전 갱신 프로그램을 계획하고 수행함에 있어서 여러 영역은 특별한 주의를 요구한다. 세례는 예전적 행위이기 때문에 분명히 예배 그 자체는 시작하는 장으로서 주의를 기울이게 된다. 그러나 이 문제는 다른 장에서 살펴보아야 할 만큼 충분히 중요하다. 세례를 일반적으로 교육하는 접근 방식, 세례식에서의 선서, 세례 전 교육과 관련하여 프로그램 명세서를 만들어야 한다. 나중 영역과 관련하여 세례를 연기하거나 거부하는 것과 같은 민감한 주제를 끄집어내는 것도 필요하다. 그때 우리는 세례와 관련한 교단의 정책에 대한 문제와 회중 안에서 변화를 소개하고 평가하는 문제에 대해서도 관심을 가질 수 있게 될 것이다. 마지막으로 목회적인 정중함에 대한 문제도 논의하게 될 것이다.

모든 나이 수준에서 어떤 교육을 제공할 것인지에 대한 노력에도 신중한 주의가 필요하다. 성인들을 위한 세례 공부 과정도 열 수 있고, 성례전 전반에 대해 다루는 연구반도 운영할 수 있다. 주일날 교회학교 시간에 갖는 것보다는(역주/ 대부분의 미국교회는 장년들을 포함하여 모든 연령층의 교인들이 교회학교 성경공부반에 참여한다) 다른 시간에 잡는 것을 권장할 만하다. 왜냐하면 교회학교 교사들도 그러한 연구반에 참석할 수 있어야 할 것이고 그들이 가르칠 때 세례에 대한 기본적인 이해를 가지게 되면 다른 사람들에게 효과적으로 도움을 줄 수 있기 때문이다.

교회학교의 커리큘럼 자료는 중심 사항에 대해 평가와 개정이 필요할 수도 있다. 여기에서 본인이 취하고 있는 세례에 대한 접근이 아주 최근에 관심사가 되고 있기 때문에 그것은 교회의 출판물에는 대부분 아직 반영되고 있지 않다. 실로 그러한 출판물에서는 세례에 대한 잘못된 이해가 계속될 수도 있다(특히 견신례는 세례와 관련이 있다와 같이). 혹은 기독교 입례 의식(Christian initiation)에 대해 전혀 말할 것이 없다고 할 수도 있다. 궁극적으로 교단의 커리큘럼 위원회나 교단들이 연합한 위원회는 조직적인 계획에 따라 그 자료를 개정할 때 그러한 문제를 논의의 주제로 잡을 수 있다. 그러나 임시적으로 지역교회들이 그러한 자료를 분석할 수도 있고 필수적으로 필요한 보조 자료를 요구할 수도 있다.

이러한 임무를 구분하여 수행하는 대신에 연합하여 평가를 수행하는 것이, 혹은 모든 구성원들에게 유용한 자료로 개정하는 것을 고려하는 것이 같은 자료를 사용하거나 밀접하게 관련된 커리큘럼 자료들을 사용함에 있어서 교구에는 보다 효과적이 될 것이다. 사실 새롭게 준비된 자료나 그러한 상호 협력하는 분위기에서 사용된 자료나 다양한 상황에서 점검할 수 있고 수정하게 되면 그 결과물은 교단이나 상호 협력하여 커리큘럼을 개발하는 그룹에게 유용할 수 있다.

가능한 곳에서 연구 경험 그 자체는 다양한 교구에서, 가능하면 지역 상황에서 에큐메니칼 분위기로 연합하여 수행되어야 한다. 이것이 다양한 그룹 사이에서 대화와 이해를 촉진시켜 줄 뿐만 아니라 그러한 접근이 하나님께서 세례를 통해 우리에게 허락하시는 일치가[41] 이루어지게 하며 그것을 구체화한다는 사실이 중요하다는 것을 깨닫게 해줄 것이다.

유아세례를 받았거나 어린이세례를 받고 나중에 세례 언약에 대한 공적 선서를 한 사람들을 위해 기획된 프로그램에 대해서도 특별한 교육적 관심을 기울일 필요가 있다. 과거에는 그러한 선서의 시간이 과정 중에 있는 것으로보다는 도착 지점에 이른 것으로 보았다. 세례를 받은 아이들은 교회학교의 다양한 수준의 과정을 거쳐 여기에 이르렀고, 드디어 사춘기에 이르러 그들은 그 과정을 완성한 것으로 보았다. 그 마지막 기간(여주/ 견신례)에 집중된 프로그램에 큰 비중을 두어온 교회들은 너무 자주 주어지는 그러한 노력이(일반적으로 '견신례반'이라고 불리는) 기독교 교육의 과정에서, 혹은 교회의 적극적인 활동에서 이제 그것을 마치는 졸업식으로 인식되고 있다는 사실을 발견하게 되었다. 그러한 프로그램은 주님의 성찬상에 참여할 수 있는 허가를 얻기 위한 전제조건으로 여기는 사람들 가운데 이러한 허가를 '처음 성찬'이 아니라 '마지막 성찬'으로 여기고 있다는 안타까운 유머도 생겨났다.

세례 갱신은 일생 동안 이어지는 과정이기 때문에 흔히 그 과정은 어린 나이에 일찍 세례를 받은 사람에게는 사춘기, 혹은 그 이후에 의식적으로(consciously) 시작되는데, 지각력과 갱신에 관련된 프로그램은 변화를 요구한다. 공적인 갱신을 시작하는 행동은 사역을 인식하기 시작하는 삶의 첫걸음을 떼는 것으로 볼 수 있다. 그 사역은 그가 헌신된 그리스도인인가를 결정짓는 요소이다. 언약 확증의 시간(역주/ 견신례)에 사용되는 교육 자료와 접근 방법은 하나님께서 우리 가운데 이미 허락하신 언약의 약속과 죽음의 때까지 우리들에 의해서 유지되어야 할 언약을 지켜나가는 충실한 삶과 관련이 있어야 한다.

세례 언약의 첫 공적 갱신의 중요성과 예배에 복종하는 삶과의 관련성은 첫 믿음의 확증의 시간을 위해 적절한 나이가 언제일까에 대한 이슈를 불러온다. 12살의 나이에 성전에 계셨던 예수님의 이야기에 영향을 받기도 하고, 현대의 유대교 성년 예식인 '바르 미츠바'(bar mitzvah)와 '바트 미츠바'(bat mitzvah)[42]에 의해 힘을 얻어서 교구에서는 입교식을 위한 신앙의 논증이 6학년이나 중학교 1학년 연령에서 이루어져야 한다고 제시하는 경향이 있다. 의심할 것 없이 이러한 연령을 선택한 것은 주님의 성찬상에 12살, 혹은 13살 이상의 사람이 나아오는 것을 금하는 것을 망설이는 데서 왔다. 이러한 패턴에 대해 만족하지 못하는 것은 이것이 등급 매기기 사고방식과 어떤 이해에 사로잡혀 있다는 점이다. 그 이해는 우리가 사는 세상의 복잡성과 얽혀 있는 문제에 대해 연령적으로 성숙한 그리스도인들이 아주 다양하게 반응할 수 있는데, 그것은 사회 질서를 잘 이해할 수 있는 연령인 고등학교 3학년 정도가 적당하다고 본다. 일반적인 나이를 좋아하는 사람들은 우리의 젊은이들이 점점 빨리 성숙해 간다는 사실에 주목한다. 특히 어려운 문제를 푸는 데 있어서 점점 학년이 낮아지고 있다는 교육적인 접근에 바탕을 둔다. 12살이나 13살의 아이들은 그리스도인의 행동과 관련하여 군비철폐, 지구촌 기아 문제 등의 복잡성을 깊이 인식하기 어렵지만 그들은 이미 마약 문화와는 대면해 있고, 임신과 낙태 문화 등 그리스도인으로서 가져야 할 이해와 그에 대한 적절한 태도를 요구하는 상황에 직면해 있다.

이러한 난국에 대한 가능한 실질적 방식은 입교 예식에서 언약의 선서와 성년 제자의 삶에 대한 준비에 있어서 보다 융통성 있는 접근을 필요로 한다. 예를 들어, 일반적으로 목회자가 인도하는 클래스는 선서 전 클래스와 선서 후 클래스로 분반할 수 있다. 선서 후 클래스는 12, 13세에 갖는 예배 의식이 유리한 것과는 거리를 두고 언약 갱신 행동에 대해 다룰 수 있다. 그 이후 나이에 세례 갱신에 대해 다루는 것이 좋을 것 같지만 어떤 상황에서는 관습 때문이나 다른 교회에 속한 학교 친구로부터 받는 부담 때문에 보다 이른 나이에 입교 선서 의식을 갖는 것은 바람직하지 않다.

특히 입교 선시를 비교적 이른 나이에 빨리 가졌을 때 우리는 입교 선서 이전 클래스로 들어오는 사람에게 그의 경험을 들려줄 수 있도록 세울 수도 있을 것이다. "우리 나이 끝부분에서 여러분 중 어떤 사람들은 세례 언약의 첫 번 공적 선서를 할 준비가 되었다고 느낄 수도 있습니다. 여러분은 부활주일 전날 철야기도회(혹은 다른 지정일)에 입교 예식을 가질 기회가 있을 것입니다. 그러나 공적 갱신을 위한 다른 비슷한 기회도 앞으로 있을 것입니다. 여러분 중 많은 분은 이 중요한 과정을 밟기 전에 잠시 기다리기로 결정한 분도 있을 것입니다." 주님의 성찬에 세례 받은 사람을 이른 나이부터 참여하도록 권할 수 있다면, 그리고 우리가 성인세례를 받고 교회의 정식 교인 자격을 얻는 사람을 매년 헤아리게 만드는 교회 성장의 숫자 통계에 노예가 되는 것으로부터 자유로울 수 있다면 우리는 보다 건강한 분위기를 만들 수 있을 것이다. 청소년들로 하여금 어떤 정해진 기간에 견신례를 받아야 한다는 압박을 느끼지 않고 세례 언약의 의미를 진심으로 숙고할 수 있도록 할 수 있을 것이다.

이와 같이 우리는 선서 과정을 '견신례'(confirmation)라고 부르는 것을 피할 수 있을 것이다. 거기에는 여러 이유가 있을 수 있다. 좋은 예로 '견신례'라는 용어를 세례에서 성유도식과 동일한 것으로 만들 수 있다. 앞의 장에서 고대 세례 예전에서 찾을 수 있는 두 가지 요소의 분리에서 야기되는 혼동에 대해서 살펴보았다. 그러나 특히 개신교도들은 성인 제자도를 위한 교육의 과정과 우리가 견신례라고 부르는 것이 아주 밀접히 연결되어 있기 때문에 단일 예식으로 세례와 견신례가 통합된 예전의 회복은 유아세례를 받은 이들이 나중에 충분히 인식할 수 있는 나이가 되어 헌신을 다짐하는 것도 더 이상 필요치 않는 것으로 잘못 이해할 수도 있다. 이것은 분명히 그런 차원을 말하는 것이 아니다. 그러므로 나중의 과정은 지정되는데('세례 언약 선서'와 같이) 성찬에 대한 그 관계성을 분명하게 하는 지정이다.

그러나 어떤 교단과 회중에게 '견신례'라는 용어는 갱신 과정을 위해 계속해서 사용될 것이라는 점을 인식하는 현실적인 용어이다. 일반적으로 존재하는 것보다 더 넓은 의미의 정의를 부여해야 한다. 견신례는 일련의 교리문답 클래스들 중의 하나보다 더한 것으로 이해되어야 하지만 세례를 '완성하는' 것이나, 혹은 어둡게 만드는 독립적인 성례가 아니라는 점도 알아야 한다. 더욱이 견신례는 사춘기에 부가되는 문화적 실재를 인식하는 종교적 방식 이상의 것이다. 그러나 특별한 연령 단계에서 그리스도인의 성숙으로 나아가는 의무적인 통과의례 정도의 것이다.

그것이 수행되는 이름과 상관없이 세례의 첫 번째 공적 갱신은 사춘기 연령의 청소년들에게 견신례를 통해 수여되는 지위를 담보하지 않는다. 그리스도인의 삶에 있어서 중요한 것은 계속되는 갱신과 헌신, 매일의 일상 속에서 십자가를 지는 삶이 있어야 한다는 점이다. 주기적인 갱신 예식 행위는 이것을 우리에게 깨닫게 해주며 주님의 길을 따라가도록 우리를 권고한다. 어릴 적 유아세례를 받은 사람들이 갖는 첫 공적 선서의 특별 예전 행위(liturgical act)는 과정에서 도움이 되는 단계가 될 수 있다. 그러나 그것은 최종 목적이 아니라 수단이다. 신앙세계에 대해 인식능력을 갖춘 청소년들이 아직 헌신할 준비가 되어 있지 않기 때문에 십대 기간에 선서를 연기하거나 전적으로 뛰어넘을 수 있는 가능성은 오히려 덜 위험한 것이 될 수 있는데, 어떤 십대들은 분명한 이해나 확신을 가져서라기보다는 사회적 압력에 의해서 움직이게 되거나 마지못해서 선서를 하거나 교회생활을 접어 버리는 것은 훨씬 더 위험한 일이다. 성인기에 성숙한 헌신을 할 수 있는 가능성이 있기에 뒤의 경우보다 앞의 경우가 더 낫다고 할 수 있다.

때로는 교단 정책이 문제를 복잡하게 할 수도 있고(예를 들어, 교단 정책이 "공식적으로 견신례를 갖기 전까지는 공식적인 교인 명부에 이름을 올릴 수 없습니다"라고 규정하는 경우), 어떤 경우에는 감독이 주관하는 예전 행동이 필요한 것으로 간주될 수도 있는데, 정해진 시간에 개인에 의한 갱신의 공적 행위는 그럴듯해 보이지 않는 비판할 수 없는 신성한 것(sacred cow)이다. 그것을 무엇이라고 부르든지 간에 나중의 행위가 세례를 완성하는 데 필요한 것이 아니라면, 그리고 그것이 주님의 성찬상에 나아가기 위해서 반드시 필요한 것이 아니라면 이 행동은 있어야 하는 것이며, 세례 받은 사람을 하나님의 은혜의 선물과 그리스도의 언약에 의도를 가지고 참여하는 것의 필요성을 인식하도록 만드는 유용한 방법이 될 것이다.

최근까지 세례와 견신례를 시행하고 있는 교단들은 일반적으로 성인으로서 세례를 받은 사람에게조차도 후자를 요구하기도 했다. 이러한 실행에 익숙한 교구에서는 감독이 세례식에 참여하지 않고 손을 얹어 안수하지 않는 한 성인세례를 받은 사람은 반드시 확증하는 순서를 가질 필요가 없다는 것을 깨달을 수 있도록 도와줄 필요가 있다. 언약을 분명하게 인식하며 그 안으로 들어가는 행위를 요구하는 갱신의 행위는 최선의 상태로 말하면 여분의 것이며, 최악의 상태로 말하면 모욕적이고 하찮은 것이다(물로 세례를 받은 후에 사람들에게 "당신은 바로 전에 한 엄숙한 약속을 다시 새롭게 하시겠습니까?"라는 요청을 받았을 때와 같이).

교구에서 성례전 갱신은 수세 후보자가 세례를 신중하게 준비할 수 있도록 주의를 기울일 필요가 있다. 유아세례인 경우에는 부모와 후견인의 준비도 잘 시켜야 한다. 작은 교회를 섬기는 목회자는 상황별로 그것에 준하여 개인에게 맞게 교육할 수 있을 것이다. 규모가 큰 지역 교회에서는 세례 교육을 위한 소그룹반을 운영할 수 있을 것이다.

그러나 어떤 상황에서는 협력 프로그램을 확대하여 실시할 수도 있을 것이다. 서로 다른 교단의 교회들이 함께 그러한 교육 프로그램을 계획하고 진행할 수 있을 것이다. 이것은 함께 연합하여 무엇을 수행한다는 점에서 세례의 의미를 예증하는 좋은 프로그램이 될 수 있다. 기본적인 신학적 이슈와 연계하는 방향이나 교단의 역사나 조직을 토론하는 소그룹으로 나누게 되면 모두에게 유익한 프로그램이 될 수도 있다. 한 교단의 회원들은 그들 교회가 가지고 있는 유산에 대해서 배울 수 있고, 다른 교단의 것들과도 평행으로 놓고 비교도 하고 토론도 할 수 있을 것이다. 예를 들면, 왜 감리교인들은 장로교회가 무엇인지를 공부하면 안 되는가? 혹은 회중 제도는 상호연결주의 제도(connectional polity)와 어떻게 다른가? 엄격히 접근하는 것과 악의를 가지는 것을 함께 놓으면서 로마 가톨릭교회, 침례교회, 그리스도 연합교회(United Church of Christ) 등과 같이 다양한 그룹들과 연계하여 세례 준비반을 운영할 수 있을 것이다.

 세례 준비반 훈련의 형태와 내용은 지역 교회의 필요에 따라 다양하게 주어질 수 있고, 그 대상이 유아세례를 준비하는 부모들인지, 성인세례를 준비하는 사람들인지, 아니면 그 두 그룹이 합해진 것인시에 따라 달라질 수 있다. 그러나 어떤 경우이든지 간에 성경적이고 신학적인 사안에 대해 신중한 주의가 필요하며 주요한 강조점이 되어야 한다. 이 책의 앞 장에서 제시된 내용을 세례 준비반 프로그램에서 연구나 토론을 위해 활용할 수 있을 것이다.

 세례 준비반 공부에 후보자들이나 그 부모들의 참여가 저조하였다면 그것은 세례 받는 것을 다음 기회로 연기하거나 거부할 충분한 이유가 된다. 이것은 우리가 신중하게 고려해야 할 가장 성가신 이슈들 중 하나가 된다. 무슨 권리로, 그리고 어떤 상황에서 세례를 베푸는 것을 거부할 수 있을까?

회중이 쓰는 전형적인 표현을 빌려서 말하면(일반적으로 그들의 목회자의 용어로 빌리면) "세례 주는 것을 거부하는 것"이라는 용어는 그 말 자체를 받아들이기 어렵다. 어떤 인종이든, 어떤 상태에 있든지 간에 누구나 하나님의 백성으로 용납되어야 하고, 확인받아야 하며, 지지를 받아야 한다는 사실을 전적으로 주장해 왔다. 어떤 경우에 세례를 베푸는 것을 거부하는 목회자가 있다면 그는 다른 동료 목회자들에게 이상한 사람으로 취급을 받을 것이다. 그 이유가 분명하지 않는 데도 그렇게 한다면 회중으로부터 심각한 어려움을 당하게 될 것이다. 지금 처음 이야기하는 것이 아니라 훨씬 이전에 분명하게 논의된 바이다. 본서에서 논의된 세례신학의 관점에서 보면 그러한 거절은 단순한 가능성이 아니라 다음의 경우를 위해 – 성례와 교회의 보존을 위해서뿐만 아니라 신중한 의도와 이해 없이 세례를 신청한 사람을 보호하는 차원에서 – 필요하다.

분별없이 주어지는 세례를 보호하기 위해 우리가 일반적으로 사용하는 논의의 핵심을 분명하게 드러낼 필요가 있다. "'아니오'라고 거절함으로 사람들이 실망하여 교회에 나오지 않게 될 것을 상상해 보라"고 말하는 대신에 우리는 이렇게 잘 물을 수 있을 것이다. "그들에게 그 중에 무엇을 요구함으로 사람들이 교회에 대해 새로운 것을 가르칠 수 있는 기회가 아닌가?" 우리는 사람들이 별로 기대도 없이 주로 조직에 관심이 있다고 추정하면서 그 본성을 잘못 판단해 왔다. 사실 가장 필요한 그룹은 가장 긴 대기자 명단을 가지고 있는 경향이 있다. 동전을 뒤집기 위하여 우리가 그것에 대해 가져왔던 낮은 기대감의 수준으로 안정시킬 필요가 있다. 혹은 우리가 붙잡고 있는 높은 기대감을 갖도록 도전해 주어야 한다.

세례 베풀기를 거부하는 경우에 보다 민감한 사안은 수세 후보자가 어린아이일 때이다. 여기에 제기되는 질문이 있다. "우리는 스스로 어떻게 할 수 없는 어린아이에게 세례 베푸는 것을 거부할 수 있을까? 단지 그의 부모가 그리스도께 실제적인 헌신을 할 준비가 되어 있지 않기 때문에 단순하게 하나님의 사랑을 잘 드러내는 이 표징을 빼앗을 수 있을까?" 그러나 그 질문을 다음과 같이 바꾸어야 할 필요가 있다. "우리는 스스로 어떻게 할 수 없는 어린아이에게 그들이 받는 세례가 실로 무엇을 의미하는지를 알 수 있는 기회가 전혀 제공되지 않은 상황에서 혼자의 힘으로 자라가도록 허락할 수 있을까? 또한 우리는 어떻게 그들을 불러내어 세례를 베풂으로 그것을 그리 중요한 것으로 여기지 않도록 만들 수 있을까?" 약간 다른 상황에서 보면 우리는 다음과 같이 물을 필요가 있다. "부모들이 세례에 대해 깊은 이해를 갖지 못했다는 사실 때문에 우리는 자신을 방어할 수 없는 어린이들에게 세례는 기계적인 행위라는 환영을 심어줄 수 있겠는가? 그 부모들이 염려하는 공포는 세례 받지 않는 이들은 그들이 죽을 때 기다려 줄 것인지에 대한 염려로부터 해방되었다고 선언할 것인가?" 우리가 세례를 개인의 구원을 위하여 필요한 거의 마술적 행동으로 보지 않는 한 무차별적으로 베푸는 세례를 변호하기는 어렵다.

우리가 '목회적'이라고 부르기 좋아하는 직관은 확실하게 전적으로 잘못된 것은 아니다. 그러나 별로 신중한 의도를 갖고 있지 않은 것 같은 수세 후보자, 혹은 부모들을 대면했을 때 목회적이 되기를 바라는 것과 쉽게 넘어가는 사람이 되는 두려움 사이에서 구분할 필요가 있다. "안 된다," 혹은 "기다리라"라고 말할 필요가 있을 때 그런 대답은 복음의 특징을 드러낼 수 있게 온전히 호의적인 자세로 할 수 있어야 한다. 목회자가 수세 후보자나 그 부모와 처음 만나는 자리에서 적절한 대답을 줄 수 있다면 그는 일단 좋은 출발을 한 것이다. 세례 받고자 하는 요청에 너무 긍정적으로 대답하거나(일단 그렇게 되었을 때 되돌리는 것이 불가능해진다), 혹은 즉각적으로 거부하는 대신에 다음과 같이 조금 유보적인 자세로 진행하는 것이 좋다. "세례를 받으려는 마음을 가지고 있음을 알게 되어 아주 기쁩니다. 그리고 세례 받을 수 있는 준비가 되어 있는지 그 가능성을 함께 찾아볼 수 있게 되어서 기쁩니다. 우리 교회는 세례를 받으려는 사람들에 대해 분명한 기대를 가지고 있습니다. 그것들이 무엇인지 당신이 알고 싶어 하신다고 생각합니다. 역시 우리는 세례 준비반에서 함께 공부와 훈련하는 시간을 가지고 있습니다. 이것에 대해서는 앞으로 이야기를 나누면서 차차 시간을 정하도록 합시다." 이것은 목회자가 세례를 받기를 원하는 사람의 신앙 상태를 잘 알지 못할 때 시간을 벌 수 있는 좋은 접근 방식이다. 또한 그러한 요청을 하는 사람의 의도나 신앙적 배경을 아는 다른 교인으로부터 그에 대한 의견도 들을 수 있는 기회를 가질 수 있을 것이다.

세례를 받기 위해 더 준비가 필요하여 거절을 해야 하는 경우에도 여지를 남겨 두기 위해 다음과 같이 말할 수 있다. "우리 교회는 수세 후보자가 이런 사람이어야 한다는 기대가 있는데 그 측면에서 앞으로 가지셔야 할 준비 과정과 세례를 받은 후에 감당하셔야 할 책임에 대해 잘 살펴보시면 좋겠습니다. 시간을 가지고 그것에 대해 신중하게 생각하신 후에 다시 만나 세례에 대해 이야기를 나눌 수 있으면 좋겠습니다." 또한 아직 준비가 안 된 사람에게 거절을 해야 하는 경우에는 모든 책임을 목회자에게 지우지 않는 것이 좋다. 회중은 교단들이 이미 가지고 있는 실행을 수용하는 것을 신중히 고려해 볼 필요가 있다. 수세 후보자에 대해 인터뷰를 하고 목회자에 의해서 뿐만 아니라 평신도위원회에서 논의하거나 표결을 통해 결정할 수도 있다. 무엇보다도 세례는 교회의 평신도 그룹에 들어가는 것이다. 수세 후보자에 대해 표결하는 행위는 초대교회에서부터 행해 왔으며 그것은 추천할 만한 좋은 방식이다.

그러나 궁극적으로 우리는 기본적인 실재에 직면해야 한다. 목회자 개인도 그렇고 평신도위원회가 하나님이 아니므로 우리가 어떤 판단을 내릴 때 거기에 실수가 있을 수 있음을 인정해야 한다. 우리의 판단을 신뢰할 수 있다. 예를 들어, 경험이 우리에게 그런 사실을 깨닫게 한다. 믿음생활을 등한히 하면서 방황하던 젊은이들이 결혼하여 부모가 되었을 때 강한 영적 책임감에 사로잡힐 때가 있다. 어떤 부부를 보면서 새롭게 헌신한 삶이 너무 가냘프고 희미하다고 생각하면서도 관대함에 사로잡혀 잘못 결정할 수도 있다. 기쁨에 가득 찬 부모는 그들의 첫아이의 세례를 받으면서 아주 확신을 가지고 주님께 서약을 하지만 그 후에는 흔적도 없이 사라져 버리는 경우도 있다. 그때는 어떻게 할 것인가? 더 심각한 것은 몇 년 후에 그들은 다시 교회에 출석하면서 정해진 문답 교육의 과정도 없이 둘째아이가 세례 받기를 원한다.

또 어떤 경우에 확고한 세례 교육 때문에 기독교신학으로부터 돌아서게 된다면 어찌할 것인가?

그러한 경우에 쉽게 이룰 수 있는 마음 편한 해결책이 있는 것은 아니다. 제대로 판단을 내리지 못했을 경우 그로 인한 피해가 발생할 수 있지만 그것에 대한 마음의 잘못에 대해 마음의 부담을 느끼며 괴로워하는 것도 그렇게 함으로써 우리 자신이 받은 세례의 의미를 다시 기억하게 되는 유익을 얻을 수도 있다. 우리는 에덴동산의 강과 새 예루살렘의 강 사이에 놓여 있는 땅에 서 있다. 우리는 완전을 향해 가고 있음에도 불구하고 여전히 죄인이다. 그래서 우리의 불완전성과 오류를 은혜로우신 하나님께 맡기게 되며, 우리들의 재능이나 지혜로가 아니라 은혜로 구원받은 사람으로 앞으로 나아가게 된다. 우리의 불완전한 판단 능력 때문에 필연적 결과로 보다 많은 문제를 만들 수 있다는 것을 자신에게 확신시키듯이 그렇게 자책감을 가질 필요는 없다. 그것 때문에 어떤 결정을 내려야 할 때 적절하게 처신하지 않는 것보다는 낫다. 왜냐하면 그렇게 차별을 두지 않은 채로 성례를 주관하게 되면 성례의 가치를 떨어뜨릴 수 있기 때문이다.

세례 교육과 훈련은 세례의 의미와 그것이 진행되는 절차를 요약해서 제시하는 기록된 문서를 활용할 때 더욱 촉진될 수 있다. 누구나 살펴볼 수 있도록 언어로 작성된 신학적 문서로 시작하는 것과 함께 세례에 대한 진술을 담은 그러한 문서는 기대감을 갖게 해주어야 한다. 예를 들면, 세례는 공적 예배의 한 부분으로 주어지며, 수세 후보자는 준비 교육에 반드시 참석해야 하고, 유아세례의 경우 적어도 부모 중에 한 사람은 교회의 세례교인이어야 한다는 사실이 명시될 필요가 있다. 이러한 문서들은 세례를 받고자 하는 사람에게 제시되어야 하는데, 세례 받기를 신청하고 세례 준비 공부를 시작하기 전에 제시될 필요가 있다.

그러한 문서는 예배의 업무를 담당하고 있는 회중으로 구성된 위원회가 준비하고 교구의 행정기관의 승인을 받아 세례를 준비하는 모든 사람들에게 나눠주는 것이 좋다. 그러한 인쇄물을 만들고 승인하는 것도 교구에서 그 자체로 교육 과정이 될 수 있다. 그러한 문서가 보다 기본적인 사항을 담고 있을수록 이웃의 아이가 즉시 세례를 받게 하는 것이 인정되지 않았을 때나 위원회 위원의 자녀가 세례를 받을 때 목요일 저녁 자기 집에서 세례식이 거행되는 것이 아니라 주일 공예배에서 세례를 받아야 한다고 제시되었을 때에 그것에 대해 잘못 이해하게 되는 경우가 줄어들 수 있을 것이다.

새로운 정책과 실행을 소개하는 사람은 예수님께서 뱀처럼 지혜롭고 비둘기처럼 순결하라고 하신 권고에 주의를 기울여야 한다. 그렇지 않으면 그는 뱀처럼 위험할 수 있고 총 앞에서 자신을 방어할 아무런 능력이 없는 비둘기와 같이 끝날 수 있다. 소개할 내용과 그것은 언제 제시할 것인가와 그 교육 기간이 끝나고 나서 어떻게 평가할 것인가에 깊은 관심을 가질 필요가 있다.

그것에 대한 수정이 필요할 때 회중 가운데서 먼저 목회자가 제시하거나, 혹은 최소한 목회자의 제안으로 되는 것이 안전할 수 있다. 평신도가 그 주도권을 가지는 것은 추천할 만하고 장려할 만하지만 평신도의 경우에는 목회자의 고유 영역이라고 생각되는 예배 순서를 짜는 일과 같은 부분에 있어서는 제안되어 있는 현실에 직면할 수 있다. 이와 같이 색다른 것을 소개함에 있어서 기본적으로 고려해야 할 것은 목회자의 권위와 교회 전반을 아우르는 통전성과 관련하여 행해져야 한다는 점이다.

교회를 떠나 있어 새로 부임한 목회자가 성례에 대한 기본적인 이해조차도 없는 사람이 세례 준비반에 들어왔다면 그가 첫 6주 안에, 혹은 6개월이 지난 다음에라도 많은 새로운 관점을 다 수용할 수 있을 것으로 기대하기란 어렵다. 특별히 새로운 목회자가 처음 담임목회를 하는 경우라든지, 혹은 "근거가 불충분하고 믿기 어려운 주장들을 가지고 전통적인 관점(school)을 벗어나 신선하게" 해보겠다고 마음이 들떠 있다면 더욱 그럴 수 있다. 개혁하는 방식은 목회자와 교인들 사이의 관계와 신뢰를 바탕으로 이루어져야 한다. 그러나 불행하게도 현실 상황은 이러한 사실을 그렇게 존중해 주지 않는다. 바로 목사 안수를 받고 담임으로 부임한 목회자는 교회에서 재력도 있고 가장 힘 있는 사람이 "예수님께서 받으셨던 것과 같이 침수 방식으로 다시 세례를 받고 싶다"고 요구할 때 그러한 사실을 쉽게 무시해 버린다. 그러한 상황에서 목회자에게는 솔로몬의 지혜가 필요하다.

그러나 십 년 넘게 한 교회에서 같은 회중을 목회해 온 목회자에게도 그것이 그리 쉬운 것은 아니다. 잘 준비된 목회자이고 존경을 받고 있다고 해도 그에게 그것은 결코 쉬운 일이 아니다. 그것이 지금까지 해온 기존의 정책과 실행을 개정해야 할 때는 특히 어려움으로 작용할 수 있다. 주간 중에, 혹은 개인적으로 세례 받기를 원하여 나아오는 사람들에게 어떤 차별도 하지 않고 세례를 주는 목회자가 어떻게 갑자기 세례는 주님께 온전히 헌신된 사람들과 자녀들만, 그리고 전에 세례를 받은 적이 없는 사람만 세례를 받을 수 있으며, 그것은 공예배 가운데서 행해져야 한다고 회중에게 확신을 심어줄 수 있을 것인가? 그러한 목회자는 회중과 그런 확신을 바꾸게 된 과정을 나누어야 할 것이며, 그들이 전에 받았던 세례 교육에 대한 동일한 태도를 인내심을 가지고 살펴보아야 한다.

목회자가 목회를 전담한 지 얼마나 되었는지 그 기간과 상관없이 분명한 목표와 현실적인 방법론을 고려한 계획은 유용한 도구가 될 것이다. 어떻게 시작하는 것이 최선의 방법이 될까? 세례의 의미를 제시하는 설교와 함께 시작하는 것이 좋을까? 새롭게 세례를 베푸는 세례식이 있는 예배의 상황에서 그러한 설교를 하는 것이 좋을까? 만약 그렇다면 얼마나 많은 혁신적인 시도들이 같은 주일에 주어져야 할까? 아마도 세례 준비를 위한 과정은 예배위원회가 주관하는 세례 준비 공부반이나 토론과 공부를 병행하는 그룹과 함께 시작되어야 한다. 이 프로그램이 얼마 동안 진행되게 해야 할까? 교회의 정책에 대한 진술은 그러한 준비 프로그램이 진행되는 첫 6개월 동안에 제시되어야 할까, 아니면 몇 년을 기다리는 것이 좋을까? 전체 회중의 후원 하에 진행되는 이런 세례 준비 교육의 계획을 제시하는 것은 어느 때가 좋을까? 같은 교단에 속한 다른 교회와 이것을 연합해서 진행하는 것이 좋을까? 혹은 교단을 넘어서 에큐메니칼 관점으로 진행되는 것이 가능할까?

이러한 질문에 대해 명확한 답을 제시해 줄 책은 없다. 각 지역 교회의 상황이 다르기 때문이다. 예배의 책임을 맡은 목회자와 다른 사람들이 그들의 상황에 맞게 평가하여 결정해야 할 문제이다. 그러나 여러 세대 동안 교육하고 평가해 온 방식이 고려되어야 하고 그러한 것은 오랜 시간을 통해 마련되어야 할 것이다.

일반적으로 회중은(보다 일반적으로 말하면 사람들은 이 문제에 대해) 자신들이 이해하지 못하는 것에 대해서는 저항하는 경향을 가진다. 예전(liturgy)은 그것을 경험하기 전에는 알 수 없는 것이며, 죽음을 앞둔 사람에게 설명되어야 할 무엇이 아니라면 그것을 오래 검토함이 없이 어떤 변화를 해석할 수 있는 소개의 말은 그렇지 않았을 때 야기되는 결과보다 긍정적인 반응을 담보할 수 있을 것이다. 예컨대 회중이 주일 예배의 상황에서 세례에 대해 익숙하지 않다면 이렇게 과감한 혁신을 위한 근본적 이유는 과정을 밟아가기 전에 차례로 주어질 것이다. 교회의 집합적인 특성과 관련하여 세례에 대한 설교의 형태로 주어질 수도 있고, 교회 소식지에 글로 소개될 수도 있으며, 예배가 시작되기 전에 목회자가 간단한 설명을 제시하는 형태를 취할 수도 있고, 이것들이 함께 결합된 형태로도 주어질 수 있을 것이다.

세례식에서 새로운 실행의 제시는 회중이 의지가 되었던 것에 대해 희망을 영구적으로 버려야 하는 것과 같다. 그러나 동시에 민주적이 되려는 마음에서 우리는 교육 기간을 너무 짧게 하려는 쪽으로 흘러가는 경향이 있다. 습관은 쉽게 고쳐지지 않을 뿐만 아니라 형성되지도 않는다. 오직 두서너 번 사용한 다음에 평가를 받아 보면 오랜 습관을 바꾸어 놓았던 혁신은 새로운 것에 대한 반대가 주어지는 것은 당연한 일이다. 너무 빠르게 평가하는 것보다는 긴 시간 동안 시도한 후에 문제점을 찾아 보완하는 것이 더 지혜로울 수 있다.

다른 고려 사항은 회중의 평가를 이끌어내는 수단에 대한 것이다. 종종 우리는 기록된 설문 조사 방법에 압도되고는 한다. 설문지는 완성하여 무명으로 제출해 달라는 안내문과 함께 주보나 교회 소식지 사이에 끼워 넣게 된다. 그것은 비둘기의 순결함을 가지고 행하는 것이지만 뱀과 같이 지혜로우라는 차원에는 미치지 못한 것이다. 보통 변화에 동의하는 사람은 그 설문지를 채워 넣을 정도로 애쓰지 않는다. 이와 같이 돌아온 설문지는 만족하지 못한 내용을 균형 있게 내놓지 않는다. 그 형식이 민주적인 정보를 요구하고 있지만 이름을 밝힌 것이 아니라면 누가 도끼를 갈고 있는지는 알 수 없다.

보다 좋은 평가 방법은 이것이다. 예배위원회의 위원들이나 교회 운영위원회 등에서 활동교인의 샘플링에 접근하게 하는 것이다. 그들의 의견은 일반적으로 존중할 수 있는 것이며 나머지 회중의 생각과도 닿아 있는 사람들이다. 과학적으로 균형감 있는 표본을 구축하려고 하지 말고 연령, 신학적 확신, 소수자 그룹, 성별이 다양하게 구성된 사람들을 포함시켜야 한다. 3~4주 동안 토론 그룹에 이런 사람들을 초청하여 그런 변화에 대해 그들의 생각은 어떤지에 대해 들어 보라. 또한 다른 사람의 반응에 대해 무엇을 인식하였는지를 함께 나눠보라. 초청하고 모임을 갖는 사이에 그들은 다른 사람들의 의견을 아주 능동적으로 구하게 될 것이다. 회중은 이런 사람들에게 그들의 의견을 개진하게 될 것이며, 그 모임은 자연적으로 공개적인 포럼과 같이 될 수 있을 것이다. 본질보다는 감정에 바탕을 두고 변화에 대해 반응을 주지 않는 사람들은 보통 무명으로 제시하는 설문지에 피력하는 것보다 공개적인 모임에서는 그들의 편견을 덜 드러내게 될 것이다. 보다 중요한 것은 그런 토론 그룹에서는 자세와 반응이 기록된 의견 접근 방식을 사용하는 것은 불가능하다는 방식이 드러날 수 있다는 사실이다. 그러한 평가 그룹에서 그러한 변화를 계획하였던 예배위원회 위원들은 가능하면 자신들의 판단은 적게 제시해야 한다. 그들이 들은 것을 사용하여 그들은 나중에 필요한 수정을 할 수 있고 보다 효과적인 예전 실행을 위해 조정할 수도 있을 것이다.

무엇보다 중요한 사안은 목회적인 정중함을 가지고 이 모든 것을 행해야 한다는 점이다. 인내심을 가지고 기술적으로 회중 가운데 일어나게 될 변화에 대해서 소개해야 하는 목회자들은 그들이 은퇴하거나 다른 곳으로 사역지를 옮겼을 때 그들을 따랐던 사람들이 그들이 헌신적으로 수립한 그 규정과 실행을 계속 활용하게 될 것이라는 사실을 기대할 수 있을 것이다. 새로운 목회자는 그것을 개정하려고 하기 전에 그 규정과 실행을 온전히 이해해야 한다. 임의적으로 바꾸는 것은 교인들에게 혼동을 주게 되며 속 타게 할 수 있다. 결국은 동료 목회자에 대한 존경심이 결여되어 있음을 은연중에 드러내는 것이 된다.

새로 부임한 목회자는 그 전임자가 열심히 노력하여 성취해 놓은 것을 잘 이해하고 계승하려고 해야 하며, 현직에 있는 목회자는 다른 교구 목회자를 위한 강령을 존중해야 한다. 그것이 같은 교단이든, 아니면 다른 교단의 것이든 상관없이 존중하는 자세를 보여야 한다. 어떤 사람이 세례 받기를 요청하는 세례 후보자에게 그것을 바로 허락하기 전에 그렇게 묻는 것이 좋을 것이다. "전에 기독교의 다른 목회자에게 세례 받고자 요청한 적이 있습니까?" 만약 그에 대해서 긍정적인 답변이 주어졌다면 상황은 완전히 달라지는데 그에 대해서 상세하게 물어보아야 할 것이다. 예비 수세자 후보에게 그렇게 대답할 수 있다. "다른 그 목회자의 입장을 이해하고 존중하기를 원합니다. 그러므로 당신의 요청을 받아들이기 전에 당신에게 세례 주기를 거부했던 그 목회자와 연락을 해보겠습니다. 그 목회자의 생각에 동의할 수 있고 그렇지 않을 수도 있습니다. 그러나 제가 당신에게 세례를 주기로 결정을 한다면 적어도 그 문제를 충분히 논의했던 그 목회자의 입장을 최소한 존경하는 것이며 공개적으로 하는 것은 바라지 않습니다."

회중은 믿음생활과 그리스도의 연합에 중심적인 중요성을 느끼면서 세례식을 보기 위해 교회에 나오는 것은 아니다. 새로 온 목회자가 임의적으로 수립된 내용을 뒤집지 않는 한, 다른 곳에서는 아무런 문답도 없이 세례를 받았다 할지라도 양심적인 목회자에 의해서 세례 받는 것을 허락하지 않을 수도 있는 한 그들은 그런 자세를 가질 것이다. 존중하는 자세와 상의하는 자세를 가지는 것도 평신도 입장에서는 혼동을 줄일 수 있는 방법이며, 목회자들 가운데는 비통함과 불신 감정을 줄일 수 있는 방법이다.

이제 좀 더 분명해진 것처럼 만약 우리가 모든 것을 바로 놓는다면 우리는 다양한 정책을 추구할 필요가 있을 것이다. 각 측면에 대해 정기적인 점검이 우리가 의도하는 목표를 향한 과정을 평가하는 데 도움이 될 수 있다. 그러한 목표에 도달하기 위해 인내하면서 정교하게 감당해 가는 것이 그리스도의 언약 백성들인 회중의 삶을 새롭게 하는데 도움이 될 수 있다.

8장

세례 의식의 개혁

Baptism: Christ's Act in the Church

세례 의식에는
죄악된 삶의 포기를 선언하고
주님께 충성을 표하는 순서가
포함되어야 한다.

8장
세례 의식의 개혁

　세례 의식(the service of baptism)은 그 자체로 성례전의 의미를 드러내는 데 있어서 가장 눈에 띄는 부분이다. 만약 예전이 교회의 믿음을 반영하지 못한다면 다른 모든 시도들을 아무리 바르게 배치하였다 하더라도 그 효과는 줄어들고 말 것이다. 여기에서 이 연구는 세례 의식과 우리가 그것을 어떻게 수행할 것인가에 대해 살펴봄으로써 결론을 맺게 될 것이다.

어떤 실행이 회복되어야 하는가?
　세례 예전에 있어서 초기 기독교 패턴에 드러난 고대의 실행을 다시 살리기를 구하면서 우리는 어떤 부분에 관심을 기울여야 하는지 궁금해 할 때가 있다. 우리의 임무가 그것 자체를 다시 살려내는 데 있지 않다는 사실부터 먼저 확인하면서 시작해야 한다. 기독교 제자도는 고고학적으로 유물을 발굴하는 데 있지 않다. 교회는 예전적 유물을 분류해서 보관하는 박물관이 아니다. 고대 교회의 실행을 회복하려고 할 때 제시되는 중요한 질문이 있다. "그것이 우리 시대에는 어떻게 이해되는가?"

크게 외면되었던 어떤 것은 다른 것보다 우리 시대에 적게 이해를 하고 있음을 본다. 예를 들면, 세례를 위해 후보자들에게 얼굴을 서쪽으로 향하고 악마를 거부하는 표시로 침을 뱉으라고 요구하는 것은 21세기에는 우스운 일이 될 수 있다. 인공적인 조명에 크게 좌우되는 사회에서는 동쪽과 서쪽은 초대교회 교인들이 경험했던 것과 같이 빛과 어두움으로 대표되는 반대되는 측면을 더 이상 우리에게 전달해 주지 않는다. 악이 아주 인격화된 상황에서 우리가 권하는 바이지만 어떤 신학적 이해를 가지고 행하는 것보다는 잘못 인도된 사탄주의나, 혹은 최소한 단순한 성경적 자유주의의 관점에서 이런 인격화를 이해하는 것이 좋겠다. 한편 우리 문화에서는 촛불을 밝히는 것은 특별한 경우에 자주 사용한다. 이와 같이 세례식에서의 촛불 사용을 회복하는 것은 아주 자연적인 것이 될 수 있다. 서쪽으로 돌아서서 침을 뱉고 동쪽으로 돌아서는 것은 현대인들에게는 불편하게 느껴질 수 있고 혼동을 느끼게 할 수 있다.

그러나 우리에게 친밀하다는 것이 무엇을 결정하는 데 있어서 유일한 고려 사항은 아니다. 목욕할 때 기름(향유)을 사용하는 것은 우리들 대부분에게는 아주 친숙한 행동은 아니다. 그러나 초기의 세례 의식을 특성화했던 풍부한 기름 부음은 오늘날에는 다소 괴상하게 느껴질 수 있는데, 이마에 약간의 물기 정도만 묻어날 정도의 향유를 사용하는 것까지 무시하면서 고대 유물에 해당하는 몸짓으로 던져 버릴 수는 없다. 왜냐하면 '그리스도'라는 말은 '기름 부음을 받은 자'라는 의미이기 때문이며 우리가 이해하고 있는 대로 그리스도와 성령님에 대한 성경적 이미지는 성유도식(chrismation)을 회복할 때 크게 고양될 수 있다. 그때 회중의 태도는 그것에 그렇게 공격적이지 않게 될 것이다. 그러므로 문화적 친밀성에 대한 문제에 대해서는 보다 중요한 질문이 더해질 필요가 있다. 고대 교회의 실행의 회복은 현대 교인들이 깨달을 수 없는 암시 뒤에 숨겨져 있는 성경에 있는 의미를 향해 오늘의 사람들에게 열려 있는가? 만약 그렇다면 고대의 실행을 다시 소개하는 것의 가능성을 탐구하는 것이 최소한 의미가 있게 된다.

종종 초기의 관습을 재현하는 대신에 우리는 그 현대적 대응물을 발견해야 하며, 그것을 대신 사용할 수 있어야 한다는 제안을 듣게 된다. 이와 같이 어떤 이는 다음과 같이 말하고 싶어 하는 유혹을 받는 것 같다. "우리가 오늘날 비누를 사용하는 것처럼 초대 교인들이 쉽게 기름을 사용할 수 있었다면 성례를 받는 사람들이 씻기 위해 비누와 수건을 사용하는 것은 왜 안 되는가?" 그 대답은 우리가 유비적으로 다른 실행을 가져도 되지만 우리의 관습은 우리들에게 전해주는 성경적 심상을 열어 주는 것이 없기 때문에 그럴 수 있다. 노아의 방주로 돌아온 비둘기는 그 부리에 비누를 물고 올 수가 없으며, 성직 수여식에서 이스라엘의 왕과 제사장을 문지를 수는 없다. 또한 '메시아'라는 말은 면도를 하려고 비누거품을 칠한 사람을 뜻하지 않는다. 이와 같이 고대의 실행을 대체하여 현대적으로 제안된 내용은 성경적 신앙과 전혀 연결되지 않는다. 또한 그것은 단지 새로움을 위하여 변화를 시도한 것에 바탕을 두고 규정되었다. 어떤 변화를 시도한 것이 불편하고 유쾌하지 않게 된다면 그것은 성경적 의미를 밝게 드러내는 것이라기보다는 세례의 의미를 손상시키는 변화를 만듦으로 목표 없는 것이 되고 만다.

특정 회중이 어떻게 성경적 유산과 가장 잘 연결될 수 있는가는 전적으로 목회적 결정에 달려 있다. 어떤 교인들이 열정적으로 수용하는 것이 다른 사람들에게는 적대감을 가지고 거부하는 것이 될 수도 있다. 반의식적인 정서(anti-ceremonial sentiment)를 좋아하는 개신교 교단이나 로마 가톨릭교회와 정교회 유산 가운데서 위격의 중요한 숫자와 함께 그 위격의 한 분 안에서 기름의 사용, 새 옷, 세례의 촛불은 깊은 필요를 채워 준다. 그러나 강하게 반로마 가톨릭적인 경향을 가지고 있는 교회에서는 평소에 사용하는 것보다 물의 양을 더 많이 사용만 해도 '가톨릭교도'라고 목소리를 높일 수도 있다. 이러한 위협들이 결코 우리를 멈추게 해서는 안 된다. 특히 충분한 물의 양을 사용하는 데 있어서는 더욱 그러한데, 그것은 감각적으로 인식할 수 있는 중요한 의미를 가지고 있기 때문이다. 그러나 회중의 반응이 얼마나 많은 준비와 설명을 요구하는지는 결정하게 될 것이다.

그러므로 여기에서 논의되는 다양한 실행은 특별한 지역 교회의 상황을 고려하여 평가되고 적용되어야 한다. 여기에서 제시되는 혁신적인 내용은 일단 그렇게 많지 않은 교회에서만 실행할 수 있는 것일 수도 있고, 어떤 경우에는 이것들 중 어떤 것을 도입하는 것 자체가 지혜롭지 못한 것이 될 수도 있다. 각 경우에 우리는 우리가 할 수 있는 최선을 다해 어떤 실행이 하나님의 백성들에게 복된 소식을 전달하는 데 성령님께서 역사하시도록 도구로 사용될 수 있을 것인지를 결정해야 한다. 어떤 실행은 복음을 전달하는 데 오히려 방해가 될 수도 있다.

세례 의식을 위한 경우들

세례는 회중이 함께 참석하여 드리는 공예배 가운데서 행해지는 실행이라는 점을 반복적으로 제시하였다. 대부분의 경우에서 이것은 세례를 시행하는 것이 미리 광고된 주일날 예배 가운데서 행해진다는 것을 의미한다. 이 안에 함축된 의미는 아주 작은 지역 교회를 제외하고 대부분의 교회에서는 서로 관련이 없는 사람들이(아마도 성인과 유아세례를 둘 다 포함하여) 같은 날 세례를 받게 된다는 사실이다. 그것은 당연히 그래야 하는 사항이다. 세례는 교회에서 행하시는 그리스도의 행동이기 때문에 우리는 한 사람이나 어느 가족을 위한 개인적인 예배가 되는 것은 결코 권장할 만한 일이 아니다. 이와 같이 공적 세례에 대한 요구는 한 해 24번의 세례가 있는 교회에서 성례가 격주로 행해져야 한다거나 3주에 한 번 꼴로 집례되어야 한다는 것을 의미하는 것이 아니다.

세례는 주님의 날에 받는 것이 적절한데(매 주일은 주님의 죽으심과 부활을 경축하는 날이다) 교회력에서 어떤 날은 특별히 그것이 가지는 의미 때문에 세례를 위한 때로 적극 추천하기도 한다. 우리는 부활주일 전날 철야기도회(vigils of Easter Day)나 성령강림주일이 고대 교회 때부터 세례를 위해서 특히 적절한 날이었다는 사실을 살펴보았다. 부활주일 전날 철야기도회를 실제로 갖지 않는 경우에는 부활주일 새벽이나 아침 예배에서 바꾸어서 세례식을 거행할 수도 있다. 지역 교회의 사정 때문에 부활주일에 세례를 받는 것이 어렵다면 그 다음 주일에 거행할 수도 있을 것이다.

특별히 알맞은 세 번째 경우는 주님의 수세일의 준수이다. 여러 교단에서 이 절기는 최근에야 교회력에 포함시켰다. 이것은 주로 1월 7일에서 13일 사이에 위치하는 주일에 지켜지는데, 그 근원은 주로 주현절의 신학적 의미 가운데 위치한다. 이것은 그리스도 안에서 하나님의 현현에 초점이 맞추어진다. 에큐메니칼 성서정과에서 이 주일을 위한 성경본문은 매년 세례 요한을 통해서 세례를 받으신 예수님의 세례의 의미에 중심을 두고 있다.

세례를 위한 네 번째 적당한 시간은 만성절(萬聖節), 혹은 모든 그리스도인 주일(All Saint's Day)을 들 수 있다. 이 주일은 보통 11월 1일이나 그 이후에 오는 주일에 지켜진다. 처음에 이것은 성찬을 위해 지키거나 성찬을 위해 특별한 날이었으며(이 날은 우리 앞서 세상을 떠난 그리스도인의 죽음을 기억한다), 여기에는 깊은 의미가 담겨 있다. 세례를 통하여 우리는 살아있거나 세상을 이미 떠난 모든 그리스도의 사람들의 무리들 가운데 속하게 되었다. 이와 같이 우리는 성도의 교제 가운데 연합하게 되었다. 신성함은 인간적인 결정으로 판정되는 것이 아니라 성령님의 선물로 주어진다. 만성절에 우리는 그리스도께서 세례를 통하여 우리 가운데 허락하신 지울 수 없는 정체성에 신실하게 응답하는 사람들 가운데서 허락하신 주님의 은혜로우시며 변화시키시는 역사를 경축한다.

이러한 세례를 받기에 좋은 날은 교회력에 균일하게 배치된 것은 아니다. 25번 이상의 주일이 오순절과 11월 첫째 주 사이에 보통 위치한다. 이러한 세례를 거행하기에 좋은 주일이 이렇게 긴 기간 중간에 대략적으로 위치할 때 에큐메니칼 성서정과를 사용하는 교회는 이러한 주일을 위해 특별히 적절한 성경본문을 발견할 수 있을 것이다.

Year A: 다음 본문과 함께하는 주일[43]
렘 15:15~21, 예레미야에게 보여주신 하나님의 언약의 신실성
롬 12:1~8, 산제사, 한 몸 많은 지체들
마 16:21~28, 십자가를 지고 주님을 따르는 제자들

Year B: 다음 본문과 함께하는 주일
사 35:4~7a, 광야에서 허락하신 물
약 1:17~27, 창조의 첫 열매, 말씀의 실천자들
막 7:31~37, 듣지 못하는 사람이 듣고, 말하지 못하는 사람이 말하고

Year C: 다음 본문과 함께하는 주일
출 32:1, 7~14, 황금송아지와 하나님의 신실하신 약속
딤전 1:12~17, 죄인들에게 넘치는 그리스도의 자비
눅 15:1~32, 잃어버린 동전, 양, 아들

대부분의 회중에게는 2~3개월 간격으로 배치된 세례식을 위해 좋은 다섯 날짜는 성례 집례를 위해 넉넉한 기회를 제공해 줄 것이다. 여기에서 제시된 날 외에 다른 시간들을 세례식을 위한 날짜로 지정할 수 있다. 세례를 위해 언급된 날의 사용은 세례 문답 교육의 기회와 그와 관련된 활동을 위한 계획을 잡기에 유용하게 될 것이다.

세례 의식

여기에 제시되는 예배 의식은 주일 공예배에서 사용할 수 있는 세례 의식을 위한 일반적인 개요이며, 특별한 때를 고려하여 제시한 것은 아니다. 그러나 위에서 언급한 세례를 위해 깊은 의미를 담고 있는 특별한 때를 위해 몇 가지 관점에서 제시를 하려고 했다. 예배 의식에 대한 완벽한 주석을 여기에서 제시하는 것은 가능하지 않다. 다만 이것을 간략하게 제시하는 목적은 예배 순서를 제시하기 위함이고 교단의 세례 의식을 보충하는 자료를 제공하기 위함이다. 속한 교단이 제시하는 세례 예전에 대해 보다 상세한 자료를 원하는 사람을 위해 최근의 여러 개정판들을 참고하면 도움을 받을 수 있을 것이다.[44]

세례 의식은 입례 순서로 알려진 함께 모임의 형태로부터 시작한다. 세례 의식은 회중이 정기 주일 예배에서 익숙해 하는 방식으로 시작하는 것이 좋을 것이다. 예전이 보통 함께 화답하는 인사(responsive reading)로부터 시작된다면 베드로전서 1장 2~4, 6, 8절을 통해 다음과 같이 제시해 볼 수 있겠다.

> 여러분에게 은혜와 평강이 더욱 가득 하기를 빕니다.
>> 하나님께 영원히 찬양을 드립시다.
> 죽은 사람들 가운데서 예수 그리스도가 부활하심으로 말미암아 하나님께서는 그 크신 자비로 우리를 새로 태어나게 하셨으며 산 소망을 갖게 하셨습니다.
>> 썩지 않고 더러워지지 않고 낡아 없어지지 않는 유산을 우리로 물려받게 하셨습니다.

지금 잠시 동안 여러 가지 시련 속에서 어쩔 수 없이 슬픔을 당하게 되었다 하더라도 기뻐하십시오.

우리는 말로 다 표현할 수 없는 즐거움과 영광을 누리면서 기뻐하고 있습니다.[45]

불행하게도 대부분의 교단 찬송가에는 세례와 관련된 찬송이 그렇게 많지 않다.[46] 쉽고 좋은 시를 사용하는 것도 가능한데, 세례 의식은 일반 찬송으로 시작할 수도 있고 교회의 본질과 관련이 있는 찬송을 선곡해도 좋다. 특히 "시온성과 같은 교회"(Glorious Things of Thee Are Spoken)는 그것이 가지고 있는 이미지 때문에 추천할 만한 찬송이다. 요한 계시록의 마지막 장인 21, 22장에서 암시하고 있는 것은 모든 목마른 자의 갈증을 채워 줄 생명수 강이 흐르는 곳에 세워진 하나님의 도성을 언급한다. 구름기둥과 불기둥을 언급하고 있는 것은 출애굽 이후 하나님의 인도하심을 마음에 깊이 간직하도록 초청하고 있으며, 세례에서 우리에게 주어진 약속에 대한 확신은 하나님의 말씀은 쇠하지 않는다는 찬송의 확증적인 고백을 통해 고양된다. 마지막으로 우리가 부족함으로 채워져 있는 인생길에서 두려움을 갖지 않게 하시는 하나님의 자녀가 된 것은 하나님의 신실하심 때문이라는 사실이 강조된다.

부활 절기 동안에 아주 적절한 개회 찬송으로는 "성도들아 다 와서"(Come, Ye Faithful, Rise the Strain)라는 찬송을 들 수 있다.[47] 이 찬송은 첫 부분에서 출애굽의 이미지에 대해 풍부한 내용을 보여준다. 성령강림주일을 위한 개회찬송으로 적합한 것은 찰스 웨슬리(Charles Wesley)의 "보라 놀랍게 치솟는 성령의 불길을"(See How Great a Flame

Aspires)과 스캇 브렌너(Scott Brenner)의 "오 성령님 태우시는 불을 내려 주소서"(Descend, O Spirit Purging Flame)를 들 수 있다. 루터의 찬송가 가사 가운데 "요단강에 내려오신 그리스도"(To Jordan Came the Christ, O Lord)는 주님의 수세주일을 위해 탁월한 가사를 가진 찬송이다. 후렴으로 에베소서 4장 5절을 암시적으로 담고 있기 때문에 에드워드 플럼터(Edward Pliumptre)의 "오 하나님 우리를 인도하소서"(Thy Hand, O God, Has Guided)는 만성절에 부를 수 있는 좋은 찬송이다.[48]

성도들의 입례 순서에 죄의 고백과 용서의 확인, 응답의 찬송 순서를 넣는다면 다음과 같이 할 수 있을 것이다.

- 고백의 기도

  창조주 하나님
  세례를 통해 들려주신 주님의 풍성하신 은혜와 사랑을 통해
  우리를 하나님의 아들과 딸로 삼아 주셨습니다.
  그러나 우리는 하나님의 주권을 인정하지 않고 싫어하였습니다.
  하나님의 가족의 일원으로 책임 있게 살지 못했습니다.
  우리보다 잘사는 사람과 잘되는 사람을 판단하고 시기했습니다.
  권한과 힘없는 사람들은 돌보지 않고 무시했습니다.
  그리스도 안에서 형제와 자매가 되었으나
  우리와 생각이 다른 사람들을 멀리했으며
  우리의 편협함에 대해 도전하는 사람을 멀리했습니다.
  정의와 의를 향한 하나님의 열망을 외면하며
  우리의 삶 가운데서 거짓된 모습과 표현으로 가리며 살았습니다.

잘못된 동기와 욕망으로부터 우리가 벗어날 수 있도록 도와주시고
　　주님께서 창조하신 모든 것을 향해
　　우리 안에 나눌 수 있는 사랑이 자리잡을 수 있게 도와주옵소서.
　　예수님의 이름으로 기도드립니다. 아멘.

- 용서의 선언과 응답
　　우리가 고백한 죄에 대해 주시는 용서의 말씀을 들으십시오.
　　너희가 전에는 백성이 아니더니
　　이제는 하나님의 백성이요
　　전에는 긍휼을 얻지 못하였더니
　　이제는 긍휼을 얻은 자니라.
　　그리스도 안에서 여러분은 용서함을 받았습니다.
　　어두운 데서 불러내어
　　그의 기이한 빛에 들어가게 하신 이의
　　아름다운 덕을 선포하게 하시려고
　　우리에게 놀라운 능력을 공급해 주십니다.
　　(베드로전서 2장 9~10절을 중심으로 구성한 것이다.)
　　　　하나님께 감사드립니다.

그리고 영광송이 올려지는데, 여기에서 회중이 응답하게 하는 구조와 영광송을 올려드리는 대신에 이사야 12장을 중심으로 한 교독(교송)의 형태로도 진행할 수 있겠다.

오 하나님, 주의 진노를 우리에게서 거두신 것을 인해 감사를 드립니다.

주님께서는 우리를 위로해 주셨습니다.

나는 이제 주님을 신뢰하며 두려움이 없습니다.

오 하나님, 주님은 우리의 힘과 노래가 되시기 때문입니다.

하나님은 우리의 구원이시며 소망이 되십니다.

우리가 구원의 우물에서 기쁨으로 물을 길을 것입니다.

주님께 감사하여라.

그 이름을 불러라.

놀라운 일을 행하신 여호와를 찬송하라.

이를 온 세계에 알게 하라.

시온의 주민아, 기쁨과 즐거움으로 크게 외쳐라.

이스라엘의 거룩하신 이가 너희 중에서 크시기 때문이다.

입례 순서가 끝난 후에 말씀의 예전이 시작된다. 성경봉독과 설교 전에 "성령의 조명을 구하는 기도"를 드리게 되는데 다음과 같이 드릴 수 있을 것이다.

우주를 조성하시고

어두움으로부터 빛 가운데로 불러내신 오 하나님!

주님의 말씀을 읽고 설교할 때에

주님의 성령의 능력으로

우리에게도 빛을 비추어 주시옵소서.

주님의 새로운 피조물인 우리가

온 세상을 신실하게 섬기는 일꾼이 되게 하옵소서.

예수님의 이름으로 기도드립니다. 아멘.

특별히 세례식을 거행하기에 좋은 시기를 앞에서 언급했는데, 그러한 주일을 위해서 3년 주기를 따라 제시된 성서정과는 공예배에서 읽고 세례와 관련하여 설교하기에 좋은 말씀들이다. 다른 주일에 세례식이 주어질 때는 그 주일을 위해 정해진 성서정과를 사용해 설교할 때 가능하면 세례와 연결점을 찾아 전하는 것도 좋겠다. 여기에서 전혀 연결점을 찾을 수 없을 때 두 가지 가능성이 존재한다. 그 주일을 위한 성경본문을 존중하여 세례와는 별 상관이 없는 설교를 하는 것이다. 혹은 다른 대안으로 세례와 관련이 있는 본문으로 바꾸어서 설교하는 것이다. 어떤 성서정과는 그러한 대체를 위해 준비된 본문도 있다.[49] 그 주일에 정해진 성경본문을 읽고 무리하게 해석하여 세례와 관련을 시키려고 하는 것보다는 다른 본문을 선택하여 설교를 준비하는 것이 훨씬 바람직한 방법이다.

본서의 첫 다섯 장에서 설교자는 세례에 대한 설교를 위한 기초로서 세례에 대한 풍부한 자료를 발견할 수 있을 것이다. 세례식이 자주 행해지는 교회에서는 매번 세례에 대한 설교를 할 필요는 없다. 분명히 성례전과 거리가 있는 예배를 드리는 것이 일반적이기 때문에 성례가 있는 주일에는 세례에 대해 설교하는 것이 좋은 기회가 될 수 있다. 세례가 있는 주일의 설교는 수세 후보자나 그들의 후원자들을 향해 설교가 준비될 수도 있지만, 다른 회중을 단지 관망하는 사람이나 엿듣다 가는 사람으로 만들어서는 안 된다는 점을 설교자는 유념해야 한다. 우리가 참석하는 모든 세례 의식은 우리가 받은 세례가 갱신의 시간이라는 사실을 함축하고 있는데, 설교는 모든 신자들 전체를 향해 교훈과 교화의 시간이 되어야 한다.

설교의 주제와 상관없이 예전의 나머지는 회중이 평소에 익숙하게 듣던 대로 설교 시간이 너무 짧아지지 않도록 신중하게 계획되어야 한다. 만약 설교가 너무 짧아지고, 그것이 자주 반복된다면 우리는 은 연중에 설교와 성례전은 하나님의 말씀을 가시적으로 드러나게 하는 데 보완적인 것이 아니라 서로 경쟁적인 요소로 인식시킬 수 있다는 점을 유념해야 한다. 어떤 상황에서도 세례식이 있는 예배에서 설교가 생략되는 일은 없어야 한다.

예배 순서 가운데서 설교는 논리적으로 회중을 세례 의식으로 인도해 간다. 왜냐하면 세례는 하나님의 계속적인 선포이며 그 선포에 대한 응답의 형태이기 때문이다. 종종 유아세례는 가능하면 순서의 앞부분에 두는 것이 좋다. 그렇게 해서 아이들이 설교 전에 세례를 받고 유아방으로 이동하도록 하기 위함이다. 그러나 예배가 가지는 신학적 고결성은 회중이 느끼는 평온함이나 조용함에서 결정되는 것이 아니라는 사실을 알아야 한다. 회중은 예배를 통하여 유아들과 어린아이들의 존재를 받아들일 수 있는 성숙함을 갖도록 권고할 필요가 있다. 이것이 쉽게 성취되지 않는 곳에서는 대체적인 접근이 효과적일 수 있다. 예배가 시작되기 전 아이들은 유아실에 머물게 하다가 설교가 끝난 후에 본당으로 데리고 들어오는 것이 좋다. 설교와 세례 의식 사이에 찬송 순서를 넣으면 이동할 수 있는 시간을 줄 수 있고 예배가 산만해지는 것을 줄일 수 있다. 적절한 건축학적 배열이 이루어진 예배당이라면 2장에서 언급한 수세 후보자들의 입장 순서를 전통적인 방식으로 가질 수 있을 것이다. 세례의 자리로 나아오는 사람은 예배당 문 부근에서 노크를 할 수 있고 그들에게 그렇게 물을 수 있다. "당신은 하나님의 교회에 무엇을 요청하십니까?" 그들은 "믿음입니다"라고 대답한다. 그리고 그들에게는 예배 공동체 안으로의 입장이 허락된다. 그 후 그들은 회중에게 인도되고 회중에게 소개된다.

우리는 이제 세례 의식의 순서에 들어와 있다. 최소한 세례 의식에는 죄의 포기(renunciation of sin)를 선언하고 그리스도께 충성(adherence to Christ)을 표하는 순서가 포함되어야 한다. 또한 사도신조를 통한 신앙고백 순서를 넣되 고대 교회가 질문식으로 신앙고백을 하게 했던 형식이 좋다. 물에 대한 감사의 기도, 물로 세례를 베푸는 순서 등이 있어야 한다. 이러한 요소들에 한두 가지 결함이 있는 교단 예전 형식은 이러한 본질적인 요소를 담고 있는 현대적인 예전으로부터 빌려와 부록으로 제시하고 있다.

이러한 모든 경우에서 강조는 우리에게 허락하시는 하나님의 표식이 되는 물에 두어야 한다. 세례정(pools)이나 물이 넘치도록 만든 세례샘(flowing fountains)을 가지지 못한 교회에서는 물에 대한 감사의 기도를 드리기 전에 세례반(font)에 물을 부어넣거나 담겨 있는 물을 내놓는 것이 적당하다. 수세 후보자의 친구나 가족들이 회중 가운데로부터 물을 가지고 나오게 한다. 혹은 서로 특별한 관계가 없는 사람들이 세례를 받고 있고, 감당하고 싶어 하는 사람이 많아 어려움이 있다면 회중 가운데 지정된 사람이 이것을 수행하도록 하는 것이 좋다. 물은 위엄을 갖춘 용기에 담겨야 하며, 모두가 보고 물소리를 회중이 넉넉히

들을 수 있도록 적당한 높이에서 물을 붓는 것이 좋다. 물이 주변에 떨어지는 것에 대해 마음에 불편함을 느끼는 사람이 있을 수도 있는데, 그들을 배려하는 것도 목회적으로 도움이 된다. 그러나 다른 방향에서 신학적 관심도 기울여야 한다. 물이 튀고 콸콸거리는 것도 물이 가지는 자연적 특성이다. 교회에서 보다 우아한 방식으로 그것을 행하는 것을 염두에 둘 필요가 있는데, 그것은 하나님의 선하신 역사인 창조와 관련된 용어를 적절하게 드러내지 못한 다른 증거이다.

물에 대한 감사의 기도는 전통적으로 이어져 왔다. 이 기도는 하나님의 구속의 역사 가운데 구속의 목적을 위해 물을 사용해 오신 것을 강조한다. 기도 가운데 성령님을 초청하는 내용을 통하여 이 기도는 물이 하나님의 현대적인 행동을 통해 구원의 수단이 된다는 점을 가리킨다. 그러나 그것 자체가 독립적인 힘을 가진 마술적인 물체는 아니다. 이 기도를 예전에서 삭제한 교단에서는 그것을 다시 회복시켜 그 순서를 넣어야 한다. 간결한 기도문을 바란다면 최근에 성공회, 루터교, 미국 연합교회 예배 의식에서 사용되고 있는 기도문을 사용할 수 있다. 그러나 시간이 허락된다면 보다 넉넉한 감사기도를 드리는 것이 도움이 된다. 다음에 제시되는 기도문은 회중의 응답(시 8:1)을 제시함으로 그 특성을 잘 살리고 있다. 그것은 한목소리로 드릴 수도 있고, 찬양의 형태로 드릴 수도 있다. 이 기도문의 전문을 회중에게 제시하는 것이 실질적으로 어려울 때는 인도자가 각 단계에서 따라오는 그들이 감당할 수 있는 부분에서 회중과 함께 "오 우리의 주 하나님"이라고 말함으로 인도할 수 있다.

주님이 여러분과 함께

    목사님과도 함께

다 함께 기도를 드립시다.

    오 우리의 주 하나님,

    주님의 이름이 온 땅에 어찌 그리 아름다운지요.

태초에 성령님께서 수면 위에 운행하시며

혼돈과 죽음이 지배하던 곳에서 빛과 생명을 가져오셨고

죄 가운데 넘어져 있던 주님의 백성들에게

하나님께서 물로 온 땅을 심판하셨습니다.

그러나 방주를 만드시고 그 안에 생명의 보금자리를 준비하셔서

신실한 노아 가족과 주께서 창조하신 동물들을

그 안에 들이셨습니다.

대홍수가 가라앉고 피조세계는 새롭게 되었으며

주께서는 하늘에 무지개를 걸어놓으셔서

주님의 언약의 사랑을 표징으로 보여주셨습니다.

    오 우리의 주 하나님,

    주님의 이름이 온 땅에 어찌 그리 아름다운지요

주님께서는 아브라함과 사라에게 한없는 사랑을 베푸시고

그 자손들에게도 그 사랑을 베풀어주셨습니다.

그 후손들이 노아의 압제 아래 노예로 허덕이고 있을 때

그들을 구원하시고 바다 가운데로 행하게 하셨습니다.

구름기둥과 불기둥으로 인도하시고

광야에서 물을 내셔서 마시게 하셨습니다.

그들로 요단을 건너게 하시고
약속의 땅 가나안으로 들이셔서
강한 나라가 되게 하셨습니다.
　　　오 우리의 주 하나님,
　　　주님의 이름이 온 땅에 어찌 그리 아름다운지요.
그러나 우리는 다시 죄 가운데 쓰러졌고
주님의 선지자들이 일어나 우리에게 말씀으로 경고해 주었고
기록된 언약 가운데서 새로운 창조를 꿈꾸게 하였습니다.
그리고 모든 것이 준비되었을 때
주께서는 메시아이신 예수 그리스도를
마리아의 몸을 빌어 우리에게 보내주셨습니다.
그는 요단강에서 세례를 받으셨고
가난한 자들에게 복음을 선포하시도록
성령님의 선물을 그에게 주셨습니다.
우리의 죄를 위해 그분은 우리 손에 죽으셨으며
죽은 자들 가운데 계시다가 부활하셔서
부활의 권능으로 묶여 있는 자들을 풀어주셨습니다.
그는 하나님 보좌 우편에서 오늘도 우리를 다스리시며
죄와 죽음의 권세를 물리치셨습니다.
그리고 주님은 모든 족속들에게 세례를 주고
제자 삼으시도록 우리를 보내셨습니다.
　　　오 우리의 주 하나님,
　　　주님의 이름이 온 땅에 어찌 그리 아름다운지요.

주님의 선물로 허락하신 이 물 위에 성령님을 부어 주시고

주님과 함께 죽고 주님과 함께 부활하여

오늘 세례를 받는 분들에게 성령님을 부어 주시옵소서.

이미 은혜로 생명의 강수를 마시게 하셨사오니

저들이 하나님의 나라를 기다리며 살아가는

신실한 주님의 백성이 되게 하시고

세상을 위한 왕 같은 제사장으로 기름 부어 주시옵소서.

저들로 하여금 위로부터 난 하나님의 아들과 딸들,

하나님의 백성 삼으시고

모든 시대의 성도들과 연합하며 하늘과 땅에서 한 교회를 이루는

하나님 나라의 한 가족이 되게 하옵소서.

오 우리의 주 하나님,

주님의 이름이 온 땅에 어찌 그리 아름다운지요.

높고 거룩하신 우리 하나님께

세세무궁토록 모든 영광을 올려드립니다.

아멘.

세례는 맑고 깨끗한 물로 집례되어야 한다. 일반적으로 물은 세 번 머리 위에 붓게 되는데, 한 번씩 물을 올릴 때마다 삼위 하나님의 이름을 부르며 집례한다. 서방교회의 의식 형태를 사용해야 하는 강제적 이유가 없는 곳에서는 성례에서 그리스도의 사역에 강조를 두면서 동방교회 의식의 다소 수동형의 형식을 취하기도 한다.

○○○씨! 당신은 성부와 성자와 성령의 이름으로 세례를 받습니다. 아멘.

혹은 다음과 같은 형식으로도 시행된다.

○○○은 성부와 성자와 성령의 이름으로 세례를 받습니다. 아멘.

수세 후보자의 성은 세례 의식 시작 부분에서 사용하지 않는 것이 좋다. 왜냐하면 그것은 가족의 이름이기 때문에 같은 이름을 가진 사람이 있을 수 있기 때문이다. 그래서 가능하면 '주어진' 이름을 사용하는 것이 좋다(역주/ 주로 미국에서는 공식적인 자리에는 성[last name]을 사용하지만 일상적으로는 이름[first name]을 주로 사용한다. 공식적인 자리가 아니라면 퍼스트 네임을 불러 주기를 원한다). 세례식에서 변경하지 말고 삼위 하나님의 이름을 사용하는 것이 좋다. 이러한 견해에 의문을 제기하는 사람은 그것이 무엇을 위한 것인지를 깊이 생각해야 한다. 그리고 이 책의 부록의 내용을 참고하기 바란다.

세례 가운데 역사하시는 하나님의 행동은 우리가 물을 어떻게 집례하는가의 방식에 달려 있지 않다는 것을 주장해 왔는데, 그 방식은 성례의 다양한 의미를 강조하는 것을 도울 뿐이다. 흔히 물의 집행과 관련하여 세 가지 방식이 사용되는데, 침수(immersion) 방식과 물을 붓는(pouring) 방식이 물을 뿌리는(sprinkling) 방식보다 더 강하게 성경적 연관성을 갖는다. 침수 방식은 주님께서 취하신 방식이라는 중요성을 가진다. 로마서 6장 3~4절과 골로새서 2장 12절을 기록할 때 성경 기자가 특별한 세례 방식을 마음에 두고 기록했는지는 알 수 없지만 우리의 문화 가운데서 시신을 매장하는 방식과의 유사성 때문에 오늘날 침수 방식이 높게 고려된다. 물을 붓는 방식은 성령론적(그리고 교회론적)으로 중요성을 가진다. 왜냐하면 그것은 교회에 성령을 부어 주신 것을 우리에게 상기시켜 주기 때문이다.

물을 뿌리는 방식은 성경적 관련성은 적어 보인다. 종종 그것을 주장하는 이는 에스겔 36장 25절에서 그 연관성을 찾으려고 한다. "내가 … 맑은 물을 너희에게 뿌려서 너희로 정결하게 하되 곧 너희 모든 더러운 것에서와 모든 우상 숭배에서 너희를 정결하게 할 것이며…." 그러나 이 말씀을 그것과 관련하여 사용하는 것은 주석적으로 옹호할 수 없다. 선지자는 이스라엘과 맺은 하나님의 언약에 대해 말하고 있다. 언약 이행에 있어서 이스라엘 백성들의 배신과 관련된 것이다. 에스겔은 여러 세기 전에 신실함으로 부르셨던 백성들을 하나님께서 다시 깨끗케 하실 것을 마음에 그리고 있다. 이와 같이 이 구절에서 물을 뿌리는 것은 언약의 시작과 관련이 있는 것이 아니라 언약을 유지하는 데 있어서 하나님의 지속적인 사랑과 연결되어 있다. 물론 에스겔이 세례를 마음에 두고 그 말씀을 전한 것은 아니다. 이 청결 의식은 신구약 중간기에 유대교에서 시작되었다. 결국 에스겔서에서 언급한 그 구절은 그 강조점을 씻음에 두는데, 그것은 세례와 관계성 속에서 물의 다른 의미를 생각하게 하는 데 있어 그렇게 명료치 않다. 그 구절이 세례 언약과 연결하여 사용될 수 있다면 그것은 세례가 아니라 언약 갱신 예식 동안에 사람들에게 물 뿌림의 이론적 설명이 될 수 있었을 것이다. 물 뿌림에 대한 성경적 관련성을 찾을 수 있는 다른 가능성은 희생 제물의 피를 제단에 뿌린 것과의 연결성에서 찾기도 한다. 그러니까 이 방식은 예수 그리스도의 기름 부으심의 사역(anointing work)과 관련되었다고 보는 것이다. 그러나 이 의미는 대부분의 사람들에게 그렇게 명백하지 않다.

특별히 세례 언약 갱신의 의식 가운데 물 뿌림의 방식을 사용하는 교단에서는 세례 방식으로서의 물 뿌림은 성례 그 자체와 그것의 갱신 사이의 혼동을 방지하기 위하여 감추는 경우도 있다. 물 뿌림이 세례의 방식으로 계속 사용되는 곳에서는 일반적으로 사용되는 것보다 더 많은 양의 물을 사용하는 것을 고려하는 것이 좋다.

물을 붓는 방식(종종 이것은 관수식[灌水式, affusion]이라고 칭해지기도 하는데)을 선택할 때는 충분한 양의 물을 수세 후보자에게 부어야 한다. 유아의 경우에는 그의 머리를 기울여 세례반에 완전히 잠기게 하거나 반쯤 기울여 잠기게 하는 방식을 취할 수 있다(아이는 세례를 집례하는 목회자가 안고 행하지 말고 부모나 후원자가 안을 수 있게 해야 한다). 그때 물은 수세자의 머리 중앙부에 부어지며 그렇게 한 후 적신 물들은 대야에 떨어지도록 한다. 성인들의 경우에는 세례반 앞에 서 있거나 무릎을 꿇게 하며 얼굴은 아래로 향하게 한다. 그렇게 하여 물이 그들 위에 부어지는 데 용이하게 한다. 어떤 예배 전통에서는 많은 양의 물이 똑바로 서 있는 수세자에게 부어지기도 한다. 이러한 집례 방식은 밖에서나 큰 욕조에 수세자가 서 있는 상태, 혹은 표면에 물이 스며들지 않거나 손상을 입지 않은 곳에서 가능한 방식이다. 세례식 후에 수세자는 침수 방식에서와 같이 다른 방으로 자리를 옮겨서 옷을 갈아입어야 한다.

유아에게 세례를 베풀 때 아이를 물에 담그는 전통적인 방식을 회복하려는 움직임과 경향들이 있다. 동방교회에서는 아이를 팔에 안고 물이 가득 담긴 곳에서 아이의 턱까지 담그는 방식으로 유아세례를 행하기도 한다. 서방교회에서는 유아세례를 줄 때 약간 기울어진 자세로 아이를 안고 물이 조금 담긴 대야의 물에 아이를 담그는데, 먼저는 오른쪽을, 다음에 왼쪽을, 그리고 마지막으로는 머리를 아래로 향하게 하여 물에 살짝 담그는 방식을 사용하기도 한다. 이러한 방식을 따르는 세례는 큰 세례반을 필요로 한다. 세례를 베풀 때 아이는 옷을 입히지 않고 시행하여 세례식이 끝나면 물기를 닦고 옷을 입힌다.

세례식과 함께 주어지는 기름 부음(anointing)에는 올리브유가 사용된다. 성유도식을 위해서 목회자는 오른쪽 엄지손가락을 올리브유에 적셔 세례 받은 사람의 이마에 십자가 표식을 그리면서 다음과 같은 말을 곁들인다. "이 세례를 통해 당신은 성령으로 인이 쳐졌고, 영원히 그리스도의 사람임이 새겨졌습니다." 임석한 수세자는 "아멘"으로 응답한다. 성유도식에 대해서는 반대 입장이지만 표식을 하는 것에 대해서는 반대하지 않으면 기름은 사용하지 않고 십자가 표식만 할 수도 있다. 기름 부음보다는 십자가 표식을 하는 것에 거부감이 있는 곳에서는 기름을 바르면서 고대 교회가 사용했던 물고기 표식을 해도 될 것이다. 이것은 고대의 세례 실행 방식이 아니라 십자기 표식을 하는 것에 대한 결벽증이 극복될 수 있기까지는 신중하게 고려해야 하는 행위로 생각해야 한다.

세례자에게 새로운 옷을 입히는 순서를 도입할 때 교인들이 만든 단순한 원피스 형태의 옷을 사용하는 것이 좋다. 유아를 위해서는 소매가 짧고 무릎까지 내려오는 하얀 속옷(tunic) 스타일을 사용할 수 있고, 성인을 위해서 판초 타입(한 장의 천으로 된 외투 모양)의 옷을 사용하는 것이 좋다. 거기에 십자가, 물고기, 혹은 다른 기독교 상징을 고상하게 보이도록 옷에 장식할 수 있겠다. 이러한 옷들은 교회 장례식 관의 디자인을 반영한 것으로 이해하기도 하는데, 이것은 죽음을 당하신 그리스도의 은혜와 연결시키면서 세례를 통해서 그것을 넘어선다는 의미로 사용된다. 즉, 세례를 통해 우리는 죄에 대해 죽음을 경험하는 중요성을 담고 있다. 옷을 입혀 줄 때 새 옷을 입혀 주는 사람은 그렇게 말하면서 입혀 줄 수 있다. "당신이 세례를 받음으로 입게 된 새 생명의 표식으로 이 옷을 받으십시오."

불이 켜진 촛불을 사용한다면 단순한 흰 양초를 사용해야 한다. 장식은 없는 것이 좋지만 기독교의 상징이 문양된 것이면 좋다. 세례식에서 사용되는 촛불은 매번 생일잔치에서 사용하도록 상업적으로 만들어진 핑크나 파란색으로 장식이 된 초와 혼동하지 않아야 한다. 촛불을 전달할 때 마태복음 5장 16절의 말씀을 언급하며 전달하는 것이 좋겠다. "당신의 빛을 다른 사람들 앞에서 밝게 비추게 하십시오. 당신의 선한 행동을 많은 사람들이 보게 하여 하나님께 영광을 돌리게 하십시오." 유아세례에서는 아이에게 촛불이 전해질 때 위의 문구 중에 "다른 사람들 앞에서" 대신에 "이 어린이에게" 문구를 넣어서 전달할 수 있다. 혹은 세례에 대한 종말론적 강조를 두면서 마태복음 25장 13절의 말씀을 사용하여 그렇게 전할 수도 있겠다. "다시 오실 주님을 항상 기다리십시오. 주님은 낮에 오실지, 밤에 오실지를 모르기 때문입니다."

세례식 촛불은 성찬식에서 사용한 초를 사용할 수도 있다. 성찬식 초(paschal candle)는 부활절 전야 기도회에서 처음 밝혀진 커다란 초인데, 기쁨의 50일 절기 기간에 모든 예배에서 밝혀지던 초이다. 그것은 광야에서 히브리 백성들을 인도하였던 불기둥을 떠올리게 한다. 출애굽의 빛은 세상의 빛이신 그리스도와 우리를 인도하시는 성령의 불을 기다리게 한다. 성령강림절 이후 성찬식 초는 세례반 곁에 세워두며, 나머지 주일에는 세례식과 장례식에서 불을 밝힌다(그것이 장례식에서 사용될 때는 우리의 빛이신 그리스도께서 죽음의 자리에서도 우리를 앞서 인도하신다는 확신으로 관 옆에 위치하게 한다. 또한 세례식에서는 이 세례를 통하여 죽음을 통과하여 주님이 주시는 새로운 생명으로 인도하신다는 뜻을 담아 사용한다). 주로 성찬식 초에는 헬라 십자가 모양이 그 위에 새겨져 있는데, 불이 켜지는 초의 십자가의 팔 부분에는 주님의 해(교회력의 연도)의 네 개의 숫자가 새겨져 있다. 십자가의 위와 아래에는 알파, 오메가의 글씨가 새겨져 있다. 이와 같이 우리는 세례를 통하여 덧없는 인생이 시간의 주인이시며 만물의 시작과 끝이신 주님의 손에 붙들리게 되고 변화되었음을 기억한다. 세례식 촛불이 성찬식 촛불을 통해 밝혀질 때 수세자는 이 모든 것을 집으로 가지고 간다. 세례식 초는 집에서 세례 기념일에 밝히게 되는데, 은혜로 주어진 세례를 기억하기 위한 수단으로 사용된다. 어린 나이에 세례를 받는 사람의 경우에는 세례 언약을 공적으로 선서할 그 시간을 향해 나아가는 의미로 사용할 수 있다.

성유, 새 옷, 세례식 초 등의 사용과 같이 세례식 실행의 회복과 관련한 어려움은 그것의 고귀함과 관련한 매력적인 부분이 하나님의 표식인 물의 중심성을 흐리게 할 수 있다는 점이다. 이러한 부수적 의식의 사용 목적은 그 표식을 더 선명하게 하기 위함임을 잊지 않아야 한다. 그것이 성도들의 주의를 딴 데로 쏠리게 하는 것이 되어서는 안 된다. 세례 의식을 새롭게 하려는 사람은 부수적인 것들이 너무 두드러지지 않는지 늘 판단할 수 있어야 하고 그것을 제한할 필요가 있다. 한편 새 옷이나 촛불을 주는 것은 낭만적인 실행을 추방하는 효과적인 방식이 될 수도 있다. 가령 세례 받은 아이에게 장미꽃잎을 뿌린다든지 기념물로 부모에게 꽃을 준다든지 하는 관습이 그런 종류이다. 전임자가 세례식에서 꽃을 주는 식으로 실시한 교회에 새로 부임한 목회자라면 전통적인 기념물들을 주는 대신에 다른 것을 주는 것으로부터 시작할 수도 있겠다. 꺾어진 꽃은 이미 시들기 시작한 것이기에 그리스도 안에서 허락된 영원한 새 생명에 대해 우리에게 말해 줄 수 없다. 그러므로 그런 상징물과 대조되는 가치 있는 상징물을 개발해 내는 것도 좋겠다.

특히 유아가 세례 받을 때 그 예식에 참여한 가족들 가운데 유아세례를 받은 다른 아이들에게도 어떤 기회를 제공하는 것도 고려해야 한다. 부모나 다른 가족들이 세례반 앞으로 나가 있을 때 나이가 조금 더 든 어린이만 너무 자주 회중석에 오래 남겨두는 것도 바람직하지 않다. 이런 때 그 아이들은 세례 받는 동생을 향하여 느낄 수 있는 작은 분노가 증대될 수 있기 때문이다. 다른 연령의 세례를 받은 아이들은 세례식에서 손을 얹을 때 그들이 그것을 관찰할 수 있도록 거기에 참여시킬 수 있다. 좀 더 나이가 든 아이는 물을 옮기게 할 수도 있고, 나이가 조금 더 어린 아이는 (어른들이 진행하는 세례식을 보조하면서) 새 옷이나 촛불을 건네주게 할 수도 있다.

대부분의 순서에서 세례 의식의 전체 부분이 목회자 중심으로 이루어지지 않게 해야 한다. 품위와 질서를 위하여 그렇게 하고 있다 할지라도 목회자만 수행하는 부분을 줄이는 것이 좋다. 다양한 연령의 회중이 참여할 수 있는 기회를 최대한 늘리는 것이 좋은데, 세례는 교회 공동체가 수행한다는 사실의 증거로서도 바람직한 일이다.

　　세례 의식이 끝나고 참여자들이 자리로 돌아간 이후, 교단의 세례 의식에 그것이 포함되어 있지 않다 할지라도 중보기도를 드릴 수 있다. 중보기도는 자발적으로 기도 제목을 내놓게 하여 함께 기도하는 방식으로 진행할 수 있고, 미리 준비한 기도제목을 제시하고 기도하게 하는 방식으로 진행할 수도 있다. 혹은 다음과 같은 연도(litany) 형식으로 드릴 수도 있다.

우리 함께 새로 세례를 받은 사람들을 위해 기도합시다.
전능하신 하나님!
세례를 통하여 이 귀한 종들을
주님의 교회에 보내주셔서 감사합니다.
그들이 사랑 가운데서 뿌리를 내리고
주의 교회에서 그들의 믿음의 자리를 견고하게 잡아갈 수 있도록
도와주시옵소서.
은혜 가운데서 자라가며 의의 열매를 맺을 수 있도록
견고하게 세워 주옵소서.
　　주님의 성령께서 주시는 선물을 우리에게 허락해 주옵소서.
하나님 나라의 새로운 백성으로 살아갈 때
무관심과 부주의함에 빠지지 않게 이들을 지켜주시고
불순종하고 주님을 배반하는 일이 있을 때
그들에게 주님의 인내와 긍휼을 베풀어주시옵소서.
그들이 타락했을 때

주님의 크신 자비로 다시 그들을 회복시켜 주시옵소서.

  주님의 성령께서 주시는 선물을 우리에게 허락해 주옵소서.

주께서 물로 깨끗하게 씻겨 주시고
새로 그리스도인이 되게 하셨사오니
이것이 영원한 증거가 되게 하사
주님의 구원의 역사와 신실하심을 기억하게 하옵소서.
저들에게 깊은 의심의 고통에 사로잡히지 않도록 도와주시고
영원한 사랑에 대한 확신 가운데서
다른 사람을 위한 저들의 사역을
온전히 이루어 갈 수 있도록 도와주옵소서.

  주님의 성령께서 주시는 선물을 우리에게 허락해 주옵소서.

믿음의 공동체를 확대해 갈 수 있게
보내주신 이 사람들로 인해 주님께 감사를 드립니다.
저들과 함께 신뢰와 기쁨 가운데서
주님을 섬길 수 있도록 도와주옵소서.
주님의 모든 교회를 하나로 묶어 주옵소서.
그래서 온 세상이 주님을 알게 하시고
주님만이 교회의 머리이시며 창조주이심을 알게 하옵소서.

  예수 그리스도, 우리의 주님을 통해

  주님의 성령께서 주시는 선물을 우리에게 허락해 주옵소서.

  아멘.

가능하다면 이 중보기도는 회중 가운데 한 사람이 인도하는 것

이 좋겠다.

중보기도에 이어 예배는 '평화의 인사'를 먼저 나눈 다음에 세례 받은 사람들에게는 처음으로 성찬의 선물, 성찬의 잔치가 제공된다. 환영의 표시로 다른 사람들이 받기 전에 그리스도 안에서 새로 형제자매가 된 사람이 먼저 빵과 포도주를 받게 한다. 새 그리스도인들에게 우유와 꿀이 담긴 성작을 확대하여 사용하게 된다면 그들이 성체를 받기 직전에 그것을 마시게 하는 것이 좋다.

성찬 이후의 예배 순서는 회중에게 익숙한 형태로 마치는 것이 좋다. 적당한 마침 찬송으로는 "다 감사드리세 온 맘을 주께 바쳐"(Now Thank We All Our God)라는 곡을 사용할 수 있다. 축도와 함께 해산할 때 베드로전서의 마지막 부분을 고린도후서의 마지막 부분에 나오는 사도의 축도와 함께 엮어서 위탁의 말씀 형식으로 제시하는 것도 좋겠다.

모든 은혜의 하나님!
곧 그리스도 안에서 너희를 부르사
자기의 영원한 영광에 들어가게 하신 이가…
너희를 친히 온전하게 하시며
굳건하게 하시며
강하게 하시며
터를 견고하게 하시리라.
　　권능이 세세무궁토록 하나님께 있기를 빕니다.
주 예수 그리스도의 은혜와
하나님의 사랑과

성령의 교통하심이

너희 무리와 함께 있을지어다.

예배 후에는 약식의 환영의 시간(차 마시는 시간이나 점심)을 마련한다. 새로 세례 받은 사람들을 위한 환영의 중심 내용은 그들이 주님의 성찬상에 처음으로 참여하였다는 사실을 강조하는 것이 좋겠다. 이후 함께 식사하거나 음료를 마시는 시간은 세례 받은 사람들의 성례전적 친교로부터 그 의미를 찾아 진행하는 것도 좋겠다.

전체 세례 의식은 신중하게 계획되어야 한다. 보다 복합적 상황이 고려되어야 하는 것은 당연한 일이다. 예를 들어, 교회에 처음 나온 새로운 가족이 교회에 등록하기를 원한다고 해보자. 또한 한 여자 분은 다른 지역 교회로부터 옮겨왔다. 그의 남편은 세례를 받은 적이 없는데 믿음의 확증(입교식)을 갖기 원한다. 십대의 딸은 세례를 받았고 그의 첫 번째 공적 갱신의 시간(견신례)을 갖기를 원한다. 젊은 아들은 세례를 받았다. 이와 같이 예배에서 성인과 어린이세례, 십대의 첫 번 공적 선서(견신례), 다른 교회에서 옮겨와 세례 언약의 재확인 등의 순서를 함께 가져야 할 때가 있다. 그 예배는 세례의 풍성한 의미를 놀랍게 증언할 수 있는 자리가 될 것이며, 예전적 현시(liturgical manifestation)와 상호관계를 증언해 줄 것이다. 혹은 이 의식은 전적인 재난이 될 수 있다. 얼마나 많이, 얼마나 적게 계획하는 것이 그것에 도움이 될지와 어떻게 주의하여 참석자들이 그들의 역할에 교훈을 얻게 될지에 달려 있다. 그 예배에 주어지는 주의는 우리가 성례에 대해 다루었던 방식에 관한 것이다. 그러므로 신중하게 주의를 기울이는 것이 필요한데, 회중이 의식의 중요성을 인식하게 하기 위해서, 그리고 그 축하하는 일에서 교훈을 얻고 배우기 위해서이다.

세례의 건축학적 장치

많은 회중 가운데서 세례 의식 개혁의 가장 우선되는 부분은 세례반(font)이나 세례정(pool)의 크기와 디자인, 장소와 관련이 있다. 성단소가 벽에 딱 붙어 있는 느낌을 막기 위해 사용한 강단의 커튼(인공으로 만든 종려나무와 같은 것으로 위장하는 경우도 있지만)색과 같은 색깔의 나무로 만들어진 작은 세례반은 입례 의식(the sacrament of initiation)에 우리가 얼마나 무관심했는지를 아주 정확하게 반영하는 것이다. 세례식에서 어떤 교회는 컵을 넣어놓는 찬장에 보관하고 있는 작은 사발을 사용하기도 하는데, 그것은 적당하지 않다. 세례의 중요성을 가시적으로 보여주기 위해 넉넉한 크기의 세례반이 있어야 한다. 또한 유아세례를 줄 때 아이가 물에 잠길 수 있을 정도의 크기가 되어야 한다(이 책의 309~310쪽에 예시로 제시한 사진을 참고하라).

세례반은 예배 공간의 중심이 되는 곳에 위치되어야 한다. 채플 공간의 반대쪽, 혹은 나르텍스(역주/ 고대 예배당에서 세례 후보자를 위한 공간인 본당 입구의 넓은 홀)가 좋은 위치이다. 예배 공간에서 세례반의 위치와 관련하여 두 주장이 있다. 한편에서는 세례반은 우리가 세례를 통하여 교회당으로 들어간다는 사실을 떠올리도록 하기 위해 예배당 입구 중앙문 곁에 위치해야 한다고 주장한다. 다른 한편에서는 세례반은 강대상의 설교대나 성찬상 옆에 위치해야 한다고 주장한다. 이것은 설교된 말씀과 성찬을 통해 선포된 말씀이 일치를 이루고 있다는 사실을 가시적으로 표현하기 위함이다. 위치를 결정함에 있어서 중요한 것은 가시성과 접근성의 문제이다. 고정된 회중석을 가진 건물이라면 예배자들 뒤에 세례반을 위치시키는 것(주 출입구 문 곁에)은 세례 예전에서 회중의 의미 있는 참여를 미리 배제해 버리는 것이 된다. 불과 교인들 몇 사람만 세례반을 바라보기 위해 회중석 반대편으로 돌아서야 하는 부담을 안고 기꺼이 일어서는 수고를 하게 될 것이다. 세례가 진행되는 광경을 보기 원하지만 세례반이 강단에 올려 있지 않고 바닥에 놓여 있게 되면 많은 부분을 놓치게 되는 경우도 있다. 유동성이 있게 의자를 고정시키지 않은 교회 건물에서는 이 문제가 조금 쉽게 해결될 수 있다. 물론 예배 시간 중간에 의자를 돌려서 뒤쪽을 바라봐야 하는 일이 귀찮고 번거로운 일이 될 수도 있지만 말이다. 출입구 문 곁에 세례반을 위치시키는 것은 전체 회중이 세례반 주변에 앉아서 그 순서를 진행하고 본당으로 행진해 나갈 수 있는 구조라면 괜찮을 것이다.

예배 공간의 전면에 세례반이 놓여 있게 되면 그 위치는 세례의 중요성을 가시적으로 보여주는 것이 되어야 한다. 예배 공간을 디자인하는 사람들은 한쪽에 놓여 있는 설교단과 함께 성찬상이 중심을 차지할 수 있도록 디자인해야 한다. 다른 쪽에 인도대(혹은 말씀 봉독대) 대신에 설교단과 균형을 이룰 수 있는 충분한 크기의 세례반이 놓여야 한다(일반적으로는 세례반이 너무 작아서 세례의 중요성을 충분히 전달하지 못하는 경우가 있다. 설교단은 정말 커서 마치 설교는 인간의 능력 이상의 묘기라는 것을 보여주려고 하는 것 같다. 또한 설교가 모든 것을 뒤에 감추어 버리는 듯한 분위기가 연출되기도 한다). 세례반은 개방된 공간에 놓여 있어야 하며, 그리하여 많은 사람들이 세례식이 진행될 때 그 주위에 편하게 모일 수 있도록 해야 한다. 이러한 개방성은 그 자체로 세례반의 가시성과 중심성을 증대하게 되는데, 예배 공간에서 설교대와 성찬상과 함께 세 가지의 초점 가운데 하나가 되어야 한다.

성인들의 세례에서 침수 방식을 자주 요청하는 교회의 건축위원회는 세례정을 설치하는 것을 고려해야 한다. 그것이 날씨와 상관없이 세례식을 거행할 수 있고, 용기를 빌려오는 수고를 피할 수 있다. 세례반과 같이 세례정은 가시적으로 분명하게 볼 수 있게 위치되어야 한다. 세례식 때를 제외하고는 회중이 볼 수 있게 되어 있지 않은 경우가 많아 세례정에 대해서는 정착되지 않은 내용이 있다. 왜냐하면 그것은 뚜껑 아래 놓여 있기도 하고, 제단 뒤 휘장으로 가려져 있는 경우도 있으며, 식물원처럼 가짜로 만들어 놓은 경우도 있기 때문이다. 세례반의 위치는 모든 예배에서 분명하게 볼 수 있는 자리에 위치되어야 한다. 그래서 참석한 사람들이 하나님을 찬양하기 위해 모일 때마다 그들의 세례를 감사함으로 기억할 수 있도록 해야 한다.

세례의 중요성은 성례전의 기구 그 자체를 통해서 뿐만 아니라 스테인드 글라스를 사용하거나 조각, 태피스트리(역주/ 색색의 실로 수놓은 벽걸이나 예배 장식용 비단), 배너, 의상 등을 사용하여 가시적으로 전달할 수 있어야 한다. 예배 공간을 디자인하거나 장식하는 사람들은 세례의 풍부한 도상(圖像, iconography)에 신중한 주의를 기울여야 한다. 창조의 이미지, 노아 홍수와 무지개, 출애굽과 관련한 다양한 물을 그린 것, 요단강, 하늘의 새 예루살렘 도성의 강을 그린 그림 등은 예전적 장신구로 연합하여 사용할 수 있을 것이다. 물고기 모양, 닻, 교회를 방주 모양으로 표현한 보다 창의력이 풍부한 상징들을 도입할 수도 있을 것이다.

눈에 보는 것은 예전이 지니고 있는 신학과 찬양에로의 초청함을 전달하는 데 있어 귀로 듣는 것과 마찬가지로 중요하다. 인간의 모든 감각에 어필할 수 있게 성례전 예배에 있어서 어떻게 회중의 경험을 촉진할 수 있을지 도전 앞에 서 있다.

예배는 기독교 신앙이 형성되고 표현되는 수단(means)이다. 우리가 예배의 형태를 형성하는 것처럼 예전은 우리를 형성한다. 우리의 시대에 교회가 갈망하는 믿음의 갱신과 실질적인 신학(substantive theology)이 요구하는 예배의 개혁은 하나의 일이며 분리될 수 없게 연결되어 있다. 예전의 개혁은 믿음의 보다 심도 있는 부분들은 무시하고 단지 외적인 부분만 어설프게 땜질하듯 고쳐나가는 것이 아니다. 그러한 개혁은 하나님의 백성들이 세상 가운데서 보다 효과적으로 증언할 수 있도록 하기 위해 주어지는 데 그 목적이 있으며 교회의 교화(edification)의 역할을 한다. 다른 방법도 고려해야 한다. 세례 예전의 개혁은 세례를 통해서 선포되는 하나님의 은혜에 대한 신실한 응답으로부터 시작되어 확대되어 가야 한다. 하나를 할 수 있는 사람이 역시 다른 것도 할 수 있게 될 것이다.

    이곳과 다른 쪽에 제시되는 그림은 풍부한 공간을 확보하여 설치된 현대적인 세례반의 모습을 보여준다. 에드워드 쉐빅(Edward A Sövik)과 Sövik Mathre Sathrum Quanbeck 건축 설계연구소의 허락을 받아 사용한다. 이것은 레스 투라누(Les Turranu)가 촬영한 사진이다.

결어

Baptism: Christ's Act in the Church

하나님께서
그리스도 안에서 이미 행하신 것,
세례의 선물을 통해
약속하신 것에 대해서
깊이 숙고해야 한다.

결어

　이제 책의 서론 부분에서 언급되었던 루시가 경험했던 혼동이 왜 주어졌는지와 그러한 혼동이 왜 안타까운 것인지에 대해서도 분명히 규명되어야 한다. 바라기는 어떤 것은 즉시 행할 수 있고 앞으로 그러한 잘못이나 모조품이 생기지 않도록 힘써 노력해야 한다는 것도 분명해진다.

　이 모든 것에 대해 말할 수 있는 것은 하나님의 은혜는 우리의 신학적 혼란의 안타까운 상황에도 불구하고 동일하게 역사하신다는 사실이다. 만약 루시가 주님의 교회에서 신앙생활을 시작하기 위해 다섯 번이나 세례를 받지 않았다면 이 책은 아마도 집필될 필요가 없었을지도 모른다. 최소한 본인 자신에 의해서는 말이다. 십여 년 전에 세례에 대한 나의 관심을 일깨운 것은 루시의 이야기를 들으면서였다. 아마도 나의 개인적인 순례 여정에 대해 간단하게 설명하는 것이 내가 제기해야 했던 질문을 당신도 던질 수 있을 것 같다. 또한 내가 내 안에 가지고 있는 것처럼 당신의 믿음에 있어서 기대할 수 없었던 의미를 새롭게, 그리고 기쁨으로 발견할 수 있도록 만들어 줄 것이다.

 루시의 이야기를 듣기 전에 6년 이상 목회자로 한 교회를 섬기고 있었다. 나는 세례를 유아 때에는 경건한 부모의 한 부분인 경건한 제스처로, 성인인 경우에는 신자들에 의해 믿음의 선서를 공적으로 하는 것 정도로 약간 스칠 정도의 힘을 가지고 있는 움직임 정도로 생각했다. 목회자로서 나는 이 책에서 잘못되었다고 지적했던 거의 모든 것을 행했던 것 같다. 나는 사발에 장미꽃잎을 풀어놓은 물로 아이들에게 세례를 베풀었으며, 세례가 끝난 후에는 그것을 서랍장에 보이지 않게 방치해 두었다. 전적으로 차별이 없는 세례를 베풀면서도 별로 죄책감을 느끼지 않았으며, 거의 그와 비슷하게 행했던 것 같다. 어떤 경우에는 세례를 받았다는 '느낌'을 전혀 갖지 못하고 있다고 고백하는 여성에게 다시 세례를 주기도 했다(쉽게 이 점에 대해 나의 양심은 최소한 조건적인 형식을 사용했다). 이러한 잘못들에 대한 모든 비난을 나 자신에게 돌리지 않았다. 종종 나는 다른 사람이 범하고 있는 잘못된 예를 따랐으며, 결과는 동일했고 나는 전혀 그러한 것을 바꾸려고 하지 않았다.

 루시의 이야기를 들었던 바로 그때에 같은 교단의 목회자에게서 그가 정기적으로 견신례반을 마친 젊은 사람들에게 재세례를 베푼다는 이야기를 전해 들었다. 그것이 왜 잘못되었는지에 대해서 명확하게 이야기할 수는 없었지만 그렇게 세례를 행하고 있다는 것에 마음이 많이 불편해졌다. 나는 그러한 문제를 신학교 시절 나의 멘토 중의 한 분이신 로웰 해저드(Lowell B. Hazzard) 교수님께 털어놓으면서 조언을 구했다. 그는 도날드 베일리(Donald Baillie)의 책, 『성례전 신학』(*Theology of the Sacraments*)을 추천해 주었다. 그 책을 읽었던 것이 세례에 대한 탐험 여정의 정식적인 시작이었다. 몇 년 후에 다른 멘토이신 호튼 데이비스(Horton M. Davies)는 마우리스(F. D. Maurice)의 책, 『그리스도의 왕국』(*The Kingdom of Christ*)으로 나아가게 인도해 주었다. 그렇게 나아가던 길에서 나는 피터 테일러 포사이스(P. T. Forsyth)의 『교회와 성례전』(*The Church and the Sacraments*)이라는 책을 소개받게 되었다. 그 책은 내가 잊고 있었던 정체성을 깨우쳐 준 좋은 천사였다(다행히 좋은 천사는 연약한 마음을 가지고 있던 교수들의 현저한 이해와 용서였다). 다른 예전 연구의 여정에서 장 다니엘루(Jean Danielou)의 『성경과 예전』(*The Bible and Liturgy*)을 읽게 되었다. 많은 다른 책들과 논문들, 그리고 토론은 이 책의 기초를 형성할 수 있도록 도와주었다. 그러나 앞서 언급한 네 책들은 본서의 큰 모퉁잇돌이 되었다. 내가 세운 큰 구조는 내용과 디자인에 있어서 각 책이 다양한데 그들 모두는 집합적이다. 이러한 네 책이 없었다면 아무 것도 세울 수 없었을 것이다.

    석공 메타포만으로도 충분한 것 같다. 순례의 모티프로 돌아가 보자. 세례의 의미에 대해 배웠던 것은 기독교 신앙과 경험에 대한 이해를 급진적으로 바꾸어 주었다. 나는 일루노이 주 남쪽의 바이블 벨트 지역에서 성장했다. 그곳에서는 회개뿐 아니라 회심은 진정으로 신뢰할 수 있는 것이었다. 내가 성인이 되기까지 단지 물을 뿌리는 유아세례 방식과 물에 침수하는 성인세례 방식에 대한 피상적인 논쟁에 대해 들은 것을 제외하고는 세례의 의미에 대해서 들었던 기억이 전혀 없다. 십대일 때 나는 범용한 신앙적 경험을 한 적이 있었고, 그때 이후 여러

해 동안 그것을 그리스도인으로서의 나의 삶의 시작으로 간주했다. 그 때를 말할 수 있다면 유아기 때 받았던 나의 세례는 그것과는 아무런 연관성이 없었다. 아니 영적으로 그것은 별로 중요한 것이 아니었다. 나의 세례는 공허한 형식이었을 뿐이라고 생각했다. 교회 안에서 나의 어릴 적 시간들은 고작해야 따라오는 것의 서곡일 뿐이었다. 내가 그리스도인이 되기 전에 몇 년 동안 이미 교회의 일원이 되어 있었다는 것이 얼마나 자랑스러운 일인가를 처음으로 알았다.

내가 세례에 대해서 배웠던 것 때문에 그러한 사건에 대한 나의 해석은 급격히 바뀌게 되었다. 고등학교 2학년 때 일주일 동안 계속되었던 부흥집회에서 내 안에 경험된 그 사건은 아무리 해도 무시할 수 없었다. 그러나 이제 이러한 경험이 그리스도 안에서 시작된 나의 생명의 시작이 아니었다는 사실을 믿게 되었다. 그것이 하나님께 일생 동안 신실한 믿음의 삶을 이어가기에 넉넉하고 견고한 것이 아니라는 사실을 믿게 되었다. 그 경험은 내 삶의 특별한 기간에 하나님의 임재의 실재에 대한 새로운 인식을 공급해 주었다. 그러나 그것은 하나님께서 나타나시고 활동하고 계셨던 처음 순간은 아니었다. 내가 지금 어려움과 당혹감에 직면해 있을 때 십대 후반에 경험했던 주관적 경험은 하나님께서 그로부터 16년 전에 세례 언약의 객관적 사건 가운데서 내게 주셨던 확신보다 결코 열등한 것이 아니었다는 사실을 깨닫게 했다. 내가 희미하게나마 그 의미를 깨닫기 시작했던 그 시간 이전에 나에게 확대되었던 분명한 하나님의 약속은 내게 있어서 후기의 감정적 반응보다 훨씬 더 도움이 된다는 사실을 이제 발견하게 되었다. 성인기에 세례를 받은 경험이 감정적으로 얼마나 비교할 수 없는 것인가를 내게 말했을 때 "내게도 그런 것이 일어날 수 있으면 좋을 텐데…"라는 생각을 조금도 갖지 않게 되었다.

이것을 읽는 사람들 가운데는 내 은혜로부터 단지 떨어져 나갔던 것이라고 단순히 결론을 내릴지도 모르겠다(그런 확신을 가진 사람은 대부분이 아마도 오래 전에 이 책을 덮어 버리게 만들었을 텐데도 불구하고). 대신에 은혜 안에서 성장하는 것은 새로운 영적 통찰력이라는 관점에서 그 경험을 재해석하는 능력에 의해 정확하게 특징지어질 수 있다고 제시하고 싶다. 이 점에서 나는 존 웨슬리의 후예가 된 것에 감사를 드린다. 1738년 1월 29일 주일에(그의 올더스게이트 경험을 갖기 네 달 전에) 웨슬리는 기록하고 있다. "다른 사람들을 돌이키기 위해 미국에 갔던 나는 하나님께 돌이킨 적이 한 번도 없었다." 몇 년 뒤에 그는 이러한 진술에 대해 "이것에 대해 나는 분명하게 확신할 수 없다"라고 기록하고 있다. 1738년 같은 날짜에 그는 자신에 대해 하나님으로부터 멀리 떠나 있는 진노의 자식이요, 지옥의 백성이라고 평가한다. 그러나 1738년에 그는 다음 문구로 그 평가에 덧붙이고 있다. "나는 믿음을 갖고 있지 않았다." 그의 일기의 마지막 편에서 1738년의 자기 평가를 완전히 삭제한다. 그리스도 안에서 성숙되었을 때 그의 초기의 경험은 재해석되어야 했기 때문이다.

현재에 대해서 더 잘 이해하기 위하여, 그리고 미래에 대해서 보다 분명한 희망을 갖기 위하여 우리의 과거에 대해 계속적으로 재평가하지 않는다면 인생이 무엇이겠는가? 그들 자신의 역사에 대한 재평가와 더불어 그리스도인들은 하나님의 역사를 깊이 숙고해야 한다. 즉, 하나님께 그리스도 안에서 이미 행하신 것, 세례의 선물을 통해 약속하신 것에 대해서 깊이 숙고해야 한다. 우리가 재해석하지 않는다면 그때 우리는 성장하지 않게 된다. 우리가 성장하지 않을 때 우리는 하나님의 은혜를 헛되게 하는 것이 된다.

내가 받은 세례의 의미를 깨닫게 되었을 때 그것은 초기에 교회를 의식적으로 회심한 사람의 자발적인 모임으로 이해했을 때(분명히 알곡과 가라지는 섞여 있기 마련이지만) 가졌던 것보다, 또한 더 나중에는 교회를 주로 사교적인 목적으로 나오는 사람들에게 그런 것을 공급해 주는 곳 정도로 이해했을 때보다 교회에 대한 훨씬 더 깊은 감사를 갖게 한다. 세례신학은 교회에 대한 이런 견해의 최고의 것을 창조적인 긴장감 가운데서 견지할 수 있도록 허락해 준다. 교회는 세상에 대해 사명을 가진 헌신된 사람들의 공동체이다. 그러나 세례는 역시 그러한 입장에서 발견되는 약점과 다른 교회론이 제시해 줄 수 있는 필요한 강점이 무엇인지 드러내 준다.

세례에 대한 새로운 이해는 사역에 대한 나의 소명을 새롭게 평가할 수 있도록 이끌어 주었다. 나는 나의 직업에 대한 소명을 더 이상 하나님의 독특하고 직접적인 부르심에 대한 응답으로 이해할 수 없게 되었다. 그러한 직접적인 부르심은 교회에서 목회자가 가장 최고의 위치에 있다고 생각하게 만들어 주는 것이라고 이해했다. 하나님의 부르심은 교회에서 아주 독특한 직책으로 부르시기도 하지만 그럼에도 불구하고 세례 성례전을 통하여 우리 모두에게 주신 부르심과 관련이 있다. 안수는 기독교의 선택된 그룹을 위한 특권이 아니라는 이유가 여기에서 분명해진다. 대신에 모든 믿음의 공동체를 위한 종들을 세우신 것임을 알려 준다.

세례신학은 나의 기본적인 기독교 신앙이나 나의 목회적 소명이 무제한적으로 자유롭게 선택할 수 있지 않다는 확신을 나에게 심어 주었다. 내가 원했기 때문이나 강요를 받았기 때문에 내가 그리스도인이 된 것이 아니고 목회자의 일원이 된 것도 아니다. 쾌락주의자의 삶을 사는 것이 얼마나 쉬우며, 다른 사람의 복지를 위하여 우리 모두가 살아가도록 책임이 주어졌다는 사실을 무시하면서 살아가는 것이 얼마나 쉬운가! 나의 세례는 그의 제자들에게 주셨던 주님의 말씀으로 나를 이끌어 간다. "너희가 나를 택한 것이 아니요, 내가 너희를 택하여 세웠나니 이는 너희로 가서 열매를 맺게 하고 또 너희 열매가 항상 있게 하려 함이라"(역주/ 요 15:16). 그리스도인의 삶은 그 안에 기쁨도 없고 자유함도 없는 지루한 사업이 아니다. 감당할 수 없을 것 같은 짐을 지고 갈 때만 진정한 놓임을 발견할 수 있다는 것은 십자가의 역설이다. 그 역설의 핵심에는 하나님의 사랑이 있으며, 그 사랑은 파괴적이면서 창조적인 물을 통해 우리가 그리스도와 함께 장사 지낸 바 되었으며 그리스도와 함께 다시 부활하였다는 사실과 성령님의 은사는 우리의 것이 되었다는 사실을 깨닫게 해준다.

마지막으로 세례는 미래에 대한 나의 생각을 바꾸어놓았다. 내가 이해할 수 있기 전에 나를 부르신 동일하신 하나님께서 내가 이해할 수 없는 미래를 위해 내게 희망을 허락해 주셨다는 사실을 세례 행위를 통해 깨우쳐 준다. 장래에 어떤 지점에서 죽음이 우리를 기다리고 있을 것이다. 그것이 어디에 숨어 있는지 그 자리를 정확하게 아는 것이 불가능하듯이 죽음의 불가피성을 부인하는 것도 어렵다. 그것이 내일 자동차 충돌 사고의 자리에서 피를 흘리며 죽어가는 순간이 우리에게 다가올 것인가? 아니면 지금으로부터 10년 후에 천천히 진행되는 악성 종양에 걸려 맞이하게 될 것인가? 15년, 혹은 20년이 지나 핵무기에 의한 두려운 대량학살을 통해 주어질 것인가? 우리는 그것을 전혀 알 수 없다. 그러나 궁극적으로 그것이 문제가 되지는 않는다. 세례에서 우리는 그리스도와 함께 영원한 죽음을 이미 경험했으며, 그분의 새로운 시대를 살도록 이미 그 죽음으로부터 우리는 일으킴을 받았기 때문이다.

그것은 내가 무책임하게 고속도로를 질주해도 된다는 것을 의미하지 않는다. 임종을 맞게 하는 질병에 걸린다 할지라도 걱정도 없고 고통도 없게 될 것이라는 것을 의미하는 것도 아니다. 분명히 그것은 나로 하여금 핵무기 확산과 국제적인 구금에 대해 항거할 나의 책임을 경감시켜 주지 않는다. 과거에 내게 약속을 주신 하나님은 미래의 끝과 그 너머에 대해서도 신실하신 분이기 때문에 그분을 신뢰하는 믿음으로 오늘과 내일을 살 수 있다.

루터가 옳았다. 그것이 적절하게 이해될 때 "내가 세례를 받았다"는 사실보다 지구상에서 큰 위안은 존재하지 않는다. 이것 때문에 일상적인 물이지만 그 안에서 우리는 확신을 발견하게 된다. 또한 물과 관계된 아주 좋지 못한 상황 가운데 서 있었다 할지라도, 즉 허리케인이 지나간 이후 피신했던 지하실 밖으로 나올 때, 샤워장에서 잘못된 수도꼭지를 돌려 차가운 물이 쏟아져 나온 참담한 상황에서조차 우리는 물에 대한 확신을 갖게 된다. 그때 물은 파괴적이면서 창조적이고 구원하시는 하나님의 능력의 표징이다. 빗속에서 신학교 캠퍼스 안뜰을 달리면서 언젠가 비에 흠뻑 젖은 학생에게 소리를 쳤다. "너의 세례를 기억하라. 그리고 그것에 감사를 드려라." 나를 잘 알지 못한 사람이었다면 그것은 형편없는 농담으로 받아들였을 것이다. 그러나 그 나머지를 잘 안다.

    이 책에서 내가 제시한 내용을 다 받아들이라고 설득하려는 것이 나의 관심이 아니었다. 그러나 나는 이 책에서 당신이 순례의 길을 시작할 수 있도록 만들고 싶었다. 당신이 복된 소식을 다시 점검하도록 만들고 하나님의 은혜에 대한 당신 자신의 경험을 재평가하게 만드는 그런 종류의 여정을 시작하도록 하고 싶었다. 그것은 당신이 두려워할 필요가 없는 순례 여정이다. 에덴동산의 강과 영원한 하나님의 도성에 있는 강 사이에 있는 땅을 그냥 걸어가면 된다. 일단 당신이 방향을 바로잡고 똑바로 나아갈 수만 있다면 궁극적인 염려는 사라지게 될 것이다. 갑자기 쏟아지는 소낙비 속에서 우산도 없이 걸어가야 하는 여정이 나온다면 그러한 때라 할지라도, 아니 특별히 그때에 당신이 받은 세례에 대해 감사하라! 그리고 하나님께 감사를 드리라!

부록

세례식에서의 삼위일체 형식의 사용에 대하여

Baptism: Christ's Act in the Church

세례는 하나님께 연합하는 표징이며
하나님께서 그의 형상을 우리에게 나눠주신,
그분이 우리에게 주신 정체성을 이해하는 데 있어서
중요한 실마리가 된다.

부록

세례식에서의 삼위일체 형식의 사용에 대하여

　　삼위일체 세례 형식은 오늘날은 그렇게 많이 선호하는 주제는 아니다. 왜냐하면 그 안에 '성부'와 '성자'라는 용어에서 성차별적인 언급을 하고 있다고 생각하기 때문이다. 전통의 무게와 에큐메니칼 관계성과 관련하여 공교회의 예전 형식의 중요성이 삼위일체적 예전 형식을 견지함에 있어 그 가치를 제공하고 있기 때문에 그 형식을 계속적으로 사용할 것인가는 중심 논의 사항이 되지 못한다. 주요 관심은 이 형식이 내포하고 있는 신학적 문제를 살펴보는 것이다. 또한 어떤 경우에는 그것을 전혀 포함하고 있지 않은 경우도 있다(어떤 때는 일부러 그것을 배제하려고 하는 시도도 있다). 가령 "창조자(Creator)와 구속주(Redeemer), 보혜사(Sustainer)의 이름으로…"와 같이 대체적인 용어를 사용하는 것에 대한 신학적 문제도 살펴보아야 한다.

　　기독교 신앙에 입문하는 시간에 우리는 가능하면 많이 하나님에 대해 말할 수 있어야 하고 그래야 할 필요성을 느낀다. 또한 간결하면서도 기억할 수 있게 실질적인 방식으로 말해 주어야 한다. 불행하게도 이 점에서 제안된 어떤 대체 형식도 이러한 목적을 적절하게 성취할 수는 없다. 신학자들은 중요한 교리적 주장을 유지할 수 있는, 그러나 그러한 남성 중심의 언어로 표현되지 않는 삼위일체 형식을 곧 발견할 수 있게 되기를 희망하고 있다. 그때 우리는 고대의 용어가 믿음에 대해 중심되는 중요성을 말하고 있는 것에 대해 분명히 할 필요가 있다. 세 가지의 분명한 사항들이 중요하다.

1. 아버지-아들 언어(Father-son language)는 하나님께서 스스로 존재하시는(self-generative) 분이며, 모든 생명의 근원이 되신다는 사실을 단언한다. 아타나시우스와 같은 초기 삼위일체 신학자들은 삼위 하나님의 두 번째 위격이 첫 번째 위격에 의해 '창조되지 않았으나' '낳았다'(begotten)는 사실을 지적하는 어려움을 가지고 있었다. 하나님께서는 마치 도예가가 사발을 만들듯이 그리스도를 '만드시지'(make) 않으셨다. 그리스도는 영원히 하나님의 독생자이시다. 전능하신 하나님의 스스로 계시는 본성으로부터 모든 생명은 공급된다.

이러한 하나님의 성품이 부자관계의 이미지를 벗어나 메타포적으로 어떻게 표현될 것인가를 이해하기는 쉽지 않다. 현재 '성부'에 대해서 '창조주'로 대체하는 것은 정확히 정반대의 방향을 가리키고 있다. 그것은 세상이 창조된 것과 같은 방식으로 예수님도 창조되신 분이라는 사실을 함축적으로 보여주는 것 같다. 이것은 약화된 그리스도론과 그것을 따르는 모든 것에서 기인한 것으로 보인다. 더욱이 오늘날과 같은 기술정보 시대에는 점점 과학이 생명을 '복제하려고'(replicate) 하지만 엄밀히 말해서 과학자들은 생명을 '창조'하지는 못한다는 사실을 이해하는 것이 중요하다. 하나님은 생명을 창조하지 않으시고 대신에 그것을 나누셨다. 하나님이 발생시키시는 생명은 하나님께서 그 집을 만드시듯이 창조된 모형에 채워진다. 그러나 생명 그 자체는 창조되지 않았고 단지 유일하게 창조되지 않으신 분인 하나님께 속하였다.

    2. 아버지-아들 언어는 하나님께서는 스스로 변치 않는(self-consistent) 분이라는 사실을 확증한다. 부모와 아이가 가지는 친밀한 생물학적이면서 심리학적인 관계는 독특한 방식으로 하나님께서 행하신 모든 것 안에 존재하는 목적을 통일성 있게 표현한다. "창조주와 구속주"라는 형태적인 대체 용어는 이것을 표현하는 데 실패하고 있다. 수많은 종교들에는 창조의 신(Creator deity)과 구속의 신(Redeemer deity)을 가지고 있는데, 그 둘 사이는 늘 사이가 좋지 않아 싸우는 신들이었다. 창조의 신은 많은 문제를 만들고 구속의 신은 최선을 다하여 그 상황을 해결한다. 그리스도인들은 이단적인 특성 때문에 그러한 논리를 강하게 거부한다. 하나님의 스스로 편치 않으시는 속성은 구속 교리의 관점에서 특히 중요하다. 그것이 없이는 타락한 피조물을 향한 창조주의 사랑이 선물로 표현이 되기보다는 구속주는 창조주를 향해 늘 적대적인 존재로 보이게 된다.

    3. 아버지-아들 언어는 하나님께서 단지 기능적이시지 않고 인격적(personal)이시라는 사실을 단언한다. 기계는 어떤 일을 만들고 그것을 유지할 수 있다. 그것은 기능한다. 그러나 그것은 인격이 아니다. 그것은 역시 기술정보 시대에는 중요한 사항이다. 하나님은 인격적이시며 우리가 오직 삼위일체 가운데 한 분으로 묘사할 수 있는 풍성하시고 신

비로우신 내적 존재의 특성을 가지신다.

　종종 창조는 하나님의 고독의 결과라는 주장이 친밀하게 느껴질 때가 있다. 하나님께서는 인간을 창조하시고 그 안에 신적 내면의 필요를 채워 주셨다. 이러한 제안이 인간 존재에 아첨하는 것처럼 느껴질 수 있지만 그것은 정교한 신론에 압도적인 사항이다. 하나님은 외롭지 않으시다. 왜냐하면 하나님께서 본질적으로 공동체를 이루고 계시기 때문이다. 창조의 배후에 있는 동기는 신경증적인 필요가 아니라 절대적 사랑이다. 창조 가운데 나타난 하나님의 충만함은 십자가에 가장 잘 나타난다. 이기심은 고통을 피하려고 하지만 비이기적인 하나님의 사랑은 통렬한 희생의 자리에서 그것을 견디고 계신다. 이보다 더 강력한 메타포는 다른 이들을 위해서 독생자를 명도하는 부모의 인격적인 이미지보다 비이기적인 구속의 사랑을 잘 말해 주는 것은 없다.

　하나님의 내적이고 인격적인 풍성함은 삼위 하나님의 역사하시는 기능(function)을 해석할 때 더 강조된다. 성부께서 창조하시고 성자가 구속하셨으며 성령께서 보존하신다고 말하는 것으로는 충분하지 않다. 진정한 삼위일체론은 성부, 성자, 성령께서 창조하셨다고 주장하며, 성부, 성자, 성령께서 구속하셨고 또 보존하신다는 사실을 주장한다. 하나님은 오직 세 가지 기능만을 가지고 계신 것이 아니다. 성경에서 사용하고 있는 하나님에 대한 다양한 명칭이 보여주는 것처럼 하나님의 신성의 풍성함은 기능의 복합성을 함축적으로 보여준다. "창조주, 구속주, 보혜사"라는 현재 널리 통용되는 형식이 놓치고 있는 것이 바로 그것이다. 그러므로 이것은 기술적으로 "실용적 이단"(economic heresy)으로 알려진 것 안으로 쉽게 끌려들어간다. 그것을 기초하고 있는 철학적 범주의 고풍스러운 본질에도 불구하고 스스로 존재하시고, 스스로 변치 않으시며, 인격적이신 분으로 하나님을 이해하는 이러한 세 가지 관점에서 보면 삼위일체 형식은 신학적 속기(shorthand)의 놀라운 형태이다. 특히 세례에서의 기독교 신앙으로 연합해 들어갈 때와 같이 우리가 지난 이천 년 동안 생각해 온 다른 어떤 말들보다 우리에게 더 많은 것을 말해 준다. 이러한 형식이 남성 이미지에 갇혀 있다는 것은 참으로 안타까운 일이다. 어머니-딸-성령으로 말할 수 있는 것은 예수님께서 남자였다는 역사적 사실을 언급하려는 것은 아니다. 어머니-아들-성령이나 아버지/어머니-아들-성령이라는 용어를 사용하자는 제안은 신학적으로 뿐만 아니라 실천적으로도 더 많은 문제를 만든다.

신학자들은 이런 당혹케 하는 문제와 씨름해야 하는 책임을 가지고 있다. 역사적으로 삼위일체 형식에 대해서 살펴보는 것보다 하나님에 대해 더 적게 말하는 설명에 천착(穿鑿)할 수 없다. 남성과 여성이라는 인간 존재의 진정한 정체성은 오직 하나님이 어떤 분이신가라는 빛 안에서만 잘 이해할 수 있다. 그 존재에 있어서 신비하시며, 완전하신 영역을 스스로 계시고, 변치 않으시며, 인격적이신 하나님의 특성보다는 다른 것을 통해 신성을 드러내려고 하나님을 작게 만드는 언어는 동시에 남자와 여자의 정체성을 작게 만들고 말 것이다. 그러한 언어가 남성과 여성을 포함하는 포괄적인 언어로 어떻게 나타내느냐와 상관없이 그렇게 될 것이다.

세례는 하나님께 연합하는 표징이며, 하나님께서 그의 형상을 우리에게 나눠주신, 그분이 우리에게 주신 정체성을 이해하는 데 있어서 중요한 실마리가 된다. 그러므로 신앙에 입문하는 순간에 가능하면 인간에 대해서 많이 말하는 것과 같이 하나님에 대해서 많이 말해야 한다는 것도 당위성을 가진다.

성구 색인

창세기
1:1~3 ·· 175
1:2 ··· 194
1:3 ······································· 39, 180
1:9~10 ·· 39
1:14~15 ······································ 39
1:20 ··· 197
2:7 ··· 194
3:21 ·· 194
4:15 ·· 201
9:8~11 ··· 33
48:14 ·· 203

출애굽기
3:13~15 ······································· 42
12:7, 12~13 ······························· 201
13:12~13 ···································· 124
19:5~6 ·· 179
24:18 ·· 177
29:10 ·· 203
32:1, 7~14 ·································· 281

레위기
16:4 ·· 196
22:2 ·· 125
27:28-29 ···································· 125

민수기
8:10 ·· 203
18:15-16 ···································· 124
27:18 ·· 203

신명기
6:13 ·· 177
6:16 ·· 177
8:3 ··· 177

사무엘상
1:28 ·· 124

시편
8:1 ··· 290
45:7 ·· 199

이사야

12 ····· 285
35:4~7a ····· 281
42:5~9 ····· 51
61 ····· 199
61:1, 3 ····· 199

예레미야

15:15~21 ····· 281

에스겔

9:4-6 ····· 201, 202
36:25 ····· 295

호세아

11:1 ····· 176

말라기

4:2 ····· 195

마태복음

2:2 ····· 195
2:15 ····· 176
4:4, 7, 10 ····· 177
5:14-16 ····· 196
5:16 ····· 298
11:1-15 ····· 175
14:5 ····· 174
16:21~28 ····· 281
24:27 ····· 195
25:13 ····· 298
28:10 ····· 184
28:19 ····· 11, 15, 122, 179
28:18~20 ····· 51

마가복음

1:13 ····· 177
7:31~37 ····· 281
8:11~12 ····· 47
9:24 ····· 66
9:33~37 ····· 94
10:13~16 ····· 95
10:35~45 ····· 117

누가복음

1:17 ····· 174
1:76 ····· 174
1:78 ····· 42
1:78~79 ····· 195
2:23 ····· 124
4:2, 4, 8, 12 ····· 177
15:1~32 ····· 281
15:18 ····· 69
16:16 ····· 175
17:20 ····· 47
24:27 ····· 184

요한복음

1:29 ·················· 77, 118
1:29~36 ·················· 179
3:5 ·················· 20
3:5~8 ·················· 118
3:16 ·················· 77
4:2 ·················· 183
4:48 ·················· 47
7:7 ·················· 78
8:12 ·················· 77, 195
8:34~35 ·················· 194
10:17~18 ·················· 118
10:22 ·················· 125
12:31 ·················· 78
12:37 ·················· 47
12:46~47 ·················· 77
14 ·················· 200
14:17 ·················· 78
15 ·················· 200
15:9~14 ·················· 71
15:15 ·················· 71
15:16 ·················· 319
15:19 ·················· 78
17:14 ·················· 78
20:22 ·················· 118, 194

사도행전

2:38 ·················· 196
2:39 ·················· 93
11:14 ·················· 94
16:15 ·················· 94
18:8 ·················· 94

로마서

1:4 ·················· 117
5:6~8 ·················· 92
6:1~11 ·················· 183
6:3~4 ·················· 205, 294
6:3~5 ·················· 20
6:3~11 ·················· 117
8:29 ·················· 42
12:1~8 ·················· 281

고린도전서

1:13~18 ·················· 183
1:14~15 ·················· 183
1:16 ·················· 94
3:2 ·················· 204
5:7~8 ·················· 43
6:11 ·················· 20, 196
7:14 ·················· 95
10:1~4 ·················· 34
11:25 ·················· 43
12:13 ·················· 105
14:40 ·················· 128
15:43 ·················· 42

15:45 ·············· 194

고린도후서
1:22 ·············· 201
5:17 ·············· 43, 175
5:20 ·············· 78

갈라디아서
3:27 ·············· 20, 196
3:27~29 ·············· 183
6:15 ·············· 43, 175

에베소서
1:9~10 ·············· 35
1:13~14 ·············· 201
1:18 ·············· 196
4:4~6 ·············· 75
4:5 ·············· 284
4:20 ·············· 201
5:14 ·············· 20
5:26 ·············· 196

빌립보서
2:5~11 ·············· 116
3:12 ·············· 79

골로새서
1:15~17 ·············· 49

2:12 ·············· 294
3:12 ·············· 79
3:9~14 ·············· 196

디모데전서
1:12~17 ·············· 281

디모데후서
2:19 ·············· 201

디도서
3:5 ·············· 20
3:5~7 ·············· 197

히브리서
5:12~13 ·············· 204
6:4 ·············· 196
6:4~6 ·············· 65
10:22 ·············· 197
10:32 ·············· 196

야고보서
1:17~27 ·············· 281

베드로전서
1 ·············· 178
1:2 ·············· 179
1:2~4, 6, 8 ·············· 282

1:3 ········· 179	2:17 ········· 202
1:6~9 ········· 179	3:12 ········· 202
1:13~17 ········· 179	7:3 ········· 202
1:22 ········· 179	7:14 ········· 197, 198
1:23~25 ········· 179	7:17 ········· 41
2:1~3 ········· 179	8:11 ········· 41
2:2~3 ········· 204	9:4 ········· 202
2:5, 9 ········· 179, 199	13:8 ········· 118
2:9~10 ········· 285	14:1 ········· 202
2:10 ········· 180	21 ········· 283
2:21~25 ········· 180	21:1 ········· 39, 43
3:18~22 ········· 34	21:5 ········· 43
3:18~4:1a ········· 180	21:23 ········· 39
3:20~21 ········· 180	22 ········· 283
3:21 ········· 178	
4:5~6 ········· 182	
4:7 ········· 182	
4:12 ········· 182	
4:17 ········· 182	
5:6~11 ········· 182	

요한일서

2:27 ········· 200
4:19 ········· 72, 92

요한계시록

1:5~6 ········· 199
1:14 ········· 198

일반 색인

ㄱ

감리교회 8, 9, 13, 25~27, 101, 132, 143, 153, 154, 233~235
감정주의 67
개신교 예전 186
개인전용의 차원 54
갱신 행위 142, 145
견신례 8, 129, 142~145, 147, 160, 222~226, 228, 230, 231, 252~254, 256~258, 304, 314
고해성사 219, 224
공통의 형식 120
교리주의 67
교리문답 189, 228~231, 257
교회일치협의회 125
관수식 296
구세군 83, 121, 148, 235
구세군교회 25, 26
국교 제도 86
그리스도 연합교회 101, 144, 259

그리스도와 연합 54, 71, 200
그리스도의 몸 20, 52, 152, 224, 241
그리스도의 행동 28, 37, 67, 84, 279
결합된 단일체 54
긴 세례 의식 234

ㄴ

남침례교회 26
노바티안 분파 98
니케아 신조 136

ㄷ

도나투스 99
도나티스트 217, 218
동방교회 186, 221, 293, 296
데미우지 45
디다케 106

ㄹ

람베스 공의회 223
로마 가톨릭 13, 101, 153

로마 가톨릭교회 101, 102, 143, 259, 278
로마 가톨릭 예전 전통 66
로마-프랑스 중심 예전 186
루터 12, 63, 108, 141, 226~228, 284, 320
루터교 101, 132, 143, 144, 228, 230, 290

ㅁ

마틴 루터 108, 141
미국의 개신교회 88

ㅂ

병존설 224
보편적 공동체 44
보편 구원설 167
보조 예배 의식 249
복종의 예식 98
복종하는 섬김 61, 71, 73
복종하는 종 71~73
부흥주의 230
부활 절기 204, 205, 219, 283
비국교 제도 86

ㅅ

사도전승 187, 190
사적 세례 130

삼위일체 세례 형식 325
상호보완적인 상징 149
상징 32, 34, 35, 181, 192, 195, 199, 202, 204, 205, 246~250, 298, 307
상징물 300
상징적 행동 192
선교적 사자 118
선행하는 은혜 92
성공회 25, 26, 101, 102, 125, 142~144, 235, 290
성육신 42, 48, 49, 70, 71, 118
성육신 교리 123
성육신 사건 35, 93, 196
성인세례 96, 102, 131, 137, 256, 258, 259, 315
성인세례자 137
성인세례 후보자 88
성례전 13, 20~22, 31, 32, 37, 46, 50, 51, 53, 61, 68, 69, 71, 73~75, 91, 93, 100, 106, 108, 109, 112, 114, 115, 118, 121~123, 125, 126, 130, 135, 147, 148, 152, 154, 156, 158, 160, 166, 183, 198, 207, 219, 225, 230~232, 240~249, 251, 252, 258, 275, 287, 288,

304, 307, 308
성례전 상징 27, 148, 247
성례적 신학 181, 240, 243, 250, 315
성례전 예식 121
성례전적 세례 226
성례전적 언어 155
성례전적 입례 의식 234
성례전적 특성 85, 228
성례주의 242
성 테레사 72
성유 191, 220, 299
성유도식 1, 221~223, 256, 277, 297
성찬 20, 22, 48, 118, 121, 122, 147~152, 154, 155, 157~159, 161, 187, 196, 212, 223, 224, 229, 231, 247, 253, 256, 280, 303, 305
성찬식 115, 148, 153, 191, 224, 244, 298, 299
성찬 참여 187
세례 갱신 예식 143, 144, 147
세례당 105, 182, 190
세례반 26, 62, 115, 126, 131, 182, 219~221, 289, 296, 297, 299, 300, 305~307, 309
세례 성례전 142, 318
세례신학 239, 241, 251, 260, 318, 319

세례 예식 27, 34, 56, 95, 98, 126, 131, 133, 136, 183
세례 의식 110, 111, 132, 133, 195, 196, 205, 221, 222, 224, 233, 234, 275, 276, 282~284, 288, 289, 294, 299, 300, 301, 304, 305
세례정 105, 289, 305, 307
세례준비반 26, 88, 259, 262, 266
세례자 명부 68
새 아담 42
새롭게 하심 44, 197
생명 부여 48
스캇 브렌너 284
스티븐 98
십자가 성호 189, 191, 200, 201, 203

ㅇ

아를 회의 98
안수 128, 129, 131, 143, 203, 204, 227, 228, 258, 266, 318
야웨 42, 124
어거스틴 63, 99, 217~219, 231
어린이세례 92, 93, 253, 304
언약의 경험 33
연합의 성례 182
영국국교회 25
영국 성공회 233

영적인 침례교도 121
영적인 회상 38
영적 세례 83
에큐메니칼 실재 119
에큐메니칼 성서정과 280
예비교인 160
예비신자 189, 192, 194
예전적 미숙 251
예전적 승인 123, 125
예전적 시간 213
예전적 형식 226
예전적 행동 96, 128, 213
오스카 쿨만 94
오순절 운동 230, 235
요아킴 예레미아스 94
우주의 본질 45
유아세례 26, 88, 91~96, 99, 113, 123, 125, 126, 131, 137, 142, 145, 157, 216, 221, 223, 227, 228, 233, 234, 253, 256~259, 264, 279, 288, 297, 298, 300, 305, 315
유아세례자 153, 223
유아세례 예식 126
유아세례 후보자 91
유월절 34, 42, 48, 195, 201, 204~206

의식적 행위 52
위탁 200, 303
은혜의 권능 75
이합체의 형식 197
인침 200, 228
입교 선서 255
입교 예식 184, 255
입문하는 과정 207
입문 예식 35, 93
입문 의식 207, 208
입회 의식 100

ㅈ

자동적 변환의 사건 61
자유주의 230, 232, 233, 235, 276
장로교 101, 132
짧은 세례 의식 234
저스틴 마터 187, 196
전인 구원 134
정위력 163
정식교인 160
제자회 교회 102
재세례 21, 98, 99, 100, 102, 104, 106~109, 120, 314
재세례파 84, 99, 227, 230
조건적 세례 99
존 웨슬리 108, 317
주권 71, 284

주관적인 표지 108
중보기도 131, 132, 187, 301~303
죄의 한계 75
진보해 가는 신학 119
집례자 99, 126, 127, 130, 134, 148, 183, 184, 191, 218, 220
집사 제도 129

ㅊ

찰스 다윈 12, 233
찰스 웨슬리 63, 283
창조의 과정 43
철야기도회 143, 144, 189, 195, 204, 255, 279
초기 세례 173, 185, 186
축귀 193
축귀 예식 189
츠빙글리 12, 227
침례교도 99, 121~123, 227, 228, 231

ㅋ

칼 바르트 94
칼뱅 12, 63, 144, 226~229
커트 앨런드 94, 96
퀘이커교도 83, 121
키프리안 98, 106

ㅌ

터툴리안 127~129
특정 분리 운동 163
티마에우스 45

ㅍ

펠라기우스 217
펠라기안주의자들 218
평화의 인사 115, 191, 303
포사이스 134, 135, 137, 315
표식 20, 200~203, 207, 220, 231, 248, 289, 297~299
표징 44~50, 52, 53, 68, 78, 107, 146, 206, 231, 246~250, 261, 291, 320, 329
프로이드 12, 233

ㅎ

하나님의 행동 31, 32, 86, 99, 100, 102, 106, 162, 294
헌신 20, 23, 32, 65, 85, 86, 88~91, 96, 97, 107, 110, 145~147, 149, 150, 159, 161, 162, 164, 166, 167, 207, 228~230, 254, 256, 257, 261, 263, 266, 270, 318
헌아식 83, 123, 125, 234
헌아 예식 123

후원자 133, 188, 190, 287, 296
회개 61, 62, 64~66, 70, 78, 79, 86,
　　　138, 150, 162, 194, 232, 315
히폴리투스 154, 187, 188, 191, 2

미주

서론

1) 실제 있었던 이 이야기를 사용할 수 있도록 허락해 준 델라웨어 주의 윌밍톤에 살고 있는 루실 맨검(Lucille Mangum, 역주/ 루시는 애칭임) 씨에게 깊은 감사를 드린다. 그녀는 자신의 이야기를 아주 흥미롭게 들려주었다.

1장

2) 현대 성경공부 방식에 훈련을 받은 사람들은 신약성경에서 발견되는 구약성경의 해석 부분을 이해하는 데 있어 어떤 점에서는 난점을 발견하게 된다. 특히 구약 이후 신약 시대에 행해진 세례와 관련한 구약성경의 구절을 사용함에 있어서는 더욱 그러하다. 그러므로 다음과 같은 해석학적 관찰이 제시된다.

(1) 초기 그리스도인들은 히브리 성경인 구약 외에는 성경을 가지고 있지 않았다. 그 정확한 내용도 AD 90년에 잠니아(Jamnia)에서 랍비 총회(rabbinical council)가 열리기까지는 결정되지도 않았다. 예수 그리스도가 유대인들이 기대하였던 메시아 대망을 성취하였음을 전적으로 확신한 이래 초기 그리스도인들은 구약에서 기독교적 의미를 쉽게 발견할 수 있었다.

(2) 이것은 구약성경의 장 가운데서 걷고 계시는 성육신하신 주님을 보았다는 것을 의미하지 않는다. 히브리인들이 세례 받았고 반석은 그리스도이시라는 바울의 제시를 문자적으로 받아들일 필요는 없다. 고린도전서 10장 1~4절의 의미와 가정은 이러한 방식으로 분석될 수 있다. 우리

그리스도인들이 예수 그리스도 안에서 온전히 인식할 수 있는 하나님의 사랑과 신실하심은 소설에서나 나오는 그런 류의 이야기가 아니다. 하나님의 계시는 새로운 형식을 가진다 할지라도 하나님은 동일하신 분이다. 우리가 그리스도 안에서 경험해 온 것은 우리 선조들이 비록 그것이 희미하기는 하였지만 광야에서 그들을 위해 예비하심 안에서 경험한 것이었다. 육체 가운데서 하나님의 온전한 계시를 가지고 있는 우리는 세례의 성수를 통해 죄와 죽음의 권세를 이기신 하나님의 권능의 상징과 자유와 생명 가운데로 인도하시는 하나님의 인도하심의 상징을 발견하게 된다. 우리의 믿음의 조상들은 바다와 구름의 물 가운데서 동일한 권능과 선함을 발견하였다. 이와 같이 어떤 점에서는 우리가 그러했던 것처럼 그들도 세례를 받았다.

(3) 사물을 바라보는 이러한 방식은 유형론으로 알려진 해석학적 방식을 찾아내게 된다. 그것은 구약성경과 신약성경 사이의 평행구조가 기대와 성취(혹은 원형과 대칭 유형)의 관점으로 이해한다. 예를 들어, 베드로전서 3장 20~21절은 세례식의 성수는 노아의 홍수의 대칭 유형(헬라어 안티타이포스)이라고 진술하고 있다. 예루살렘 성경(Jerusalem Bible)은 '영'이라는 단어를 사용하는데 헬라어 텍스트의 서두에 나오는 것을 돌려서 그렇게 표현한다. 여기에서 홍수의 물은 세례를 유형론적으로 보여주는 것이라고 말하면서 그렇게 번역한다. RSV 성경과 다른 많은 번역들은 헬라어 역본들이 표현하고 있는 기술적인 유형과 대칭 유형 신학을 그대로 전달하려고 하지 않고 있다.

유형론적 성경해석은 계시의 연속성을 견지한다는 데 그 중요성이 있는데, 구약성경이 교회를 위한 성경으로 마치 적합하지 않은 것처럼 새 언약이 내치지 못하도록 하고 있다. 그러나 종종 유형론의 잘못된 사용은 신약성경에 새로운 것이 있는 것이 아니라는 인상을 줄 수 있지만 진정한 유형론은 이러한 결론이 잘못되었음을 보여준다. 이러한 해석학적 방법론에서 본질적인 요소는 새로운 언약이 옛 언약을 성취하였으며 그것은 단순하게 베낀 것이 아니라는 원칙을 견지한다.

(4) 유형론은 알레고리와 혼동해서는 안 된다. 알레고리는 본문이 가지고 있는 문자적 메시지를 바탕으로 하여 보다 깊은 '영적 의미'를 발굴하기 위하여 신구약성경의 역사적 중요성을 무시한다. 유형론은 역사를 중요하게 여기면서 수용하는데, 그렇지 않으면 기대와 성취라는 구도는 가능해지지 않기 때문이다.

갈라디아서 4장 24~25절에서 하갈과 사라에 대한 바울의 언급은 그가 언급하고 있는 것처럼 그것은 알레고리이다. 이것은 실제로 신약성경에서 진정한 알레고리를 사용하고 있는 예 가운데 하나이다. 두 여인이 역사적으로 존재했는지 여부는 바울의 관심사가 아니었다. 신화에서부터 이 두 인물에 관계된 내용을 가지고 와서 쉽게 만들어 제시하고 있음을 알 수 있다. 그러나 고린도전서 10장 1~4절에서 출애굽에 대한 사도 바울의 언급은 알레고리가 아니었다. 그곳에는 역사성이 중요하게 부각되며, 그 의미를 추구하고 있다. 마치 출애굽에 대한 역사적 설명이 어떤 점에서 정확하지 않은 것처럼 바울이 생각한 것으로 보인다.

진정한 유형론은 구약성경의 인물과 사건을 단순한 상징이나 어떤 의미를 드러내는 것 정도로 축소시키지 않는다. 종말론적 목표를 향하여 나아가면서 역사를 통해 하나님께서 일하고 계시는 것을 보아야 한다. 구약성경 시대를 살았던 사람들과 사건을 희미하게 보았던 것을 신약성경 시대의 사람들과 사건에서 그것을 분명하게 볼 수 있어야 한다. 결국 이 모든 것은 마지막 날에는 선명하게 드러날 것이다. 역사적 인물과 사건을 단지 상징적으로 무엇을 의미한다는 방식으로 설명하면서 그것을 결코 축소시키지 않아야 한다.

(5) 유형론적 해석학 가운데 구약성경은 두 차원에서 읽혀져야 한다. (a) 우리가 결정할 수 있을 때까지는 그것이 본래 의미하였던 것이 무엇인지를 읽어내야 한다. (b) 예수 그리스도의 계시가 보다 온전한 빛 안에서 그것을 읽는 신약의 그리스도인들에게 의미하는 것이 무엇인지를 읽어내야 한다. 어떤 차원을 소홀히 하든지 정확한 석의를 하지 못하도록 만든다. 너무 강렬한 역사 비평적 관점으로 구약성경을 다루게 되면 그것은 그 안

에 담겨 있는 신약 시대의 중요성을 발견하지 못하게 되며, 또한 역사 비평적 방법을 거절하게 되면 구약성경을 알레고리의 민감한 형태로 전락시키는 기계적 영감설의 관점에 빠져들게 된다.

이러한 두 차원의 원칙은 시편 23편을 참고로 하여 예증할 수 있다. 시편 기자는 "여호와는 나의 목자시니"라고 고백하고 있다. 히브리 시인은 수정구술을 응시하면서 점을 치는 사람은 아니었다. 예수 그리스도를 우리의 구주로 고백할 수 있을 정도로 어렴풋한 지식을 가지고 있었던 것도 아니었다. 우리는 이것을 알아야 하며 본문이 본래 있던 그 자리에서 해석되어야 한다. 그러나 요한복음에는 예수님이 선한 목자로 명명되고 있다. 우리 그리스도인들은 요한복음 10장이 존재하지 않은 것처럼 시편 23편을 읽을 수 없다. 우리가 시편 23편을 읽을 때 시편 기자가 의도했던 것보다 더한 것을 읽을 수 있게 되는 것은 가능한 일일 뿐만 아니라 필요한 일이기도 하다. 우리가 부족한 것이 없는 이유는 그리스도가 우리의 목자이시기 때문이다. 그는 우리를 위해서 성찬상을 준비하시며 죽음의 골짜기를 지나갈 때 우리 앞서가셨던 분이다. 그리하여 우리는 악한 자를 두려워할 필요가 없게 되었다. 그것이 시편 23편에 대한 유형론적 읽기이다.

첫 번째 차원으로 한걸음 더 가까이 나아간다면 우리는 석의적 망상(exegetical fancy)의 늪에 사로잡히지 않게 될 수 있음이 분명하다. 그러나 우리가 두 번째 차원에 다른 발을 편안하게 자리잡을 때까지 성경이 가지고 있는 보다 깊은 부요함을 놓치지 않게 될 것이며, 찬송, 기도, 설교 가운데서 교회가 사용해 온 유형론의 자산을 간직할 수 있을 것이다. 다음 5장에서 살펴보게 될 고대 세례 예전을 바로 이해하기 위해서 유형론에 대한 이러한 이해가 반드시 필요하다.

유형론에 대해 도움이 되는 분석은 클라우스 베스터만(Claus Westermann)이 편집하고, 제임스 메이즈(James L. Mays)가 번역한 책, *Essays on Old Testament Hermeneutic* (『구약성경 해석학에 대한 연구』, Richmond: John Knox Press, 1963)에서 발견할 수 있다. 이 책은 유형론적 해석을 거부하는 불트만의 논문도 싣고 있는데, 그는 거기에서 아히로트(Eichrodt), 고펠트(Goppelt), 람페(Lampe), 폰 라드(von Rad)와 학자들이 제시한 글에 대해 반박하는 내용을 담고 있다. 로마 가톨릭 진영에서는 여기에서 내가 구약성경의 보다 온전한 의미로 언급한 것을 라틴어 *sensus plenior*로 규정한다(역주/ 이 말의 본래 뜻은 "보다 충만한 의미"라는 뜻으로 성경에는 두 가지의 구별된 의미가 있다. 하나는 성경 기자가 의도한 의미와 하나님께서 의도하신 의미가 그것이다. 여기에서는 모든 시대 그리스도인들에게 주시는 영적 의미를 찾는 것에 주안점을 두는 영적 해석 방법에서 사용되는 용어이다).

역사 비평 접근 방법이 축소되는 것처럼 보이는 것 때문에 마음이 불편한 사람들은 로버트 프로스트가 문학 비평(literary critics)이 그가 의도한 것보다 더 많이 그가 쓴 시에서 발견되어, 그가 그것에 대해 반대하는지를 물었을 때 그것에 대한 그의 대답에서 우리는 도움을 얻을 것이다. 그는 다음과 같이 대답했다. "내가 의도한 것보다 거기에서 그들이 많이 발견하는 한 결코 반대하지 않습니다." 이것이 석의를 위한 좋은 지침이 된다.

3) 요한계시록 22장 2절은 일반적으로 '나라들'로 번역되는 '타 에쓰네'의 치유에 대해 언급하는데, 이 용어는 주로 지리적인 용어로 이해하는 경향이 있다. 그러나 성경에 쓰인 '타 에쓰네'는 '이방인', 즉 이스라엘과 맺으신 하나님의 언약 밖에 서 있는 사람들을 지칭하는 용어로 사용된다. 이와 같이 하나님의 도성은 이방인으로 버려지고 외면당한 사람들을 모두 다 영접해 들이는 경향을 가진다.

4) 고린도전서 15장 45절에서 바울의 용어는 일반적으로 "첫 번째 아담"과 "마지막 아담"으로 번역된다. 이와 같이 그리스도께서는 아담 후손의 마지막 일원으로 소개된다. 왜냐하면 죄가 없으신 그리스도께서는 그것을 자의로 수행하심으로 죄의 형벌을 끊으셨다. 그러나 바울의 타이틀인 '에스카톤 아담'(*eschaton Adam*)은 그것보다 훨씬 더 깊은 뜻을 가진 단어로 "종말론적 아담"으로 번역할 수 있는데 앞의 용어는 다소 서투른 표현이다. 그 칭호는 만물의 첫 질서와 구속 역사의 첫 질서를 시작하신 분이라는 함축적 의미를 담고 있다. 이와 같이 그리스도는 중심점이며 첫 번 창

조에서 반역의 재앙을 완전히 끊어버리신 마지막 아담이다. 그러나 그는 역시 하나님의 뜻에 순종하심으로 새 창조를 시작하신 새로운 아담이시다.

2장

5) 미국 연합감리교회 교인들은 성경과 전통에 추가하여 웨슬리 전통은 경험과 이성을 믿음을 위한 기초로 간주한다는 사실을 알고 있을 것이다. 여기에 본인이 이 두 가지에 강조점을 둔 것은 본질적으로 그것이 공동의 것이며, 다른 두 가지는 그것에 기초하여 이루어지기 때문이다. 각 개인은 나름대로의 종교적 체험을 가지고 있다. 그러나 그것이 가지는 기독교적 의미는 오직 성경과 전통의 빛 아래서 결정될 수 있다. 유사하게 이성은 개인에게 주어진 선물이다(물론 이것은 인간 존재가 전적으로 고립적인 상황에서 어떻게 이성적이 될 수 있을 것인지에 대해 우리가 다만 추정할 수 있을 뿐이기는 하다). 기독교 신앙은 이성에 의해 점검될 수 있다. 그러나 이성에 의해서 고안되는 것은 아니다. 전통적으로 신학자들은 이성에 의해서 발견될 수 있는 철학과 계시에 의존하는 신앙을 구분해 왔다. 철학을 통하여 우리는 존재에 대한 논의와 하나님의 자비에 대해서도 생각해 볼 수 있다. 그러나 이성으로는 완전한 실패를 통해 승리를 이루시기 위해 의로운 죽음을 죽으신 성육신하신 하나님을 이해할 수 없다.

6) 예를 들면, 회개와 믿음에 대한 가능한 구문론적 연결은 사도행전 20장 21절에 나타난다. 거기에는 단일의 정관사가 전체 과정을 위해 사용된다. 누가는 여기에서 "하나님께 대한 회개(*the turning*)와 우리 주 예수 그리스도께 대한 믿음"이라고 기록하고 있다. 이러한 뉘앙스는 영어 번역에서는 일반적으로 잘 나타나지 않고 있다. 너무 강하게 사용되는 경우에는 분리된 문법 구조가 세워질 수 없다. 그래서 이러한 예에서 보듯이 헬라어 사용은 회개와 믿음의 기본적인 일관성에 대한 신약성경의 보다 일반적인 이해를 반영하고 있다.

7) 오랫동안 세례와 연결하여 간질병에 걸린 아들을 둔 아버지가 "내가 믿나이다. 나의 믿음 없는 것을 도와주옵소서."라고 했던 고백을 사용한 이후

나는 최근에 앨런 리차드슨(Alan Richardson)이 전체 본문(막 9:14~29)을 성례전적 실행과 연결시키고 있는 다음의 주석 내용을 발견했다.

마가는 아마도 이 본문에서 세례를 교육에 있어서 그의 교리문답 교육을 받는 사람에게 사용될 수 있는 스토리가 되게 하려고 했던 것으로 보인다. 구원의 역사가 시작되기 전에 후원자의 믿음이 필요했다. 제자들에게는 그러한 역사를 일으킬 능력이 없었다. 예수님만이 세례의 진정한 집례자가 되신다. 죽으심과 부활 사건이 일어난다. "그 아이가 죽은 것같이 되어 많은 사람이 말하기를 죽었다 하나 예수께서 그 손을 잡아 일으키시니 이에 일어서니라(아네스테)." 예수님은 부활이요, 생명이시다. 결국 세례식에서 기도의 중요성이 강조된다(후대에 금식이 추가된다). [Alan Richardson, *An Introduction to the Theology of the New Testament* (New York: Harper & Brothers, 1958), 360].

만약 리차드슨이 옳다면 이 본문에 대해 깊이 숙고할 필요가 있다. "하나님의 교회에 대해 당신은 무엇을 묻는가?"라는 질문의 전개에 있어서 더욱 그렇다. 특히 고대 교회 시대 이래로 (최근의 로마 가톨릭교회의 예전 개혁에서와 같이) 질문은 세례 예식문에서보다는 교리문답자들에게 허락하는 예전에 나타나고 있다.

8) 요한 문헌에서 세상이라는 용어가 가지는 의미에 대해 도움이 되는 논의를 살펴보기 위해서는 *The Anchor Bible*, vol. 29, William Foxwell Albright and David Noel Freedman, gen. eds.; *The Gospel According to John (i–xii)*, introduction, translation, and notes by Raymond E. Brown, S. S. (Garden City, NY: Duobleday & Co., 1966), 508~10쪽을 참고하라.

3장

9) 이것을 성례로 받아들이는 사람과 성례로 인정하기를 거부하는 사람들 가운데 내재하는 가장 중요한 차이점은 바로 그것이다. 성례주의자들 (sacramentalists)은 인간이 응답하는 거기에서부터 하나님의 행위가 시작된다는 점을 강조하고, 성례를 반대하는 사람들은 믿음의 증거로서의 인

간의 응답에 강조점을 둔다. 전자가 대략적으로 포괄적인 입장과 연관을 맺고 있다면, 후자는 배타적인 입장과 관련을 맺고 있다. 이론적으로는 최소한 세례가 헌신된 성인들만을 위한 것이라고 주장하는 성례전적 관점을 주장할 수 있다. 내가 알기로 이 두 가지를 종합적으로 받아들이는 교단은 없으며, 침례교와 그리스도 제자회(Disciples of Christ)와 같은 크리스천 처치(Christian Church) 계열의 교단이 적절한 세례 후보자에 대한 역사적 제한점을 유지하면서도 세례를 성례로 간주하는 방향으로 나아가고 있다.

10) 성숙한 것으로 간주할 수 없는 사람, 즉 어린이에게 세례를 주는 쪽으로 기울어지고 있는 성인신자 침례교 그룹은 주변으로부터 비난을 받고 있다. 유럽의 침례교회에서 나온 성명서는 이런 경향을 선명하게 보여준다. "일반적으로 많은 미국의 침례교회 회중은 침례 방식을 따라 그의 아이들에게 성인 신자로 세례를 베풀고 있는 것으로 알려져 있다. 1976년에 미국 남침례교회는 8살 미만인 35,562명의 어린아이들에게 세례를 베풀었다. 이것은 미국의 침례교회가 아닌 교단에서는 당혹감을 느끼게 하는 내용이다. 그러나 이것은 남침례교 교단 안에서도 비판을 받고 있는 내용이다." Thornwald Lorenzen, "Baptists and Ecumenicity with Special Reference to Baptists," *Review and Expositor*, LXXVII, 1, p. 42, n. 1.

11) 이러한 논쟁에 있어서 적절한 자료를 보기 위해서는 Kurt Aland, *Did the Early Church Baptize Infants?* trans. G. K. Beasley-Murray (Philadelphia: Westminster Press, 1963); Karl Barth, *The Teaching of the Church Regarding Baptism*, trans. Ernest A. Payne (London: SCM Press, 1954); Oscar Cullmann, *Baptism in the New Testament*, trans. J. K. S. Reid (Chicago: Henry Regnery Co., 1950) 등을 참고하라.

12) 유아세례를 행하지 않는 그러한 교회에 속한 부모들의 염려는 아이들의 영적 지위에 대한 것으로, 이것은 흔히 두 가지 형태를 가지며, 예전적으로 그것을 표현한다. (1) 일반적으로 헌아식(dedication of infants)으로 널리 알려진 예전 형식을 취한다. 이것은 종종 부인할 수 없을 정도로 성례전적 묘미를 적절하게 살리고 있다. (2) 점점 세례 받을 수 있는 연령

을 점진적으로 낮추고 있다. 이것은 3~4세의 아이를 세례를 받을 수 있는 신자로 간주할 수 있을 것인지에 대한 논의가 남는다. 어떤 연구가들은 이것을 교회 성장의 관점에서 교인 수를 늘리기 위한 것으로 보기도 하는데, 단지 그러한 현상을 적절하게 설명한 것으로 이해하기 어렵다.

13) 최근 재세례에 대해 옹호한 자료를 보기 위해서는 Earl L. Langguth, "Why I Rebaptize," *The Circuit Rider*, 3 (June 1979): 11쪽을 참고하라. 미국 남감리교(UMC) 목회자 저널인 이 잡지의 다음 호에는 편집자에게 보내는 편지가 실려 있는데, 거기에는 저자가 통찰력 있는 조언을 받으면서 그러한 관점을 가지고 실행함에 있어서 결코 혼자 서 있는 것이 아님을 느꼈다고 밝히고 있다. 또한 같은 잡지, 1979년 9월호의 17~19쪽을 참고하라.

14) 이러한 인식은 자명하게 요한복음 3장 1~15절에서 예수님과 니고데모의 대화 가운데 나오는 이해하기 어려운 내용 가운데 놓여 있는 내용으로 시작할 수 있다. 많은 학자들이 3장 5절 말씀을 세례와 관련된 말씀으로 인식하고 있는 이 본문은 헬라어 단어 '아노텐'에 집중하고 있다. 이것은 '위로부터'와 '다시'라는 의미로 동시에 사용되는 단어이다. 예수님께서는 "네가 아노텐으로부터 나야 하리라"고 말씀하셨다. 여기에서 요한복음 기자는 '위로부터'의 의미로 사용하고 있다. 그러나 니고데모는 다소 우둔하게 그것을 전혀 깨닫지 못한 것으로 그려진다. 예수님께서 '다시'의 의미로 말씀하신 것으로 추측한 것이다. 그래서 그는 엄마의 뱃속으로 두 번째 들어가는 것은 불가능하지 않느냐고 질문을 던진다. 이와 같이 예수님은 천국의 본질을 그에게 가르치고 계셨다. '다시' 태어나는 오직 한 가지 방법은 물과 성령으로 '위로부터' 나오는 것이다. 세례를 통해서 주어지는 출생은 육체적 출생과 같이 반복될 수 있는 것이 아니라는 이해를 교회는 갖게 되었다. 당신은 '아노텐'으로 '아노텐'('위로'부터 '다시') 태어날 수 없다.

15) 역사적으로 오직 성인들에게만 세례를 베풀었던 교회들 가운데 유아세례에 대한 성례전적 중요성을 인식하는 움직임은 세계교회협의회(WCC)의 "신앙과 직제 위원회"에 보낸 "침례교도들과의 협의에 대한 보고서"에

잘 나타나고 있다. 그러한 협의회는 1979년 3월 28일~4월 1일에 열렸는데, 그 보고서는 다음과 같이 진술하고 있다.

유아세례를 베푸는 교회와 침례교회 사이의 차이는 분명히 존재함에도 불구하고 양측을 서로 연결하려는 시도는 분명하게 나타나고 있다. 양측의 일부에서는 서로 연결하려는 마음을 가지고 각자의 세례 의식에 대한 상호 인식을 인정하기에 넉넉한 모습을 드러내는 대화가 진행 중이다. 어떤 사람들에게는 양측에 존재하는 간격이 점점 좁아지면서 상호 존중의 모습을 보이고 있으며, 다른 세례 실행에 대해 타당한 이유가 존재한다고 서로 이해하는 마음이 높아지고 있다. 면담 보고서에 함께 동의하는 사항은 신자의 세례는 신약성경이 가장 분명하게 입증하는 것으로 받아들이는 것, 유아세례는 기독교 전통에서 발전된 것이며 분명한 기독교적 통찰을 증언하고 있다는 것이 함께 받아들여지고 있다. *Review and Expositor*, LXXVII (Winter 1980): 101.

이러한 협의회에 참여한 사람으로서 4대주의 여러 침례교단을 대표하는 수많은 침례교도들은 단지 인간의 믿음을 증언하는 것으로만이 아니라 하나님의 행위로서의 세례의 개념에 대해 편안함을 느끼고 있었다. 많은 사람들은 세례와 관련하여 '성례'(sacrament)라는 용어를 동일하게 사용하고자 한다.

16) J. G. Davis, *The Architectural Setting of Baptism* (London: Barrie and Rockliff, 1963), 1장을 참고하라.

17) John Wesley, *The Journal of the Rev. John Wesley, A. M.*, ed. Nehemiah Curnock, 9 vols. (London: The Epworth Press, 1938), I: 476(1738년 3월 24일에 들어서면서). 차후에 웨슬리는 반대감정병존의 감정을 비슷하게 기록하기도 했다. 예를 들면, "나는 평온함 가운데 걷고 있었다. 그러나 그렇게 마음이 기쁘지는 않았다." 위의 책, I: 479(1738년 5월 28일).

18) 역주/ 이것은 1962년 미국에서 교회연합을 위한 노력의 일환으로 생겨난 협의체로서 2002년에는 "그리스도 안에서 연합된 교회"(Churches Uniting in Christ, CUIC)라는 단체로 이름을 바꾸었다. 이 협의회는 교회

의 진정한 화해를 기치로 미국 개신교단들의 일치를 구체적으로 추구하려는 노력을 경주하고 있으며, 교회연합이라는 에큐메니즘 정신에 바탕을 두고 있다. 1948년 세계교회협의회(WCC) 결성, 1950년 NCC(National Council of Churches) 결성, 1957년 그리스도 연합교회(United Church of Christ) 결성, 제 2 바티칸 공의회 기간 동안 결성된 그리스도인 일치촉진평의회(Pontifical Council for Promoting Christian Unity)의 결성에서 나타난 범세계적인 에큐메니칼 입장을 반영한 것으로 볼 수 있다. 이 협의회 본래 사명은 소속 교단 간의 협의와 의견의 일치를 위해 조율하는 역할을 수행한다. 1967년에 소속 교단은 African Methodist Episcopal Zion Church, Christian Church(Disciples of Christ), Christian Methodist Episcopal Church, Episcopal Church, Evangelical United Brethren Church, Methodist Church, Presbyterian Church in the US, United Church of Christ, United Presbyterian Church in the USA 등이었다. 이 교단들은 나중에 연합하여 교단을 서로 합치기도 했다.

19) Consultation on Church Union, *An Order of Thanksgiving for the Birth or Adoption of a Child* (출판지 불명, 1980). The Episcopal Church, "A Thanksgiving for the Birth or Adaption of a Child," *The Book of Common Prayer* (New York: The Church Hymnal Corporation and The Seaburry Press, 1979), 439~45.

20) Tertullian, *Homily on Baptism [De Baptismo]*, trans. with intro., Ernest Evans (London: SPCK, 1964), 35 [c. 17].

21) 세례가 구원을 위하여 필요한 것으로 생각하면서도 의식의 실제적 집행은 절대적인 요구사항이 아니었다. 극단적으로 말해 고립되어 죽어가고 있는 사람이나 세례를 베풀어줄 목회자를 발견하지 못하고 죽어가는 사람들의 상황과 같은 경우에 직면하여 사람들은 세례를 "자신의 의사"로 받도록 한다. 그러한 바람이 이루어지지 않았지만 세례를 받고자 하는 바람 그 자체로 충분하다는 사실을 하나님은 알고 계신다. 교회의 역사 초기에 실제적으로 물세례를 받기 전에 순교를 한 세례 준비자들은 그들의

순교의 피로 이미 세례를 받은 것이라고 인정하였다.
22) Peter Taylor Forsyth, *The Church and The Sacraments* (London: Longmans, Green, & Co., 1917), 177~78, 205. 강조한 부분은 포사이스가 표기한 것임.
23) 위의 책, 181~82.

4장

24) 이러한 갱신 예전 형태에 대한 무관심은 전적으로 그러한 것은 아니다. 로마 가톨릭교회 전통에서는 대미사(High Mass, 역주/ 일반적으로 가창이 주어지는 경우, Low Mass에서는 가창이 주어지지 않고 말로 진행된다). 시작 부분에서 회중(the asperges) 위에 물이 뿌려지는 것과 레퀴엠 미사에서 관 위에 뿌리는 것은 세례와 그 영속성을 기억하게 하기 위함이다. 세례를 통하여 주님은 그의 백성들을 성찬식으로 인도하셨으며, 죽음의 골짜기를 통하여 영원한 집에서 그분이 준비하신 식탁으로 인도하신다. 예배의 자리로 들어가는 곳에서 물에 손가락을 담근 후에 십자가의 성호를 긋는 것은 신자들로 하여금 세례를 통하여 믿음의 공동체로 들어가게 되었음과 그 공동체 안에서 계속되는 언약을 간직하고 있음을 기억나게 한다.

개신교 진영에서는 존 웨슬리가 감리교도들을 위하여 언약 갱신 예배를 도입하였는데, 그것은 본래 청교도 리차드 알레인(Richard Alleine)이 시행하던 것이었다. 그러한 언약 갱신 예배는 강력한 방식으로 영속적인 갱신의 필요성을 제시하였다. 비록 실행에 있어서 언약 예식이 성찬의 거행으로 인도될 때마다 함축적인 관계성이 존재하기는 하였지만 불행하게도 그것이 분명하게 세례 언약의 갱신과 관련하여 주어지지 않았다는 점이다. 많은 개신교도들은 성찬식이나 다른 예식에서 사도신경을 통해 신앙을 고백함으로써 그것이 가지는 고백의 갱신의 차원을 전적으로 잘 인식하지 못한 갱신의 형태를 사용하기도 한다. 이런 믿음의 진술이 세례식에서 드려지는 신조로서 사용되었고 모든 입교 예식에서도 그렇게 사용되었는데, 다른 때에 이러한 사용은 세례 갱신 예식의 형식을 구성한다.
25) 현대 감리교도들은 일반적으로 웨슬리의 관점을 받아들여서 성찬식에서 아이들을 유자격자로 인정하면서 환영하는 분위기를 취한다. 웨슬리는 주님의 성찬을 완전한 자로 입증하는 의식(confirming ordinance)이 아니라 계속해서 완전함을 향해 돌이키는 의식(converting ordinance)으로 이해했다. 하나님의 예정을 입은 자로서 그들의 분명한 믿음의 표시를 가진 사람에게만 제한적으로 성찬을 허락했던 당시 고교회의 칼뱅주의자(high Calvinist)와는 대조적으로 웨슬리는 성찬은 은혜의 수단이며, 그것을 통하여 그들의 구원에 대해 확신이 없는 자들도 확신을 발견할 수 있게 된다는 입장을 견지하였다. 그러나 오픈 성찬(open communion)에 대한 열망을 가지고 감리교도들은 자주 웨슬리의 입장을 앞질러 달리곤 했다. 웨슬리 당시에 모든 '구도자들'은 세례를 받은 사람들이었으며 유아세례 집례는 영국 교회에서 일반적인 사항이었다. 웨슬리는 기도회에 참석하고 성경공부에 참석하는 성인들에게만 성찬이 주어지는 것에 대해 언급하면서 성찬상에 나아오는 모든 사람들의 신중함(seriousness)에 대해 확신을 가졌다. 현대 감리교도들은 성찬이 모든 사람들, 세례를 받은 사람이나 그렇지 않은 사람들, 웨슬리의 주장을 따르지 않은 사람이든 누구나에게 개방되어 주어져야 한다고 주장한다. 그들이 얼마나 그것에 대해 열망을 가지고 있느냐와 상관없이 주어져야 한다는 것이다. 그러므로 세례 받은 아이들이 성찬을 받는 것은 웨슬리 전통에서는 더욱 당연한 일이다.

나이 어린 사람들도 성찬을 받게 하는 것에 깊은 관심을 기울였던 정교회나 감리교회의 실행은 유아세례에 대한 논쟁에 대해서도 적당하게 개정하였다. 예를 들면, 폴 제웨트(Paul K. Jewett)는 유아세례를 받은 사람들에게 성찬을 허락하지 않는 것은 언약의 관점에서 보면 본질적으로 유아세례를 인정할 수 없는 것이라는 입장을 드러낸 것이라고 이해한다 [*Infant Baptism and the Covenant of Grace* (Grand Rapids: Eerdmans, 1978)]. 유아들에게 세례를 베푸는 교회에서 가지고 있는 절대적인 모순점을 함축적으로 제시하면서 제웨트는 정교회와 웨슬리안들의 실행을 조망해 보면서 이러한 그룹들은 초기 침례교도의 아주 중요한 부분을 구성하고 있다고 주장한다. 그는 역시 유아들의 성례전 참여가 종교개혁이 일어나기 전에 서구 교회에서 사라진 사실을 그렇게 충분하게 다루지 않는다. 사라진 이유는 세례와 비교하여 성만찬 신학과 직접적으로 관련이 있었던 것이 아니었다. 종교개혁자들은 그것의 기원이나 목적에 대한 명확한 이해 없이 중세 후기의 혁신을 계속했다는 사실에 대해서도 제웨트는 충분히 다루지 않는다.

26) *New York Time* (April 9, 1972).

5장

27) 예수님의 세례 사건을 간략하게 소개하는 누가의 기록(눅 3:21~22)에서는 물이 명확하게 언급되지 않는다. 그러나 "세례를 받으시고"라는 표현과 16절에 나오는 세례 요한의 앞서 나오는 진술, "나는 물로 너희에게 세례를 베푼다"라는 표현 사이에서 독자들은 선명하게 그 연결점을 찾게 된다.

28) 복음서 기자들이 예수님을 새로운 모세로 보았던 보다 분명한 증거는 예를 들어 산상변모 사건에 대한 누가의 기록에서 찾을 수 있다. 다른 공관복음서의 기록(마 17:3; 막 9:4)에서와 같이 예수님은 모세와 엘리야와 대화를 나누신다(눅 9:30). 즉, 그는 율법서와 선지서를 성취하신 것을 강조하는데, 이 두 가지는 주후 90년 잠니아(Jamnia)에서 히브리 정경을 최종적으로 결정하기까지 성경의 가장 중심적인 부분으로 널리 받아들여지고 있었다. 그러나 누가는 이 대화에 있어서 추가적인 부분을 포함시킨다. 즉, "예수님께서 장차 예루살렘에서 이루실 것, 즉 별세하실 것"에 대해 그들과 논의하고 있었다(눅 9:31). RSV는 헬라어 '엑소두스'(exodus)를 다소 불충분하게 '떠남'(departure)으로 번역하고 있다. 이 용어를 누가가 선택적으로 사용한 것은 우연히 된 것이 아니라 유월절과 연결하여 사용하고 있으며, 예수님의 수난 내러티브에서 들려주는 것과 같이 주님

의 희생과 연결하여 사용한다. 또한 그 효과의 측면에서 이 동시 발생적인 언급은 초기 기독교 사상과 예배와 연결되어 있다. 죽음에서 생명으로 나아가시는 주님의 여정은 새로운 엑소두스(exodus)이며, 그것을 따라 새로운 모세는 그의 백성들을 자유로 인도한다.

29) *The Anchor Bible*, vol. 37, William Foxwell Albright and David Noel Freedman, gen. eds.; *The Epistles of James, Peter, and Jude*, introduction, translation, and notes by Bo Reicke Garden City, NY: Doubleday & Co. 1964), 106~7, 139.

30) 쉽게 수집할 수 있는 고대 문헌을 묶어 놓은 것으로는(저스틴의 『변증록』과 『사도전승』의 명확한 부분까지 포함하여) 다음의 책을 참고하라. Andre Hamman, O. F. M., ed., *Baptism: Ancient Liturgies and Patristic Texts* (Alba Patristic Library, 2), trans. Thomas Halton (Staten Island, NY: Alba House, 1967); E. C. Whitaker, ed., *Documents of the Baptismal Liturgy*, 2nd ed. (London: SPCK, 1970).

31) 세례 이후에 받은 이러한 교육을 흔히 비법 전수(mysagogy)라고 부르는데, 초기 교회 시대 때부터 기록을 남긴 사람들을 통해 이것에 대한 많은 사례가 있다. 예를 들어, Philip T. Weller, ed., *Selected Easter Sermons of Saint Augustine* (St. Louis and London: B. Herder Book Co., 1959)를 참고하라.

32) 이 점에 대해서는 *Theological Dictionary of the New Testament*, vol. IV, General Kitel, ed. (Grand Rapids: William B. Eerdmans Publishing Co., 1967), 241~50쪽을 참고하라.

6장

33) 성례를 집례하는 집례자의 도덕적 특성과 상관없다고 한 성례에 대한 어거스틴의 관심은 ex opere operato(사효론事效論)의 원리로 인도했다. 이 경구는 이해되기보다는 개신교인들에 의해 풍자적으로 묘사되었다. 이 개념의 배후에 존재하는 의도는 성례에 있어서 하나님 역사의 객관적

특성에 강조를 두려는 것이었다. 그리하여 예배 의식은 주관적으로나 심리학적으로 결정되는 사건으로 보지 않을 수 있게 만들어 주었다. 그러나 그러한 형식은 하나님의 역사가 자동적이며 거부할 수 없는 것이라는 의미가 아니었다. 성례는 그 실효를 바라는 사람에게만 효과적이며 그 방식에 어떤 장벽을 두지 않는다는 것으로 이해되었다. 이것은 '표징'(sign)이라는 용어의 성경적 이해와 일치한다. 성례는 회의론자를 설득하고 강요하게 되는 기적의 사건(a miracle)이 아니다. 신자의 편에서 단지 믿음의 확증도 아니다. 그것을 받는 사람들에게 주어지는 하나님의 선물이다. 그 효력은 하나님의 신실하심에 달려 있다.

34) 어거스틴 이후 몇 세기가 지나면서 세례를 통해 원죄를 사함 받는 것과 관련한 문제와 세례 이후에 범하게 되는 실제적 죄와 관련한 문제가 천국과 지옥 사이에 두 단계가 있다는 주장이 제기되게 된다. 지옥은 세례를 받지 않은 사람을 위한 곳이다. 그러나 실제적 죄를 전혀 짓지 않은 세례 받지 않은 유아들을 그곳에 건네주려고 하니 내키지 않음이 있었다. 그들을 위하여 지옥의 변방(limbo, 역주/ 지옥과 천국 사이에 있으며 하나님을 믿을 기회를 얻지 못했던 착한 사람, 또는 세례를 받지 못한 어린아이 등의 영혼이 머무는 곳이라고 생각한 곳) 지역이 존재한다고 주장하게 되었다. 그곳은 실제적 처벌과는 거리가 먼 곳이지만 없음(nothingness)의 자리로 생각했다. 더 나아가서 살아 있는 대부분의 성인들이 그들의 실제적 죄를 용서받을 만큼 충분히 고해성사를 하지 않은 사람들이 죽게 되면 비록 세례를 받았다 할지라도 바로 천국으로 갈 수 없다고 주장했다. 그들을 위하여 준비된 곳이 연옥이었다. 그것은 제한된 고통을 당함으로 그들은 남아 있는 실제적 죄악을 깨끗이 씻을 수 있는 곳이다. 이러한 구조는 세례를 향해 율법적인 태도를 갖게 만들었으며 그러한 태도는 초기 시대에 성례의 특성인 풍성함이 사라지게 만들었다.

35) 초기 재세례파들 가운데서 물에 침수하는 방식을 사용했는지는 명확히 알 수 없다. 그러나 이러한 형식을 주장하는 것은 아주 천천히 주어졌고 영국의 침례교가 그것을 요청하기 시작했을 때 대륙의 오래된 재세례파

그룹이 그들의 방식으로 세례를 베풀기 시작했다. 초기 재세례파나 영국 침례교도들 사이에는 이런 부분에 대해 그렇게 엄격하지 않았던 것은 흥미롭다. 오늘날은 미국의 메노나이트 교파가 세례를 베푸는 데 물을 붓는 방식을 취한다. 보수적인 그룹이 되면서도 그들은 초기 대륙의 재세례파들이 가졌던 태도를 유지한다. 1673년에 영국 침례교회의 지도자였던 존 번연은 *Differences in Judgement about Water Baptism no Bar to Communion*이라는 책을 출판한다. 그는 세례의 형식이나 그것의 필요성에 대한 주장조차도 주님의 성찬상에서 함께 교제하는 자리에 들어가는 신실한 그리스도인을 방해할 수 없다고 주장한다.

36) 영국 성공회에서는 세례에서 성령의 인침이 주어지는가, 아니면 견신례에서 주어지는가에 대한 논쟁이 19세기 후반에 일어나게 된다. 그때 풀러(F. W. Puller)와 메이슨(A. J. Mason)은 견신례가 기독교의 입례 의식을 완성하는 데에 필요한 인침이라고 주장한다. 토론은 그레고리 딕스(Gregory Dix)와 쏜톤(L. S. Thornton)이 20세기에 시작하였는데, 풀러와 메이슨의 견해를 중심으로 이루어진다. 그들의 주요 비판은 람페(G. W. H. Lampe)에 대한 것이었다.

견신례를 나중에 받는 성례로 분리하는 것이 사도행전 8장 14~17절을 바탕으로 주장을 하기 때문에 여기에서는 이 구절 자체와 물에 대한 사도행전의 다른 곳의 언급, 그리고 손을 얹는 것, 그리고 성령의 은사와 관련하여 살펴보는 것이 좋겠다. 질문으로 시작되는 내용을 보면 교회의 사명은 오직 유대인들에게 집중되어 있었다. 지금 빌립(그는 사도가 아니었으며 6장 5절에 의하면 그는 집사였다고 언급하고 있다)은 유대인들이 이단으로 간주하는 사마리아인들 가운데서 설교했다. 사마리아인들은 믿음을 받아들였고 빌립은 그들에게 세례를 준다. 사도들이 그것을 들었을 때 요한과 베드로를 보내어 사마리아인들이 성령을 받을 수 있도록 기도하였다. 그들은 그때 손을 얹고 기도하였다. 이것을 견신례로 간주한다면 아주 엄격한 의미에서만 그것을 그렇게 볼 수 있다. 사도들은 예루살렘에 있는 믿음의 공동체 밖에서 집사에 의해서 행해진 이 비정규적인 행동을 인정하고 있다. 지금까지 사도행전에서 세례는 오직 사도들만 행했고, 오직 유대인들에게만 주었다. 단지 이러한 근거를 바탕으로 이 구절은 몇 세기 후에 교회의 삶과 제도를 위한 선례가 되는 것으로 제시하지는 않는다.

그러나 이 기사는 그 당시의 상황에서 깊이 점검될 필요가 있다. 누가는 물의 세례, 손을 얹어 안수하는 것, 성령을 받는 것의 다양한 관계성에 대해 기술하고 있는데, 그것들이 일어나는 연속성의 관점에서 제시한다. 그러므로 누가는 이러한 사건의 관계성에 대한 분명한 신학을 가지고 있었던 것이 아니었으며, 그는 요한복음 3장 8절의 통찰력을 다른 방식으로 표현한 것이라는 사실은 종종 언급된다. 요한복음에는 바람(성령)은 원하는 곳으로 임의로 분다라고 밝히고 있으며 정확한 형태를 갖고 있지 않다고 언급한다. 다른 주석가들은 누가가 두 전승을 서투르게 결합시키고 있다고 주장한다. 그것은 초기 은사주의적 움직임이 하나인데, 물로 세례를 주기 전에 성령이 임하였다고 주장하는 견해이다. 또 하나는 나중에 주어진 것으로 교회론적 입장인데, 물로 세례를 준 다음에 성령이 강림하였다고 주장하는 입장이다. 이러한 주장들 중의 어느 하나가 옳다면 사마리아 사람들에 대한 기록은 상관성이 있는 고립(relative isolation)의 차원에서 읽을 수 있다. 그러나 여기에서 나는 또 다른 가능성을 제시하고자 한다. 내가 알고 있기로는 그것은 나 자신의 해석이다.

교회를 위해 부여하신 하나님의 사명에 대한 자기 이해의 확대라는 관점에서 누가가 관심하고 있는 것을 보면 누가가 물, 안수, 성령이라는 요소에 대해 기록한 내용은 다양한 관계성이 가능했고, 그것을 정교하게 묘사하려는 양식도 다양하게 주어졌을 것이다. 이러한 가능성을 이해하기 위하여 우리는 성령의 수여(imparting)라는 기계적인 사고를 벗어날 필요가 있다. 그러한 사고는 중세 신학을 성경으로 돌아가는 것으로 읽었다. 대신에 교회를 성령이 충만한 공동체로 생각해 보자. 그 공동체는 새로운 신자들을 성령의 역사를 공적으로 공유하는 표징으로서 손을 얹어 안수하여 그들을 모임 가운데로 영접했다. 즉, 사도들이 손을 얹어 안수할 때 그들은 공동체를 대표하여 이것을 수행하였다. 그들은 기계적으로 신적인 권능을 새로운 신자들에게 전달하기 위하여 개인의 자격으로 그것을 수행한 것이 아니었다. 이와 같이 손을 얹는 것은 사도적 권위에 초점을 맞춘 것이 아니라(이러한 권위에 초점을 맞춘 것은 후대에 일어났다) 믿음의 공동체에 초점을 맞추었다. 그 공동체는 성령님께서 역사하는 영역이었다. 하나님의 모든 사람들이 서로 연합하여 그것을 수행했다. 이러한 해석이 가능하다면 사도행전의 일련의 사건들은 새로운 의미를 가진다.

사마리아인들의 회개에 대한 이 기록이 사도행전에서 물, 안수, 성령을 함께 명시적으로는 처음 언급하고 있다. 여기에서 교회가 고대로부터 미워했던 사람(적)들, 즉 사마리아인들과 어떤 관계를 유지했는지에 대해서는 명확치 않다. 빌립은 사마리아인들에게 세례를 주었는데, 아마도 그것은 무모하고 거슬리는 짓으로 보였을 것이다. 이제 사도들은 이러한 개종자들을 합법적으로 성령 공동체 안으로 영입해 들일 것인지를 결정해야만 했다. 여기에서 아주 중요한 간격을 두고 손은 얹어 안수한 것은 물로 세례를 베푸는 것이 따라온다.

다음으로 물, 안수, 성령에 대해 언급하고 있는 곳은 사도행전 9장 17~19절이다. 유대교의 충실한 신봉자였던 다소의 사울은 사마리아 사람들이 보였던 같은 종류의 문제를 나타내지는 않는다. 그러나 거기에는 다른 어려움이 있다. 충실한 유대인이었지만 사울은 악명 높은 교회의 적이었다. 다메섹의 그리스도인 공동체를 대표했던 아나니아는 그의 시력 회복을 위해 안수하고 있다. 그러나 12절은 17절에 나오는 아나니아가 했던 말과 연결하여 이중의 관점에서 읽어야 한다. 이 두 구절은 시력의 회복과 관련되어 있지만, 후자는 거기에 "성령으로 충만하게 하신다"라는 내용을 더하고 있다. 신약성경은 세례를 교화(enlightenment)와 관련시키고 있다. 바울이 육체적 시력을 상실한 것은 영적 악행 때문이다. 바울의 시력의 회복은 그리스도 안에서 교화가 일어나고 있음을 분명하게 증명한다. 아나니아는 아브라함의 집에 다른 사람들에게 손을 얹어 안수하는 전통적인 모습을 보여주고자 하는(12절) 마음을 가지고 있었지만, 그럼에도 불구하고 하나님께서 그 안에 영적 변화를 일으키시기 전까지는 세례 베풀기를 망설이고 있었다. 즉, 성령 공동체는 사마리아인에게 접근했던 것보다 보다 쉽게 유대인 친구에게 접근하고 있다. 사도들이 예루살렘으로부터 대표단을 파송할 필요는 없었다. 왜냐하면 그런 경우에는 지역에 있는 제자들이 충분히 감당할 수 있었던 사안이었기 때문이다. 공동체가 했던 것은 아브라함의 집으로부터 교회를 분명하게 구분하는 그들이 의식을 집례하기 전에 희망 가운데서 성령의 역사하심에 대한 분명한 증거를 기다리고 있었다.

유대교에서 멀리하던 사마리아인과 고집 센 유대인에게 그 사명을 수행하면서 교회는 그 다음으로 이방인을 향하여 부르고 계시는 부름을 따라 나아가고 있었다. 베드로가 고넬료의 집으로 보냄을 받았을 때 우리는 성령과 물에 대해서 언급하는 내용을 접하게 되지만 중요하게 안수하는 것에 대해서는 언급하지 않고 있음을 볼 수 있다. 여기에서 교회는 지나칠 정도로 별 역할을 하지 않는다. 그래서 이방인의 경우에는 훨씬 더 어려움을 겪고 있는 것을 발견하게 된다. 간단하게라도 직접적이고 신적인 행동이 이들을 성령 공동체에 받아들일 것인지에 대해서는 나타나지 않기 때문이다. 이와 같이 성령은 직접적으로 주어지는데, 이방인들이 세례를 통하여 공동체 안에 들어와도 좋다는 사실을(행 10:1~11) 베드로에게 설득하기 위함이었다(궁극적으로 그것은 예루살렘에 있는 교회를 설득하기 위함이었다). 요컨대 망설이던 교회는 공동체 안에서 역사하시던 성령 (Spirit-in-community)을 그들과 나누도록 강하게 권고를 받고 있었다.

사도행전에서 물, 안수, 성령에 대한 다른 언급은 한 곳에 더 나온다. 19장 1~7절에서 바울은 에베소에서 약 12명의 제자들을 만나는데, 그들은 요한의 세례를 받았지만 성령에 대해서는 전혀 알지 못하고 있었다. 바울은 예수 그리스도의 이름으로 세례를 베풀고 그들 위에 손을 얹었을 때 그들이 성령을 받았다. 아마도 아볼로와 같이 그들은 유대인이었고 요한의 제자였으며 바울과 함께 회당 예배에 참여했던 것으로 보인다. 그러나 그들이 유대인들이 아니었다 할지라도 바로 지금 교회는 그들에게 주어진 사명의 전 영역을 깨닫게 되었다. 물, 안수, 성령의 구도는 단일의 입례 예식에서 성립되었다.

누가의 목적과 방법론을 분석함에 있어서 내가 시도한 것이 옳다면 오직 이어지는 연속성이 교회를 위한 가능한 규범으로 서게 될 것이다. 사도행전 8장 14~17절은 분리된 감독제 성례전이 세례에 더해졌다는 지지 내용으로는 전적으로 적합하지 않다. 실로 누가는 교회는 개방성을 가지고 들어오기를 원하는 모든 사람에게 접근하려고 했으며 의심이나 (사마리아인들의 경우에서 그들이 보였던 것과 같이) 망설임(그들이 다소의 사울에게 그랬던 것처럼), 혹은 성령님께서 공동체를 통해서 주시는 축복을 나누는 데 있어서 심하게 거부하지 않았다(고넬료의 경우에서처럼). 살펴보아야 할 무엇이 있다면 그것은 사도행전이 교회 입례 예식의 통일된 행동에 대해 선례를 남기고 있다는 것이며, 그것은 감독에 의해서 집례되는 분리된 견신례의 성례전 행동에 대한 것이 아니었다.

37) 부흥 설교자들이 종종 개인적 경험은 교육 위에 있는 것이라고 높였던 사실은 그들이 모든 교육이나 사회적 진보를 반대했던 것을 의미하지 않는다. 그와는 정반대였다. 부흥은 교회로 하여금 수많은 대학과 학교를 시작하게 했다. 뛰어난 부흥 설교자였으며 부흥 운동에 대한 주 변증가였던 찰스 피니는 고전 신학에 대해서는 미온적이었다. 그러나 그는 오버린대학(Oberlin College)을 세웠으며 초대 학장이었다. 그 학교는 노예제도를 반대했고 여성운동에도 앞장섰는데, 그것은 그 학교의 설립 정신이었다. 그럼에도 불구하고 부흥기 설교자들은 공공 교육의 유익과 신학 교육의 위험 사이를 구분했다. 오늘날까지도 신학교에 진학하는 어떤 학생들은 거기에서 그들의 믿음을 잃어버리지 않도록 조심해야 한다는 충고를 받으면서 들어온다.

38) 역주/ 이 교단은 흔히 남감리교(Southern Methodist Church)라고 불리기도 한다. 노예 문제로 인해 1784년 미국에서 세워진 Methodist Episcopal Church로부터 분립된 교단이었다. 나중에는 여러 차례 교단 합병을 거친 다음에 미국 연합감리교회(United Methodist Church)를 형성한

Evangelical United Brethren Church로 합병되었다.

7장

39) 호워드 하게만(Howard Hageman)은 이러한 은유적 원리를 반 데어 리우(G. Van Der Leeuw)에게서 인용한다. 그러나 그는 그에 대한 정확한 인용 출처를 밝히지 않고 있다. *Pulpit and Table* (Richmond: John Knox Press, 1962), 15.

40) 성례전은 은혜를 전달한다는 이 진술로부터 야기된 일종의 잘못된 이해를 살펴보기 위한 최근 자료로는 Vernard Eller, *In Place of Sacraments: A Study of Baptism and the Lord's Supper* (Grand Rapids: Eerdmans, 1972)를 참고하라. 성례전 신학에 대한 엘러의 잘못된 이해는 논리적 분석(explication)보다는 성례전 신학을 만화화(caricature)하는 결과를 가져온다. 그러나 엘러와 다른 사람들이 성례전 신학을 자주 진술하는 그런 방식으로 어떻게 잘못 인도할 수 있는지를 보는 것은 어렵지 않다.

41) 세례에 대한 연합 연구를 계속해 가기를 바라는 루터교와 미국 연합감리교회 회중은 "세례에 대한 루터교 - 연합감리교회의 진술문"과 같은 소책자에서 도움이 되는 자료를 얻게 된다. 그것은 우편료 없이 아래 주소로 연락하면 무료로 받아 볼 수 있다. Service Center, 7820 Reading Rd. Cincinnati, Ohio 45234. 이 문서는 에큐메니칼 대화팀의 보고서인데 지역 교회에서 사용할 수 있도록 기획되었다. 이렇게 교단끼리 만들어 낸 비슷한 자료는 장래 다른 그룹들이 결성되어 에큐메니칼 연구 경험을 촉진할 수 있을 것으로 기대된다.

42) 역주/ 바르 미츠바(הוצמ רב)는 이스라엘의 성년식으로 남자 13살, 여자 12살이 되면 거행한다. 안식일에 토라를 낭독하고 가족과 친지들이 성대하게 축하파티를 해준다. 이것은 판단력과 분별력을 가지게 된 청소년들의 통과의례로, 유대인으로서의 정체성과 자존감을 부여하는 데 주안점을 둔다. '바르'는 아람어로 아들이라는 뜻을 가지며, '바트'는 딸이라는 뜻을 가진다. '미츠바'는 계약, 혹은 율법이라는 뜻으로 "율법의 아

들(딸)"이라는 뜻을 가진 말이다. 이것은 주로 중세부터 시작되어 오늘날의 형식을 갖춘 것은 그렇게 오래되지 않았다. 13세 생일을 맞은 남자아이는 안식일에 유대인들이 기도할 때 두르는 탈리트를 처음으로 어깨에 두르게 되는데, 하나님께서 창조하신 세상을 상징하는 사각 모양으로 613개의 율법을 상징한 매듭이 달려 있다. 이것은 유대인으로서의 정체성을 부여하고 하나님 앞에 선 단독자가 되어 자신의 모든 것을 스스로 책임지게 된다는 선언이기도 하다. 그는 이제 유대인 공동체의 모든 영역에 참여할 수 있게 된다.

8장

43) 이러한 본문은 1979년에 개정된 미국 연합감리교회 성서정과에서 제시된 것들이다. 상응하는 성경본문은 여러 교단의 최근의 성구집에서 발견된다. 그러나 지정된 주일 등에 있어서 약간의 차이가 있다. 연합감리교회와 성공회의 교회력에는 제시된 이 주일에 대해 다음과 같이 설명하고 있다.

  Year A : 8월 28일에서 9월 3일 사이의 주일

  Year B : 9월 4일에서 9월 10일 사이의 주일

  Year C : 9월 11일에서 9월 17일 사이의 주일

  루터교, 장로교, 그리스도 연합교회 등에서 이 주일은 오순절 후 15, 16, 17번째 주일로 되어 있다. 성령강림절의 유동적인 특성 때문에 시간의 영역이 넓게 되어 있다. 매년 세례를 위한 예전의 날로 사용하기를 원했다면 이러한 성서정과 본문 세드가 보여주는 내용은 중요한 무게감을 주고 있다. 그것보다는 조금 덜 산뜻하지만 조직적인 측면에서 제시하고 있음을 알 수 있다.

44) 유용한 자료를 담고 있는 최근의 예배서로는 다음의 것을 참고하라.

- 성공회

  The Book of Common Prayer (New York: The Church Hymnal Corporation and The Seabury Press, 1979), "거룩한 세례," 298~314, "견신례," 412~19, "부활주일 전날 철야기도회," 284~9. (역주/ 인

터넷에서 이 예배서의 원문을 보기 위해서는 다음 사이트를 참고하라. http://justus.anglican.org/resources/bcp/formatted_1979.htm)

- 루터교(연합)

  Lutheran Book of Worship [Ministers Desk Edition] (Minneapolis and Philadelphia: Augsburg and LCA Board of Education, 1978), "거룩한 세례," 308–12; notes, 30~31, "세례의 확증"(Affirmation of Baptism), 324~27, notes, 35~36, "부활주일 전날 철야기도회 예배," 143~53, notes, 24~25.

- 장로교회(연합)

  The Worshipbook (Philadelphia: Westminster Press, 1972), "세례성례전," 43~47, "세례 받은 이들의 파송," 48~52. (역주/ 1983년 남북장로교회가 미국 장로교회로 통합되면서 1993년에 『공동예배서』를 개정판으로 내놓게 되었다. *Book of Common Worship* [Louisville: Westminster/John Knox Press, 1993], "세례와 세례언약의 재확증," 401~88쪽을 참고하라. 편집하여 번역된 자료로는 김소영, 김세광, 안창엽 편역, 『공동예배서』 [서울: 한국장로교출판사, 2002]를 참고하라.)

- 로마 가톨릭교회

  The Rites (New York: Pueblo Publishing Co., 1976), "그리스도인 입교," 3~334.

- 그리스도 연합교회

  The Hymnal (Philadelphia: United Church Press, 1974), "유아세례성례," 29~31, "견신례 순서," 31~34.

- 미국 연합감리교회

  A Service of Baptism, Confirmation, and Renewal [Supplemental Worship Resources 2] (Nashville: United Methodist Publishing House, 1980), *From Ashes to Fire: Services of Worship for the Season of Lent and Easter with Introduction and Commentary*

[Supplemental Worship Resources 8] (Nashville: Abingdon Press, 1979), "부활주일 전날 철야기도회, 부활 절기 첫 번째 주일 예배," 165~201. (미국 연합감리교회는 2008년 총회에서 개정판을 채택했다. *The Service of the Baptismal Covenant in the United Methodist Church* [Nashville: The General Board of Discipleship of the United Methodist Church, 2009] 참고. 역주/원문을 참고하기 위해서 다음 인터넷 사이트를 참고하라. http://www.gbod.org/site/apps/nlnet/content3.aspx?c=nhLRJ2PMKsG&b=5511651&ct=8007239&notoc=1)

45) 역주/ 새번역성경을 중심으로 번역을 했으며, 영어 원문을 그대로 번역했을 때 살아나지 않는 음율을 살리기 위해 다소 편집하여 번역했음을 밝힌다.

46) 그러나 추천할 만한 세례식 찬송을 담고 있는 것으로 *The Lutheran Book of Worship* [Pew Edition] (Minneapolis and Philadelphia: Augsburg and LCA Board of Publication, 1978)을 들 수 있다.

47) 역주/ 이 찬송은 부활절 칸타타 곡으로 번안되었다. 메리 맥다널드, 『십자가의 길』(서울: Choral21, 2012)을 참고하라.

48) "Come, Ye Faithful"이라는 곡은 여러 찬송가에서 찾을 수 있다. 웨슬리의 곡은 미국 연합감리교회 찬송가 464장이다. *Book of Hymn* (Nashville: The Methodist Publishing House, 1966)을 참고하라. 초기에는 *The Methodist Hymnal*이라는 제목으로 출판되었다. 브레너의 찬송은 장로교 *Worshipbook*의 353장에 있다. 루터의 찬송은 *Lutheran Book of Worship* (회중용)의 79장에 있다. 플럼터의 찬송은 찾기가 쉽지 않은데, 여기에서 처음 형태의 가사와 본인이 현대적으로 개정한 것을 제시한다 (역주/ 번안된 곡이 아님으로 그 가사의 번역은 생략한다). 가사는 7.6.7.6 약강격(弱强格) 형식을 취한다. "Aurelia"나 "Lancshire"라는 노래와 같이 친숙한 곡조에 붙여서 불러도 좋은 곡이다(역주/ 대부분 이 찬송들은 국내에 번역되지 않은 곡들이다).

49) 이렇게 세례를 위해 예비된 성경본문을 제시하는 성서정과를 *The Book of Common Prayer* (1979), 928쪽에서 발견할 수 있다. 성경본문뿐만 아니라 기도문과 다른 예배식(propers)을 제시하는 것으로는 *The Lutheran Book of Worship* (Ministers Desk Edition), 188~89쪽을 참고하라.